예수님을 본받으라

이상준 지음

이 세상에서 주님의 닮은꼴로 살아가고픈 그대여,

예수님을 본받으라

이상준 지음

또 너희는 많은 환난 가운데서
성령의 기쁨으로 말씀을 받아
우리와 주를 본받은 자가 되었으니
살전 1:6

토기장이

여는 글

우리가 사모할 분, 우리가 갈망할 분, 우리가 닮아갈 분
오직 예수 그리스도

세월이 갈수록 갈망하게 되는 한 가지가 있다. 예수님을 더욱 닮는 것이다. 목회 사역을 열심히 해왔다. 하나님의 은혜로 공동체의 부흥도 맛보았다. 많은 영적 자녀와 제자들을 낳았다. 설교 사역에도 헌신했다. 그리고 하나님이 주신 열심 때문에 번역과 집필도 해왔다. 하지만 그럴수록 더욱 내면 깊은 곳에서 갈망하게 되는 것은 바로 예수님을 닮는 것이었다.

 예수님의 언어, 예수님의 내면, 예수님의 정체성, 예수님의 능력, 예수님의 성품, 예수님의 삶을 닮아가고 싶다. 그분을 한 걸음 뒤에서 어린아이처럼 따라다니며 그분에게서 떨어지는 부스러기 은혜라도 두 손으로 정성껏 받아내어 내 영혼의 자양분으로 소중히 품고 싶다. 그분을 더 알고 싶고 그분을 더 따르고 싶다.

온누리교회에서 25년간 사역하면서 많은 설교를 했고 많은 강의를 했다. 그러면 그럴수록 '과연 나는 성경의 주인공이신 예수 그리스도를 얼마나 알고 있을까? 예수님을 닮아가는 삶을 살라고 성도들에게 그렇게 많이 외쳤건만 정작 설교자요 목사인 나는 얼마나 예수님을 알아가고 닮아가고 있을까' 하는 내적 고민이 있었다.

그래서 2015년부터 2018년까지 수요저녁예배에서 예수님에 대한 묵상 시리즈를 설교하기 시작했다. 2015년 봄에는 "예수님과의 만찬", 2016년 봄에는 "예수님과의 대화", 2016년 가을에는 "예수님은 누구신가?", 2017년 봄에는 "예수님과 대면하라", 2017년 가을에는 "예수님의 권위", 2018년 봄에는 "예수님의 마음", 2018년 가을에는 "예수님의 선택"을 설교했다.

예수님과의 만찬을 가장 먼저 나눈 것은, 유독 예수님께서 사람들과 식사하신 자리가 많았다는 점 때문이었다. 삶의 무게에 지쳐 쓰러진 우리를 둘러업으시고 집으로 데려오셔서 깨끗하게 씻겨 주시고 새 옷을 입혀 주시고 한없는 은혜의 만찬을 먹여 주시는 주님, 세상의 양식과는 차원이 다른 영혼의 양식으로 우리를 채우시고 위로하시는 주님이 너무나 좋았다.

그다음은 예수님과의 대화였다. 사복음서는 많은 기적과 강론들로 구성되어 있는 것 같지만, 예수님은 언제나 한 영혼과 대화하기를 기뻐하셨다. 천지를 창조하신 근원의 언어로, 죽음 가운데 머무는 이를 다시 살려내시는 생명의 언어로 죽어있는 우리의 영혼을 살리시고 사장되어 있는 우리 영혼의 언어를 되살리시는 주님의 대화법은 실로 놀라운 것이었다.

그런 다음에는 주님의 내면세계에 집중했다. 예수님의 넘치는 섬김도, 깊이 있는 언어도 결국 예수님의 내면에서 나오는 것이기 때문이었다. 그리고 그 내면세계의 핵심은 예수님의 자기정체성이었다. 어린아이들이 부르는 "예수님은 누구신가?"라는 찬양은 우리 모두의 신앙고백일 뿐 아니라, 정말 예수님은 어떤 정체성으로 혹독한 세풍을 넉넉히 이겨내셨는가를 알고 싶었다.

다음으로는 예수님과의 대면을 다루었다. 사실 설교를 하는 이도 듣는 이도 신앙의 승리공식 내지는 축복방정식 같은 것을 전하고 싶어 하고 알고 싶어 하는 경우가 너무 많지 않은가? 그러나 정말 인격 대 인격으로 예수님을 대면해 보았는가? 그런다면 주님의 시선은 온화하고 강렬하여 우리 존재의 호흡이 멈춰지고 어둠이 씻겨나가는 놀라운 은혜가 일어난다.

그리고 예수님의 권위에 대해서 나눴다. 성경을 읽다가 우리가 예수님의 능력(헬라어, 뒤나미스)은 참 좋아하는데 예수님의 권위(헬라어, 엑수시아)에 대해서는 잘 모르고 있었음을 깨달았기 때문이다. 인자로서 우리에게 친근하게 다가오시지만 성자로서의 권위가 충만하셨던 그분께서 능력뿐 아니라 권위까지도 우리에게 위임해 주신다는 놀라운 사실을 나누고 싶었다.

그다음에는 예수님의 마음에 대해서였다. 인성을 입으셨던 예수님은 우리와 똑같은 육신을 입고 동일한 유혹을 받으셨고 우리보다 더한 고난을 받으셨다. 그 가운데 그분이 어떤 감정을 느끼셨는지, 예수님의 희로애락, 그분의 감정선을 따라가 보고 싶었다. 우리는 성인이 되면서 너무나 합리적인 삶만을 요구받았기에 자유하면서도 온전하셨던 주님의 마음을 묵상했다.

마지막으로 예수님의 선택에 대해서 말씀을 나눴다. 우리가 인생에서 매주 매 순간 맞이하는 선택의 기로는 아무리 인생을 오래 살아도 늘 고민이 되는 자리다. 예수님도 최선의 선택을 위해 고뇌하셨고 기도하셨다. 그리고 매 순간 아버지의 뜻을 붙잡고 성령님의 감동을 따라 인격적인 결단을 내리셨다. 우리도 예수님처럼 선택할 수 있다면 인생이 달라지지 않겠는가.

그리고 나서도 예수님에 대해서 더 묵상하고 싶고 더 깊이 알아가고 싶었다. 하지만 이후로 수요저녁에 성경통독 사역을 시작했고 팬데믹도 겹치면서 예수님에 대한 묵상과 나눔을 멈추게 되었다. 하지만 예수님 묵상은 늘 가장 목마르고 가장 행복하고 가장 아름다운 축복임을 알고 있기에, 앞으로도 목회여정에서 더 나아가고 싶은 주제다.

이 책에서는 11가지 주제를 다루었다. 양재 수요저녁에서 다루었던 주제의 일부분과 새로운 주제들을 다루었다. 오늘날 한국교회는 세상의 손가락질을 당하는 아픔을 겪고 있지만, 나는 오히려 이것이 감사한 일이라고 생각한다. 적어도 세상이 교회는 달라야 한다고 아직은 생각해 주고 있기 때문이다. 그래서 세상의 질책을 회복의 디딤돌로 여기면 좋겠다.

그리고 자성의 목소리로 말한다면, 우리가 정말 예수님을 더 깊이 알고 더 온전히 따르고 더 내면적으로 닮아간다면, 세상의 아픔을 치유하고 세상의 어둠을 밝히고 세상이 찾는 해답을 제시해 주는 아름다운 공동체로 거듭날 수 있으리라고 믿는다.

우리 주변에 전도의 열정이 많이 줄어가고 있다. 하지만 여전히 열심히 전도하는 분들이 있다. 타고난 열정으로 영혼을 긍휼히 여겨서 전도하는 분들도 있지만, 10년째 20년째 묵묵히 예수님의 향기를 드러내어서 주변 사람들이 "그리스도인이 된다는 것이 저 사람처럼 되는 것이라면 나도 되고 싶다"고 말하며 자연스럽게 전도가 되는 분들도 있다.

1516교회, 더 나아가 한국교회에 사도행전의 역사가 다시금 일어나기를 바란다. 그렇다면 사도행전의 역사가 어떤 역사인가? 그것은 성령의 능력으로 복음 증거를 했던 역사일 뿐 아니라, 작은 예수들이 곳곳에서 일어나 세상을 감동시킨 역사다. 박해자들이 믿는 이들을 체포하고 투옥하고 처형해도 민들레 홀씨처럼 번지는 예수 닮은꼴들을 막을 길이 없었다.

예수님은 부흥운동의 지도자가 아니라, 우리 영혼의 모델이 되시는 분이다. 우리가 사모할 분, 우리가 갈망할 분, 우리가 닮아갈 분은 오직 예수 그리스도이시다. 어떻게 신성을 인성에 담아내는지를 온몸으로, 전 인생으로 보여 주신 분이다. 예수님을 닮아가기를 사모하는가? 그렇다면 이 책을 읽고 고백하고 한 걸음 한 걸음씩 그분과 동행해 보자.

「그리스도를 본받아」라는 책을 사모하여, 동일한 이름으로 지을까도 고민했다. 하지만 「예수님을 본받으라」는 제목으로 결정했다. 왜냐하면 그리스도는 성자의 신성을 담은 이름이고, 예수는 성자의 인성을 담은 이름이기 때문이다. '예수Jesus'는 지금도 유럽권에서는 종종 사용되는 일반적인 이름이다. 예수님은 인간인 우리가 하나님의 형상답게 살 수 있다는 것을 삶의 척박한 현실과 일상적 상황에서 때로는 담담하게 때로는 감동적으로 보여 주신 분이 아닌가!

예수님을 사랑하는 모든 분에게 선물과 같은 책이 되기를 바란다.

분당 정자동에서
이상준 목사

차례

여는 글

1장 • 예수님의 승리를 본받으라   ___ 013

2장 • 예수님의 권위를 본받으라   ___ 051

3장 • 예수님의 시선을 본받으라   ___ 079

4장 • 예수님의 침묵을 본받으라   ___ 109

5장 • 예수님의 기적을 본받으라   ___ 141

6장 • 예수님의 사랑을 본받으라   ___ 171

7장 • 예수님의 대화를 본받으라   ___ 201

8장 • 예수님의 용서를 본받으라   ___ 233

9장 • 예수님의 나눔을 본받으라   ___ 263

10장 • 예수님의 겸손을 본받으라   ___ 295

11장 • 예수님의 초대를 본받으라   ___ 327

"우리 주 예수 그리스도로 말미암아
우리에게 승리를 주시는 하나님께 감사하노니"
고전 15:57

1장
예수님의 승리를 본받으라

마태복음 4장 1-11절

성령과 마귀 사이

"그 때에 예수께서 성령에게 이끌리어 마귀에게 시험을 받으러 광야로 가사" 마 4:1.

예수님의 공생애 시작은 참 좋았다. 예수님이 요한에게 세례를 받고 물에서 올라오실 때, 성령님이 비둘기같이 임하시고 성부 하나님의 음성이 들려 "이는 내 사랑하는 아들이요 내 기뻐하는 자라"라고 말씀하셨다(마 3:16-17). 메시아로서 예수님의 공식적인 사역의 시작은 이렇게 성부의 인정과 성령의 임재로 출발했다.

그러나 순식간에 상황은 급변했다. 요단강가에서 유대광야로 장면이 바뀌었다. 그곳은 넉넉하고 풍성한 초원도 아니었고 그늘지고 시원한 오아시스도 아니었다. 낮에는 태양빛이 작열하고 밤에는 매서운 바람이 몰아치는 광야 한가운데였다. 외적인 환경만 보아도 이곳은 최고점에서 최저점으로, 꼭대기에서 밑바닥으로 수직 하강한 자리였다.

더욱 충격적인 것은 성령님이 이끄셨다는 사실이다. 어디로 이끄셨는가? 마귀에게 시험을 받을 자리로 이끄셨다. 조금 전 아버지의 사랑과 칭찬은 온데간데없고 이제 곧 원수의 시험과 공격이 무차별로 쏟아부어질 참이었다. 예수님은 제대로 된 공생애 사역을 시작해 보기도 전에 성령에게 이끌리어 마귀의 전면적인 공격 앞에 노출되셨다.

그렇게 예수님은 성령과 마귀 사이에 놓이셨다! 빛과 어두움, 성령과 악령, 하나님 나라와 세상 나라 사이 한가운데 서 계셨다. 주님도 우리와 동일하게 영적 전쟁의 한복판에 계셨다. "모든 일에 우리와 똑같이 시험을 받으신 이로되 죄는 없으시니라"(히 4:15). 이 애매한 중간 지대에서 수많은 사람들이 여지없이 무너지는데 예수님은 어떻게 승리하셨을까?

우리가 성령충만할 때는 영혼의 온도가 급상승한다. 그러나 광야의 시험이 닥치면 영혼의 온도가 급강하하여 영적 저체온증에 시달리게 된다. 그래서 성령충만할 때 오히려 사탄의 시험을 주의해야 한다. 내가 '평안하다, 풍요하다' 할 때에 깨어 있어야 한다. 그때가 사탄이 보기에 오히려 안일해져서 공격하기 좋은 때로 보이기 때문이다.

    광야의 시험이 닥치는 순간, 영적 공허감이 몰려오게 된다. "내가 그동안 충만했던 것이 다 무슨 소용인가? 왜 하나님은 성령충만하게 하시더니 이렇게 힘들게 하실까?" 고난 가운데 들어가면 이전에 좋았던 영적 추억은 안개처럼 사라지는 경향이 있다. 그러나 잊지 말라. 그때 성령충만하지 않았다면 지금의 광야를 견디지 못했을 것이다.

    우리는 어두운 골짜기를 지난 뒤에 푸른 초장에 가고 싶어 한다. 하지만 하나님은 푸른 풀밭과 쉴 만한 물가를 지난 뒤에 사망의 음침한 골짜기를 지나게 하신다. 초신자 때는 은혜가 쏟아졌는데 왜 신앙이 좀 성숙해질 즈음에 고난이 오고 광야로 들어가게 하실까? 그래서 하나님을 원망하는가? 그러나 그 채움의 시간이 있었기에 결핍의 광야를 감당할 수 있는 것이다.

    물가에서는 성령님이 곁에 계셨다면 광야에서는 마귀가 곁에 다가온다. 풀밭에서는 목자의 음성이 들렸다면 광야에서는 마귀의 속삭임이 들려온다. 그러나 마귀(헬라어, 디아볼로스)는 "참소자^{Slanderer}"요, 사탄(히브리어)은 "대적자^{Adversary}"가 아닌가. 하나님을 대적하고 사람을 참소하는 원수다. 우리는 풀밭과 물가에서도 광야와 골짜기에서도 그분을 바라봐야 한다.

시험은 언제 찾아오는가?

> "사십 일을 밤낮으로 금식하신 후에 주리신지라" 마 4:2.

광야에서 40일을 보내셨다. 광야는 가만히 버티고만 있기도 힘든 공간이다. 그런데 주님은 그런 극한의 환경에서 밤낮으로 40일간 먹지도 마시지도 못한 채 인간의 한계 상황을 경험하고 계셨다. 예수님의 신체적인 컨디션은 최악이었다. 인간의 몸을 입으신 분이기에 예수님의 내면적인 컨디션도 연약해질 만큼 연약해진 상태였다. 그때 사탄의 시험이 시작됐다.

다만 원수는 결코 사정을 봐주지 않는다. 예수님이 충만했던 시점에 시험한 것이 아니었다. 그 충만함을 다 잊을 만큼 진하게 결핍을 겪자 시험하기 시작했다. 원수는 우리가 최고의 컨디션일 때 찾아오지 않는다. 우리가 최악의 컨디션일 때 찾아온다. 광야라는 어웨이 경기에 40일간의 금식이라는 핸디캡까지 더해진 시험, 이것은 불공정한 경기 그 자체였다.

원수는 공정하게 규칙대로 경기를 할 생각이 없다. 상대를 어떻게든 무너뜨리고 죽이려는 계획뿐이기 때문에, 치사한 방법을 다 동원한다. 영화 〈글래디에이터〉의 최종 장면에서 주인공 맥시무스가 무력이 워낙에 출중하니까 악한 황제 코모두스가 일부러 칼로 그의 등을 찔러 중상을 입히고는 결투에 나서게 만드는 비열한 방법을 사용했던 것과 같다.

그러므로 충만 뒤에 결핍이 온다는 것을 예상하라. 요셉이 애굽 총리가 되어 7년 풍년의 때에 7년 흉년을 대비한 것처럼 깨어 준비하라. 그렇게 전쟁의 날을 준비하라. 전쟁은 전쟁이 터지고 나서 준비하는 것이 아니라 평화의 때에 준비하는 것이다. 인생의 위기는 언제 찾아올지 모르고, 원수는 내 인생 최악의 날을 활용하고 싶어 하기 때문이다.

그런데 정반대로 우리는 충만 뒤에 결핍이 너무 힘들다고 말한다. 수십 년 다니던 직장에서 해고되어 무직자가 되면, 번창하던 사업이 하루아침에 사양길에 접어들면 도저히 못 살겠다고 말한다. 행복하게 교회를 다니다가 교회가 분쟁에 휘말려 떠날 수밖에 없게 되면, 이제는 도저히 신앙생활 못 하겠다고 말한다. 과연 그런가? 아니다. 이제부터가 진짜 시작이다.

성령의 충만과 마귀의 시험, 하나님의 지지와 사탄의 공격은 평생 우리의 인생길에 공존할 것이다. 어떻게 보면 마귀는 우리가 성령충만해서 하나님의 일을 본격적으로 해보려고 할 때 그것을 시작조차 못 하게 하려고 전면적인 공격을 하는 것이다. 자신이 두렵기 때문에 우리를 두렵게 만들려는 거짓된 작전이다. 이 시험을 넘어서야 진짜 승리의 여정이 시작된다.

사실 에덴에서의 첫 시험은 풍요 속의 시험이었다. 그러나 광야에서의 시험은 결핍 속의 시험이었다. 아담과 하와는 선악과를 먹고 하나님처럼 높아지려는 유혹을 받았지만, 예수님은 이것 없으면 죽을 것 같은 문제들로 시험을 받으셨다. 첫 사람이 너무 쉬워 보이는 문제에 실패했다면 예수님은 최고난도의 문제에 승리하셨다. 여기에 우리의 소망이 있는 것이다!

첫 번째 시험: 먹고 살아야 하지 않겠는가?

> "시험하는 자가 예수께 나아와서 이르되 네가 만일 하나님의 아들이어든 명하여 이 돌들로 떡덩이가 되게 하라" 마 4:3.

예수님은 광야에서 40일 금식한 이후에 매우 굶주리셨다. 사탄은 정확하게 예수님의 약점을 파악하고 공격해 들어왔다. 영적 전쟁에서 이기려면 자신의 약점을 알 필요가 있다. 나의 약점을 원수에게 노출하면 원수는 그것을 집요하게 물고 늘어지며 공격해 들어오지만, 나의 약점을 주님께 고백하면 주님은 그것을 보완해 주시고 강점으로 바꿔 주시기 때문이다.

사실 금식이 끝났기 때문에 음식을 드셔도 되는 순간이었다. 아니 음식을 드셔야 하는 시점이었다. 그러므로 "이 돌들로 떡덩이가 되게 하라"는 요구는 상당히 합리적인 말이었다. 그런데 아는가? 원수는 언제나 합리적인 두려움을 심어 주고, 합리적인 유혹을 한다는 사실 말이다. 다만 아무리 합리적이어도 두려움과 유혹은 결코 하나님으로부터 온 것이 아니다.

물론 먹고 입고 자는 의식주衣食住 문제는 인간 생존에 있어서 기본적인 필요들이다. 이것이 우리에게 필요한 것은 "하늘 아버지"께서도 이미 알고 계시는 사실이며(마 6:32), 예수님도 우리에게 "일용할 양식"(마 6:11)을 위해 기도하라고 하셨다. 그래서 하나님이 성령충만, 말씀충만만 주시고, 우리의 가장 기본적인 필요들을 채워 주시지 않을 때 우리는 당황하게 된다.

그때 우리는 시험하는 자의 속삭임에 쉽게 동의하게 된다. "네게도 육체의 필요가 있지 않아? 그 필요를 채워." 그렇다. 물질이 있어야 생계를 해결할 수 있고, 자녀를 양육할 수 있고, 더 나아가서 집을 마련하거나 미래를 설계하고 노후를 대비할 수 있다. 이 세상에서 물질의 필요를 채운다는 것은 인간답게 살기 위한 기본적인 필요조건이 아닌가.

성경은 "이 세상이나 세상에 있는 것들을 사랑하지 말라"(요일 2:15)고 말씀하지만, 그러면 우리의 필요는 누가 채워 주는가? 원수는 다가와서 "하나님이 너의 필요를 채워 주는 게 아니라면 내가 너의 필요를 채워 줄게"라고 말한다. 마치 첫 사람 아담과 하와에게 그들의 눈을 밝혀 하나님과 같이 되도록 만들어 줄 수 있는 것은 하나님이 아니라 뱀이라고 속였던 것처럼.

우리 중 상당수는 이 첫 번째 시험부터 어려워한다. 영적인 필요는 교회에서 채우지만 육적인 필요는 세상에서 채운다고 생각하고 있기 때문이다. 직장 다니는 성도들에게 교회 사역을 하자고 하면 "제가 아직 세상 일을 하고 있어서요. 이 일 마치면 섬기겠습니다"라고 답한다. 그들에게 하나님은 나의 육체적 필요를 채우는 것과 상관없는 분이 되어 버렸다.

육적인 문제가 아니라 영적인 문제다!

> "예수께서 대답하여 이르시되 기록되었으되 사람이 떡으로만 살 것이 아니요 하나님의 입으로부터 나오는 모든 말씀으로 살 것이라 하였느니라 하시니" 마 4:4.

그런데 예수님은 돌을 떡으로 만드는 그 쉬운 일을 거부하셨다. 이것은 단순히 육적인 일이 아니었기 때문이다. 초자연적 존재이신 하나님은 친히 물질계와 자연계를 만드신 창조주가 아니신가! 또한 당장에 육적인 필요를 채운다 할지라도 근본적으로 우리의 영혼은 채워지지 않기 때문이다.

그래서 예수님은 신명기 말씀을 인용하셨다. "너를 낮추시며 너를 주리게 하시며 또 너도 알지 못하며 네 조상들도 알지 못하던 만나를 네게 먹이신 것은 사람이 떡으로만 사는 것이 아니요 여호와의 입에서 나오는 모든 말씀으로 사는 줄을 네가 알게 하려 하심이니라"(신 8:3).

광야 40년 동안 이스라엘에게는 먹을 것이 필요했다. 그런데 광야 1세대는 하나님이 그들에게 먹을 것과 마실 것을 주시리라는 믿음이 없어서 "애굽으로 돌아가자! 세상으로 돌아가자!"라고 외쳤다. 하지만 하나님은 신실하게 40년간 장정만 60만이나 되는 백성에게 매일 만나를 먹이셨다. 그렇게 하심으로 육의 양식도, 영의 양식도 오직 하나님이 채우신다는 사실을 가르치셨다.

원수는 이렇게 속삭인다. "너도 사람인데, 먹고 살아야지." 맞는 말이다. 그러나 예수님은 그저 사람이 아니라 하나님의 아들이 아니신가. 인성 속에 살아계시는 신성이 아니신가! 또한 우리도 육체의 그릇 안에 영혼의 본질을 담고 있는 존재들이 아닌가. 인간이라는 존재는 결코 떡으로만 채워지지 않는다. 인간은 영혼을 살아나게 하는 말씀을 먹을 때 비로소 채워진다.

물론 육신으로 세상에 살려면, 학력도 필요하고 직장도 필요하고 돈도 필요하고 집도 필요하다. 사람답게 살려면 다 필요한 것들이다. 하지만 마귀는 먹음직한 열매로 자꾸 유혹한다. "네가 이것 안 먹고 살 수 있어? 너도 사람이야. 인정해. 네가 하나님의 아들딸이라고? 네가 아무리 영적인 존재인 척해도 육적인 필요를 채우지 않고는 못 살아. 먹어! 먹으라고!"

맞다. 인간에게 필요한 것들이다. 그래서 사도 바울도 "하나님께서 지으신 모든 것이 선하매 감사함으로 받으면 버릴 것이 없나니"(딤전 4:4)라고 말했다. 다만 그것이 말씀보다 중요해지고 하나님보다 중요해져서 하와가 뱀에게 받아먹은 선악과가 된다면, 백설공주가 마귀 할멈에게 받아먹은 독사과가 된다면, 이것은 전혀 다른 문제가 되고 만다.

세상을 살다 보면 사탄이 실권을 갖고 있는 것으로 보인다. 그래서 타협에 대한 제안이 들어오면 고민하게 된다. 유혹에 넘어가는 사람도 많고, 오히려 그런 유혹을 기다리는 사람마저 생긴다. 그러면 당신은 사탄의 밀정이 되겠는가, 아니면 하나님의 일꾼이 되겠는가? 우리는 하나님의 형상이요 하나님의 자녀들인데, 사탄의 종노릇을 할 수는 없지 않은가.

그러나 수많은 신자들이 원수의 합리적인 설득에 넘어가 타협하다가, 어느 순간 영적 우선순위가 뒤집혀 버린다. 하나님을 뒤로한 채 물질중독과 쾌락중독에 빠지고, 진정한 양식이 아닌 것을 위해 온 힘을 쏟으며 살다가 내 영혼마저 팔아 버리는 지경에 이른다. 오늘날 많은 성도들과 목사들과 교회들이 물질적으로 타락하게 된 이유가 여기에 있다.

무엇을 위해 사는가?
예수님은 말씀하셨다. "물론 사람이 떡으로 살지. 그러나 떡으로만 살지는 않는다!" 멋진 역공이 아닌가. 운동을 할 때 상대방의 공격을 무조건 반격하는 것이 아니라 그 힘과 방향을 역으로 되돌려 치기 하는 기술이 진짜 고급 기술 아닌가. 학력, 경력, 재력 모두 인생에서 쓸모 있는 것들이지만 그것이 내 인생의 근본적인 원동력도 비전도 아니라는 것이다.

원수가 그런 것으로 인생을 다 채울 것처럼 속이기 때문에 평생을 세상 것으로 채우려고 달려가다가 허무감에 주저앉는 이들이 많다. 얼마나 안타까운가! 그때 우리는 예수님처럼 선포해야 한다. "세상의 것들이 필요함을 안다. 그러나 그것조차도 아버지께서 만드셨고 채우시리라. 그리고 무엇보다 내 영혼은 말씀을 먹어야 살아나고 말씀으로 채워야 완성된다!"

우리는 왜 사는가? 먹기 위해서인가? 이 질문에 대해서 예수님이 답변하셨다. "그런즉 너희는 먼저 그의 나라와 그의 의를 구하라 그리하면 이 모든 것을 너희에게 더하시리라"(마 6:33). 우리가 존재하는 이유는, 하나님 나라와 의에 있다. 이것이 분명한 사람은 하나님이 친히 채워 주신다. 그리고 그 채움 받은 것으로 하나님의 영광스러운 나라를 추구하며 사는 것이다.

당장 눈에 보이는 것은 육적인 필요이지만, 존재의 근간을 붙드는 것은 영적인 우선순위다. 당장의 결핍을 위해 필요를 구하기보다 존재의 지향점을 위해 그분의 얼굴을 구하라. 그러면 우리는 육의 몸을 입고 있을지라도 영적인 존재로 살아가게 될 것이다. 예수님이 땅 위에 발을 디디고 서서도 영적인 의연함으로 사셨던 그 길을 따라가게 될 것이다.

인생의 문제는 떡의 문제를 넘어 영혼의 문제다. 신앙 따로 인생 따로가 절대로 아니다. 어떤 분들은 내게 이런 질문을 종종 한다. "목사님, 이게 영적인 문제인가요, 실제적인 문제인가요?" 그럴 때마다 나는 늘 대답한다. "실제적인 문제이자 영적인 문제입니다." 사람의 기본적인 필요를 채우는 문제조차 영적인 문제인 것은 우리가 하나님의 자녀들이기 때문이다.

"너희는 여호와의 선하심을 맛보아 알지어다"(시 34:8). 알코올 중독, 성 중독, 감정 중독, 쇼핑 중독 등 다양한 삶의 중독 패턴에 빠져서 도움을 호소하는 분들이 있다. 나는 이들에게 그것을 절제하라고 말하지 않는다. 오히려 하나님을 뜨겁게 사랑하라고 권면한다. 하나님이 얼마나 좋은 분인지를 맛보게 되면 우리는 과거로 돌아갈 수 없다.

결국 유혹이 문제가 아니라 내 안의 욕구가 문제다. 유혹을 어떻게 이길까 고민하는 동시에 유혹을 이기고 싶어 하지 않는 마음이 문제다. 유혹을 유혹이 아니라 필요나 재미로 보기 때문이다. 빨간불을 파란불이라고 본다면 그것은 신호등의 문제가 아니라 내 눈의 문제다. 유혹이 은혜로 보이고 은혜가 덫으로 보인다면 심각한 영적 세뇌를 당한 상태다.

예수님은 육적으로 주리셨지만, 영적으로 이미 말씀 충만하셨다! 그래서 그분 내면에 있는 충만한 말씀으로 승리하실 수 있었다. 당신도 말씀으로 충만하고 성령으로 충만한 성도가 되라. 그러면 능히 육체의 정욕을 이길 수 있을 것이다. 훌륭한 사업가도 전문인도 돈과 쾌락 때문에 한순간에 무너진다. 항상 말씀을 지키라. 그러면 그 말씀이 당신을 위기에서 반드시 지켜 줄 것이다.

두 번째 시험: 하나님이 돕지 않으시는가?

"이에 마귀가 예수를 거룩한 성으로 데려다가 성전 꼭대기에 세우고 이르되 네가 만일 하나님의 아들이어든 뛰어내리라 기록되었으되 그가 너를 위하여 그의 사자들을 명하시리니 그들이 손으로 너를 받들어 발이 돌에 부딪치지 않게 하리로다 하였느니라"마 4:5-6.

마귀가 이번에는 예수님을 데리고 거룩한 성, 예루살렘으로 간다. 그런 다음 예수님을 성전 꼭대기에 세워 놓고 뛰어내리라고 말한다. 그러면서 유식하게 성경 구절까지 인용한다. 예수님이 첫 번째 시험에서 말씀으로 반격을 하시니까, 이번에는 사탄도 말씀을 인용한 것이다. "네가 그렇게 말씀을 의지한다고? 그러면 어디 이 말씀이 성취되는지 한번 해봐라!"

마귀가 인용한 말씀은 시편 91편 11-12절에 실제로 나온다. 하나님께서 그분에게 헌신한 사람들을 지키신다는 내용인데, 마귀는 이를 기적을 만들어 보라는 엉뚱한 의미로 해석해 버렸다. 성도들도 설교자인 목사도 자기주장을 뒷받침하기 위해 말씀을 인용하면 마귀 짓을 하는 것이다. 정반대로 우리는 우리의 모든 생각과 감정과 논리를 말씀에 맞춰야 한다.

그러므로 성경 암송도 중요하지만 성경 통독이 필수적으로 중요한 것은, 하나님의 말씀 전체를 통전적으로 이해해야 부분적으로 곡해하지 않기 때문이다. 이단들의 특징은 성경을 갖고 반성경적인 교리를 만들어내고 반신앙적인 교주 신봉을 하게 만든다는 점이다. 그러므로 정통교회를 등지고 비밀스럽게 성경공부를 가르친다고 하는 자들을 반드시 주의하라.

십계명의 제4계명도 "너는 네 하나님 여호와의 이름을 망령되게 부르지 말라"(출 20:7)고 말한다. 또한 하나님의 말씀을 멋대로 사용하거나 마음대로 가감하는 자들은 심판을 받을 것이라고 계시록은 말하고 있다(계 22:18-19). "그러나 우리나 혹은 하늘로부터 온 천사라도 우리가 너희에게 전한 복음 외에 다른 복음을 전하면 저주를 받을지어다"(갈 1:8).

그러면 마귀는 왜 굳이 예수님을 예루살렘 성전으로 데려갔을까? 그곳은 이스라엘 전역에서 가장 많은 사람들이 모이는 장소다. 만약 여기서 예수님께서 뛰어내렸는데 천사들이 하나도 다치지 않게 받드는 기적을 보여 준다면, 모든 사람이 예수님을 진정한 하나님의 아들로 인정하고 칭송하지 않겠느냐는 유혹이었다.

결국 예수님은 이곳 예루살렘 성전에서 집중 공격을 받으시고, 예루살렘 성 밖에서 십자가 처형을 당하게 되시잖는가. 그러므로 사역도 시작하기 전에 마지막 지점에 데리고 와서 결론부터 내자는 제안이었다. 어렵게 공생애 사역하다가 십자가까지 지지 말고 쉽게 인정받으라는 말이었다. 지금 사탄은 시험을 앞둔 수험생에게 답안지를 유출하겠다고 유혹하는 것이었다.

사탄의 두 번째 시험은 이생의 자랑에 대한 유혹이었다. 사탄은 지금 예수님에게 사람들이 운집한 곳에서 쇼를 하라고 했다. "굳이 하나님의 아들이 인간들에게 멸시와 조롱을 당할 필요가 있는가? 굳이 그렇게 어렵게 메시아가 되어야 하는가? 쉬운 길이 있지 않은가! 그리고 하나님도 그 아들을 외면하지는 않으시겠지. 아들이 떨어져 죽게 놔두시겠는가?"

마귀는 성경 말씀이 성취되는지 시험해 보라고 부추겼고, 하나님이 자기 아들을 외면하지 않으시고 붙들어 주시는지 시험해 보라고 다그쳤다. "하나님이 정말 네 아버지시라면 그 정도는 도와주셔야 하는 게 아니냐!" 마귀가 성경 구절까지 운운하면서 도발한 것은 결국 무엇이었는가? "말씀을 의심해 봐라! 네 하나님 아버지도 의심해 봐라!"

하나님을 시험하지 말라

> "예수께서 이르시되 또 기록되었으되 주 너의 하나님을 시험하지 말라 하였느니라 하시니" 마 4:7.

예수님은 말씀도 의심하지 않으셨고, 아버지도 의심하지 않으셨다. 그러나 사실 사탄의 도발은 상당히 합리적인 근거를 갖고 있었다. 장차 아버지께서는 십자가 위에서 아들이 고통 가운데 절규하는데도 도와주지 않으실 것이기 때문이다. 왜인가? 그때 아들을 붙잡아 주면 죄인인 우리를 포기하셔야 하기 때문이다.

그러나 예수님은 이번에도 말씀으로 응수하셨다. "너희가 맛사에서 시험한 것같이 너희의 하나님 여호와를 시험하지 말고"(신 6:16). 예수님은 끝까지 아버지를 신뢰하셨다. 아버지를 의심하지 않으셨다. 그러면 과연 의심의 시대를 살고 있는 우리는 어떤가?

21세기가 구도자seeker의 시대가 아니라 회의자questioner의 시대가 되었다는 것이 참으로 가슴 아프다. 사람들이 성경을 말하면서 성경을 의심하고, 하나님을 말하면서 하나님을 의심하는 시대가 되었다. "도대체 선악과는 왜 만드셨는가? 인간은 왜 창조하셨는가? 왜 꼭 예수님만 믿어야 구원받는가? 복음을 들어보지 못한 사람들은 억울하지 않은가? 유다도 빌라도도 악역을 맡았을 뿐인데 억울하지 않은가? 선하신 하나님이 어떻게 악을 허용하시는가?"

상당히 영적인 질문들을 한다. 신앙적인 깊이도 묻어난다. 그런데 결국에는 하나님을 불신하고 성경을 의심하는 말들이다. 물론 그런 분들을 위해 「새신자가 묻다」라는 책을 썼지만, 하나님은 뭐라고 말씀하실까? "오직 의인은 믿음으로 말미암아 살리라"(롬 1:17). 결국 그분을 신뢰해야 구원이 있다. 사탄이 심어 주는 궁극적인 회의론과 비관론의 늪에서 빨리 나와야 한다.

어떤 사람들은 이런 이야기를 한다. "성경에는 너무나 어려운 이야기들이 많고 예수님이나 구원에 관해서도 너무 어려운 내용들이 많은데, 그냥 자신이 하나님이라는 것을 좀 명쾌하게 세상 앞에 증명해 보여 주면 좋지 않은가! 그러면 예수님도 쉽고 우리도 쉽지 않은가."

이들의 주장은 상당히 합리적이다. 예수님이 스스로 하나님의 아들이라는 사실을 능력으로 증명해 내면, 그것이 훨씬 강력한 증거가 된다는 것이다. 정말 그런가? 사탄은 십자가의 수치스러운 사건으로 자기 증명을 하지 말고, 천사들이 받들어 주는 자랑스러운 사건으로 자기 증명을 하라고 말한다. 그렇게 하면 될 것을 왜 굳이 고난의 길을 가야 하느냐며 강력한 의문을 제기한다.

우리도 이런 합리적인 유혹에 쉽게 매료되지 않는가. 기도할 때도 하나님께서 기적적으로 도와주셔서 온 세상 앞에 내가 하나님의 자녀라는 사실을 좀 확실하게 보여 주시면 좋겠다고 말하지 않는가. 그런데 사실 사탄의 이 제안은 하나님의 아들임을 증명하기 위해서 하나님의 선하심을 의심하고 하나님의 선하신 뜻을 의심하라는 제안이었다.

하지만 예수님은 십자가의 사명을 바라보고 가시는 분이지, 세상적인 인정을 얻기 위해 오신 분이 아니다. 예수님이 칼을 사용하는 베드로를 꾸짖으며 하신 말씀이 있다. "너는 내가 내 아버지께 구하여 지금 열두 군단 더 되는 천사를 보내시게 할 수 없는 줄로 아느냐"(마 26:53). 예수님이 능력과 기적으로 해결하실 참이었으면 진즉에 세상을 심판하셨을 것이다.

예수님은 능력으로 자기 증명을 하지 않으셨고 십자가로 자기 증명을 하셨다. 십자가야말로 하나님 아버지의 사랑의 증거이기 때문이다. 사실 사람들은 기적을 행하는 능력이 최고인 줄 알지만, 하나님은 자신의 생명까지 내어주는 사랑이 최고의 능력이라고 말씀하신다. 그 사랑 때문에 우리는 구원받았고 그 사랑 때문에 우리는 천국을 소망하게 되었다.

결국 예수님은 하나님을 시험하지 않으셨다. 끝까지 아버지를 사랑하고 신뢰하셨다. 십자가에 달리셨을 때 사람들은 소름 돋게도 마귀와 똑같은 대사로 예수님을 조롱했다. "네가 만일 하나님의 아들이어든 자기를 구원하고 십자가에서 내려오라"(마 27:40). 그러나 예수님은 십자가의 극한 고통 속에서도 아버지를 신뢰하셨고 아버지의 손에 자신의 영혼을 부탁하셨다(눅 23:46).

처음부터 끝까지 정체성의 전쟁

"네가 만일 하나님의 아들이어든" 마 4:3, 6.

사실 이 조건문은 신성모독이 아닌가! 영원에서부터 영원까지 하나님의 아들이신 성자께 이런 도발을 하다니! 아주 무례한 도전이었다. 그런데 원래 사기꾼들은 크게 거짓말을 한다. 보이스 피싱 범죄자들은 자신이 금융기관을 담당하는 검사라고 말한다. 홈페이지에 접속해서 개인정보를 입력하라고, 그러면 당신을 보호해 주겠다고 말한다. 얼마나 대담한 거짓말인가!

에덴에서 사탄이 아담과 하와에게 한 거짓말도 이와 똑같은 패턴이다. 하나님이 너의 보호자인 것 같지만 사실 네게 필요한 도움과 보호를 제공해 주는 것은 자신이라고 대담한 거짓말을 한다. 자신이 하나님 역할을 할 것처럼 말한다. 이것이 사기꾼들의 전형이다. 그런데 너무나 그럴싸하게 대담한 거짓말을 하니, '어떻게 이런 걸 거짓말하겠어'라고 생각하며 믿는다.

사탄의 가장 큰 공격이 무엇인 줄 아는가? 겉으로는 물질적인 미끼나 영적인 미끼를 던지지만, 결국에는 우리 속의 하나님의 자녀라는 정체성을 흔들고 무너뜨리려는 것이다. 그렇게 우리와 하나님 사이를 이간질하고, 우리의 개인정보를 빼내서 인생을 통째로 삼키려는 것이다.

"네가 정말 하나님의 아들이라면, 그리고 하나님이 정말 너의 아버지시라면, 하나님이 너의 세상적인 필요도 물질적인 필요도 채워 주셔야 하는 거 아니야? 그런데 하나님이 그걸 안 채워 주시는구나? 그리고 고난을 통과해서 순금같이 나오라면서 하염없이 고생만 시키는구나? 나는 너의 필요를 채워 줄 수 있어. 하나님이라는 우선순위만 내려놔. 내가 편하게 해줄게."

"하나님이 정말 너를 사랑하는 아버지시라면, 하나님이 널 보호해 주셔야 하지 않니? 어떻게 너를 그렇게 사람들에게 거절당하고 모욕당하는 고난의 길로 인도하시지? 능력도 많으신 분이 기적적으로 너를 도와주실 수 있는 거 아니야? 그걸 해주지 않는 분이 정말 너의 아버지가 맞아? 나는 네가 세상에서 무시당하지 않도록 강하고 멋지게 만들어 줄 수 있어."

그런데 예수님은 어떻게 이기셨는가? 사실 예수님께서는 사탄의 유혹이 전혀 유혹이 되지 않으셨다. 왜였는가? 놀랍게도 예수님에게는 자기 증명 욕구가 없으셨기 때문이다. 어떻게 그럴 수 있는가? 모든 인간은 자기 증명 욕구가 무척이나 강하다. 온갖 업적과 성과들로 "나 이런 사람이야!"를 세상에 외치고 싶어 한다.

사실 이런 인간에게 자기 증명 욕구가 있는 것은 인간이 타자에 의해 규명되는 상대적 존재이기 때문이다. 하지만 신은 모든 타자를 규정하지만 어떤 타자에 의해서도 규정되지 않는 근원적인 존재Ultimate Being가 아닌가. 그러기에 예수님은 마귀의 도전이 전혀 도전적이지 않으셨다. "나는 스스로 있는 자이니라I AM WHO I AM"(출 3:14).

가령 전설적인 농구선수 조던이 나이키 옷을 입으면, 나이키가 조던을 빛나게 하는가, 조던이 나이키를 빛나게 하는가? 당연히 후자다. 예수님은 하나님의 아들이기에 기적을 행할 수 있으셨던 것이지, 기적을 보여 주어야 하나님의 아들로 증명되는 분이 아니다. 본질을 가진 사람은 비본질에 굳이 집착하지 않는다. 연습생들이 서로 싸우지, 최고수는 의연한 법이다.

이미 우리는 존재 증명이 끝난 사람들이다. 공부를 잘하고 사업을 잘하고 자식을 잘 키우고 교회 사역을 잘해내서 성공적인 인생이라고 말하고 싶은가? 그렇지 않다. 우리의 존재 증명은 이미 태초의 동산에서 하나님의 형상으로 지음 받았을 때 시작된 것이요, 십자가 위에서 아들의 생명까지 주셨을 때 이미 끝난 것이다. 더 이상의 자기 증명은 없다.

나는 분명 하나님의 사랑받는 자녀인데, 원수가 내 정체성을 흔드는 이유가 무엇인가? 결국에는 하나님을 부인하게 만들려는 것이다. 나를 지으신 분이 하나님이시고, 나를 부르신 분이 하나님이시고, 나를 이 땅에 보내신 분이 하나님 아니신가! 그런데 그분을 부정하고 자멸하게 만들려는 것이다. 목자를 의심하고 떠나게 해야 양을 통째로 삼킬 수 있기 때문이다.

그러나 절대로 아니다! 당신의 선한 목자는 오직 여호와 하나님이시다! 하나님은 당신의 물질적인 필요와 영적인 필요를 다 공급해 주시는 여호와 이레이시며, 인생의 탄탄대로에서도 험산준령에서도 평강 가운데 지켜 보호해 주시는 여호와 샬롬이시며, 최후 승리를 약속하시고 그 약속을 반드시 지키실 여호와 닛시이시다.

하나님이 내 아버지이신데 내가 하나님을 의심하고 등지고 가출하면, 누가 나를 돌봐 줄 것인가? 어두운 밤 길거리에서 만난 건달들이 용돈 주고 밥 주고 잠자리 준다고 따라가겠는가? 어서 빨리 아버지 집으로 돌아가라. 누가 뭐라고 해도 하나님은 내 아버지시며, 나는 하나님의 사랑받는 자녀다. 정체성의 전쟁에서 승기를 잡는 사람이 영적 전쟁의 승기를 잡게 될 것이다.

세 번째 시험: 사탄의 대담한 거래

> "마귀가 또 그를 데리고 지극히 높은 산으로 가서 천하 만국과 그 영광을 보여 이르되 만일 내게 엎드려 경배하면 이 모든 것을 네게 주리라"마 4:8-9.

이번에는 마귀가 예수님을 데리고 지극히 높은 산으로 간다. 이 산은 이스라엘 최고봉인 해발고도 2,814m의 헐몬산인가, 아니면 중동 최고봉인 해발고도 5,137m의 아라랏산인가, 아니면 모세가 가나안 땅을 조망했던 느보산인가? 성경은 명시하지 않고 있다. 마귀가 한순간에 이 높은 곳으로 데려온 이유는 예수님에게 천하만국과 그 영광을 보여 주기 위해서였다.

누가복음의 대조 본문을 보면 마귀는 이렇게 밑밥을 깐다. "이르되 이 모든 권위와 그 영광을 내가 네게 주리라 이것은 내게 넘겨준 것이므로 내가 원하는 자에게 주노라"(눅 4:6). 마귀는 천하만국의 모든 권세와 영광이 자기에게 넘어온 것이라고 주장한다. 아니 천상 어전에서 쫓겨나 땅으로 추방된 자가 어떻게 이런 주장을 할 수 있는가?

그는 "이 세상 임금"(요 16:11)으로 불리는 자요, "공중의 권세 잡은 자"(엡 2:2)라고 불리는 자로서, "불순종의 아들들"(엡 2:2) 가운데 왕 노릇 하는 자이기 때문이다. 그러므로 이 권세는 하나님이 주신 권세가 아니요, 하나님이 주신 통치권이 아니다. 마치 사회의 암적인 요소인 지하세계의 조직폭력배들처럼 하나님의 창조 세계를 불법 점거하고 있을 뿐이다.

그래서 묵시록인 다니엘서와 요한계시록은 세상 제국과 그 권력을 "짐승"이라고 표현한다. 왜 이렇게 되었는가? 하나님께서 만국 백성을 하나님의 형상으로 창조하신 게 아닌가? 맞다. 그러나 하나님께서 인간에게 세상에 대한 통치권을 위임해 주셨는데, 인간이 사탄에게 협조하고 굴복함으로 마치 세상 통치권이 자신에게 넘어온 것처럼 주장하고 있는 것이다.

그러고는 불법으로 소유하고 있는 세상 만국을 줄 테니 자신에게 엎드려 경배하라고 한다. 사탄이 거래를 해온 것이다. 자신에게 넘어와 포로가 되어 있는 하나님의 자녀들, 자신에게 넘어와 무질서와 폭력과 거짓이 가득해진 세상 나라들, 이 모든 것을 넘겨줄 테니 조금만 고개를 숙이고 들어오라는 제안이었다.

사탄이 가장 얻고 싶어 한 것이 무엇인가? 바로 하나님의 보좌를 찬탈하는 것 아니었는가! 하나님을 끌어내리고 자신이 그 자리에 오르는 것이었다. 그 반란 모의 때문에 천상에서 쫓겨났었다. 그러고는 세상에서 하나님의 자녀들을 인질 삼아 성자에게 거래하자는 것이었다. 이번에도 마귀는 대담한 사기를 치려고 했다. 천하만국의 통치권과 영광은 하나님께 있지 않은가!

사탄은 하나님이 요구하시는 부담스러운 방법을 피하고 쉬운 길을 선택하라는 유혹을 하고 있었다. 그러나 하나님은 쉬운 길을 가라 하지 않으시고 어렵지만 목숨을 걸 만한 가치 있는 길을 가라고 하신다. 우리는 영광과 함께 고난도 받아야 한다. 한 번의 클릭으로 쾌락과 온갖 즐거움이 쏟아지는 삶이 아니라 가치 있는 고난의 삶을 선택해야 한다.

그러나 사탄은 하나님처럼 쪼잔하게 고생시키지 않겠다는 것이다. "네가 그렇게 고고하게 산다고 하나님이 뭘 해 주시는데? 너만 고생하는 거야. 그냥 하나님만 경배하겠다 이거 하나만 내려놓으면 돼. 가끔 세상을 얻기 위해서 내 앞에도 절하고 적절하게 타협하면서 살면 어려울 게 없잖아. 겉으로만 예배자인 척하고 뒤로는 내 돈 받으면서 살면 되는 거야."

유명한 뮤지컬 〈오페라의 유령The Phantom of the Opera〉을 아는가? 파리 오페라극장에 숨어 지내는 유령이 아름다운 프리마돈나 크리스틴에게 거래를 요구한다. 자신에게 영혼을 팔면 그녀에게 실력과 세상 영광을 주겠다는 것이다. 유령은 크리스틴에게 말한다. "노래해, 나의 음악의 천사여, 나를 위해 노래해!"

실제로 영화나 대중음악 등 문화계에서는 귀신에게 제사를 지내고 성공을 비는 일들이 관습이 되었고, 녹음 스튜디오에서 귀신을 보면 대박 난다는 믿음을 갖고 있다. 그들뿐인가.

사업가도 성공을 위해 불법, 편법, 탈법을 행하며 자기 영혼을 팔고, 정치인들도 집권을 위해 양심과 영혼을 파는 일들이 얼마나 많이 일어나고 있는가.

누구에게 경배할 것인가?

> "이에 예수께서 말씀하시되 사탄아 물러가라 기록되었으되 주 너의 하나님께 경배하고 다만 그를 섬기라 하였느니라"마 4:10.

"사탄아 물러가라!" 이 말씀은 십자가의 길을 가지 말라고 종용한 베드로에게 예수님이 하셨던 말씀이 아닌가. "예수께서 돌이키시며 베드로에게 이르시되 사탄아 내 뒤로 물러 가라 너는 나를 넘어지게 하는 자로다 네가 하나님의 일을 생각하지 아니하고 도리어 사람의 일을 생각하는도다"(마 16:23).

그 어떤 것도 하나님의 자리를 대신할 수 없고, 그 어떤 것도 하나님이 맡기신 사명의 길을 가로막을 수 없기 때문이다. 그래서 예수님은 "주 너의 하나님께 경배하고 다만 그를 섬기라"고 신명기 6장 13절 말씀을 인용하여 말씀하셨다. "사탄아, 네가 내게 권세와 영광을 주는 것이 아니다. 모든 권세와 영광의 주권자이신 아버지께서 내게 영광을 주실 것이다!"

주님은 쉬운 길을 선택하지 않으셨다. 오직 십자가의 길을 선택하셨다. 이제 하나님의 사람들도 쉬운 길을 선택하는 것이 아니라 힘들고 어려운 길일지라도 목숨을 걸 만큼 가치 있는 사명의 길을 가야 한다. 쉬운 길을 가려는 사람은 하나님의 영광도 기적도 체험할 수 없다. 그러나 십자가를 붙들고 가는 사람에게는 부활의 영광과 최후 승리가 주어질 것이다.

엔도 슈사쿠의 「침묵」이라는 소설이 있다. 일본에 기독교가 들어온 17세기에 얼마나 기독교 박해가 심각했는지를 보여 준다. 일본인들은 기독교인들을 색출해서 고문하고 처형했다. 사람들을 바닷가 나무에 묶어 두고 바닷물에 절여서 죽이기도 했다. 그러나 칠흑같이 어두운 밤 검붉은 파도 사이로 성도들은 예수님을 찬미하며 순교의 죽음을 받아들였다.

내 구주 예수를 더욱 사랑, 엎드려 비는 말 들으소서
내 진정 소원이 내 구주 예수를 더욱 사랑 더욱 사랑

기독교 신앙은 결코 쉬운 길, 평탄한 길로 우리에게 찾아온 것이 아니다. 주님이 우리를 위해 생명을 바치셨고, 우리도 주님을 위해 생명을 바쳐왔다. 예배는 헌신이다. 우리를 향한 주님의 헌신과 주님을 향한 우리의 헌신이 만나는 자리다. 우리가 그분께 드리는 진정한 경배는 하나님께는 최고의 영광이요, 우리에게는 최고의 은총이요, 원수에게는 최고의 절망이 된다!

인간의 권력욕을 어떻게 해결할 수 있는가?

세 번째 시험은 안목의 정욕에 대한 유혹이었다. 견물생심見物生心 아닌가. 사람들은 백화점에 가서 아이쇼핑 한다고 말하지만, 보고 나면 사지 않고는 못 배기는 사람들이 많은 법이다. 그렇게 마귀는 우리를 유혹한다. 떡이 먹음직한 것이었다면, 만국의 영광은 보암직한 것이었고, 기적으로 인정받으라는 것은 지혜롭게 들리는 탐스러운 말이었다.

세상 만국의 권세와 영광을 다 얻을 수 있다니 과연 누가 이것을 거절하겠는가. 물론 어떤 이들은 나는 그런 것에 전혀 관심이 없다고 말할 것이다. 과연 정치는 권력지향형 인물들이나 하는 것일까? 세상을 등지고 산야에 묻혀 살아도 그 자체가 정치적 외침에 해당된다. 인간은 기본적으로 호모 폴리티쿠스, 정치적 인간이다.

토니 캠폴로Tony Campolo는 「끝까지 사랑하라」에서 그리스도인이 모든 영역에서 파워 게임을 내려놓고 희생적 사랑을 선택해야 하는 이유는 결국에 사랑이 이기기 때문이라고 말한다. 인간은 가정이나 회사, 교회에서 끊임없이 권력 다툼을 하는 존재다. 두세 사람만 모여도 누가 결정할 것인가, 누가 주도할 것인가, 누구 뜻을 따를 것인가에 관심이 많다.

그래서 가정에서는 부부간에 주도권 싸움을 하고, 사춘기 자녀들이 부모와 주도권 싸움을 한다. 그 과정에서 희생적 사랑은 참된 권위를 세우지만, 비인격적인 강요와 권위주의는 상처와 갈등과 분열을 낳는다. 교회에서도 담임목사가 주도권을 가질 것인가 장로들이 주도권을 가질 것인가, 보수파가 주도권을 가질 것인가 개혁파가 주도권을 가질 것인가로 갈등한다.

인간은 권위의 청지기다. 그런데 인간이 스스로 주인 행세를 하다 보면 하나님의 주권을 불인정하게 되고 결국 사탄의 앞잡이 역할을 하게 된다. 그러고는 마침내 사탄이 마치 세상의 주권자인 양 행세하는 이 거짓된 정치쇼에 온 세상이 함께 요동하게 된다.

예수님의 해결책은 무엇인가? "권력에 집착하지 말라"가 아니라 "하나님 한 분만 경배하라"다. "유혹에 빠지지 말라"가 아니라 "진리의 말씀을 사랑하라"다. 사람은 무엇을 하지 말라고 해서 행동 패턴behavior pattern이 변하지 않는다. 오히려 부정적 강화가 일어날 때가 많다. 하지만 주님은 가장 강력한 대안을 주신다. 절대자 하나님을 인정하면, 모든 것이 잠잠해진다는 것이다.

2005년 밴쿠버 온누리교회에 가서 목회를 하게 되었다. 첫 주일예배 때 취임 인사를 했더니, 예배 끝나고 이쪽 분들이 와서 "저 사람들을 만나지 마라", 저쪽 분들이 와서 "이 사람들을 만나지 마라"고 했다. 교회가 두 쪽으로 갈라져 있었다. 그런 교회를 무슨 수로 하나 되게 할 수 있는가? 어설프게 피스메이커peacemaker 역할을 하려다가 본인만 산화된다. 그러나 새벽예배부터 주일예배까지 전심으로 하나님을 경배하며, 교회가 부흥하고 하나님의 살아계심의 역사와 기적들이 나타나기 시작하자 사람들이 오직 하나님께만 주목하게 되었다. 교회의 하나 됨은 인간의 노력, 정치적 수완으로 되는 것이 아니라, 오직 하나님만을 경배할 때 되는 것이다.

세상 물질욕과 쾌락욕구도 마찬가지다. "과음하지 마라, 담배 피지 마라"고 말해 봐야 소용없다. 건강에 안 좋다고, 영성에 도움이 안 된다고 아무리 이야기해도 못 고친다. '이제는 단정하게 살아야지, 이제는 가족을 위해 절제해야지' 하고 좋은 마음을 먹는다고 고쳐지지 않는다. 그런데 놀랍게도 성령충만해지면 한순간에 끊어진다. 하나님의 임재는 모든 것 중에 가장 수위가 높기 때문이다.

왜 인간은 권력욕에 빠지는가? 하나님을 주권자로 온전히 인정하지 않기 때문이다. 하나님을 최종 권위로 인정하는 개인, 가정, 교회는 다툼과 논쟁을 뛰어넘는다. 연로하신 부모님을 모시고 살면 자녀들 목소리가 잠잠해지는 법이다. 우리 가정의 주인은 하나님이시다! 우리 교회의 주인은 하나님이시다! 이 나라뿐 아니라 열방의 주인은 하나님이시다!

최후 승리를 얻기까지

"이에 마귀는 예수를 떠나고 천사들이 나아와서 수종드니라"마 4:11.

우리는 예배자로 부름을 받았다. "이 백성은 내가 나를 위하여 지었나니 나를 찬송하게 하려 함이니라"(사 43:21). 우리는 영원토록 천국에서 찬양하고 경배할 것이다. 그러므로 원수의 조급한 제안을 쉽게 수락하지 말라. 원수는 제한된 시간 안에서 활동하기 때문에 마음이 조급하다. 그리고 인간은 결핍에 목말라 있기 때문에 역시 마음이 조급하다.

나는 갈림길 위에서 어느 길을 선택하겠는가? 평생을 예배자로 살겠는가, 원수와 타협하며 살겠는가? 왜 일제 강점기에 많은 사람들이 일본의 밀정이 되었는가? 나 혼자 독야청청해도 세상은 변하지 않을 것 같았던 것이다. 영화 〈암살〉에서 해방 후에 밀정 염석진에게 독립군들이 찾아와 묻는다. "왜 동지를 팔았나?" "몰랐으니까. 해방될지 몰랐으니까! 알면 그랬겠나?"

결국 짧은 세상은 지나가고 영원한 하나님 나라가 올 것이다. 사탄이 당장의 이익을 보장해 준다고 해서 최후 승리를 포기하고 타협하겠는가? 주님이 천상에서 외치실 것이다. "사탄아, 너의 승리가 어디 있느냐!" 우리 곁에 다가와 조력자 역할을 하겠다고 유혹하는 마귀는 영원히 무저갱으로 들어갈 존재다. 결국 우리 곁에 영원히 계실 분은 주님이시다.

예수 그리스도는 승리자이시다. 주님을 따라가면 고난을 지나 영광에 이르고, 십자가를 지나 영원한 부활에 이를 것이다. 아담과 하와도 첫 유혹에 무너졌고, 이스라엘도 광야 40년 시험에 실패했지만 예수 그리스도는 승리하셨다! 이제는 우리에게도 예수 그리스도의 이름을 의지하여 승리자의 여정을 갈 수 있는 길이 열렸다.

예수님과 마귀의 싸움을 보면서 전혀 긴장이 안 되고 편안한 마음이 들었다. 예수님과 마귀는 수준 차이가 현격했기 때문이다. 선생님이 학생을 시험하지, 학생이 선생님을 시험하겠는가. 유치원 다니던 둘째가 초등학교 4학년 형에게 이기고 싶어서 "100 더하기 100은 뭐야?" 묻는 것을 보고 웃음이 터진 적이 있다. 그것은 형에게는 너무나 쉬운 문제였다.

예수님은 여유가 있으셨다. "떡 먹어야 살지 않겠어?"라는 유혹에 "떡으로만 되겠니? 말씀을 먹어야지"라고 답하신다. "나한테 절하면 세상 영광을 다 준다니까?"라는 유혹에 "원래 그거 하나님 것이거든. 그러니 하나님만 경배해야지"라고 답하신다. 상대는 죽기 살기로 달려드는데 주님은 무림 고수처럼 한 손으로 처리하시는 능력자가 아니신가!

그리고 말싸움을 할 때는 말이 많은 사람이 진다. 사연이 길어지고 해명이 구구절절이 나오면 스스로 초라해지고 비참해지는 법이다. 그런데 보라. 마귀는 미혹하기 위해서 말이 상당히 길다. 그러나 예수님은 초간단 명쾌하시다. 우리도 마찬가지다. 상황 논리에 빠지지 말고, 매 순간 진리를 선포하라! 진리는 명쾌하고 단순하다. 그런데도 진리는 무엇보다 강력하다!

예수님은 어떻게 가볍게 세 가지 난제를 이겨내셨는가? 하나님의 진리의 말씀으로 무장하셨기 때문이다. "성령의 검 곧 하나님의 말씀을 가지라"(엡 6:17). 영적 전쟁은 진리와 거짓의 싸움이다. 세 가지 시험에서 예수님이 이기신 이유는 명확하다. 사탄의 질문은 거짓에 기초해 있었고 주님의 대답은 진리에 기초해 있었기 때문이다.

그러므로 기억하라. 사탄의 거짓된 질문에 바로 답하려 하지 말라. 먼저 분별부터 하라. 하나님의교회 안상홍증인회 사람들은 전철역에서 사람들 붙잡고 "왜 성탄절이 12월 25일이냐? 그날은 로마인들이 태양신 숭배하던 날이다. 이건 우상숭배다!"라고 말한다. 그런가? 만신萬神을 섬기던 로마인들이 최대 우상 숭배일을 중단하고 그리스도의 숭배일로 바꾸었다! 제사상을 깨끗이 비우고 그 위에 십자가와 성경책을 놓은 것이다. 이것이 어찌 놀라운 반전의 승리가 아닌가!

우리는 이 마지막 시대를 살며 사도 바울이 최후의 순간에 권면한 대로 말씀으로 무장해야 한다. "너는 배우고 확신한 일에 거하라 … 모든 성경은 하나님의 감동으로 된 것으로 교훈과 책망과 바르게 함과 의로 교육하기에 유익하니"(딤후 3:14, 16).

하나님의 사람들이여, 영적 전쟁을 두려워하지 말라. 마귀는 어리석은 존재다. 예수님을 패배시키려다 자기만 패배했다. 다만 사탄을 무시하면 안 되는 것은, 집요하게 물고 늘어지기 때문이다. 또한 사탄을 무서워하면 안 되는 것은, 자기가 대단한 존재가 된 것처럼 좋아하기 때문이다. 기억하라. 이미 우리는 예수님과 함께 세상을 이기었다! 우리는 다 이긴 싸움을 싸우는 중이다. 그런데 하나님께서 왜 하나님의 아들딸에게 시험과 고난을 허용하시는가? 그것은 승리를 주시기 위함이다! 시험을 이길 영적 내공을 키워 주시기 위함이다!

"그런즉 너희는 하나님께 복종할지어다 마귀를 대적하라 그리하면 너희를 피하리라"(약 4:7). 당신의 소속을 명확하게 하라. 군인은 탈영하면 안 되고, 학생은 수업 시간에 학교 담 넘으면 안 되고, 성도는 건강한 교회를 떠나면 안 된다. 영적 소속을 명확하게 하고 살아야 한다. 여기에 근본적인 승리의 비결이 있다. 온라인 성도들은 현장으로 나와 교회의 한가족이 되라. 우리는 모두 하나님의 승리를 맛보는 주역이 될 것이다.

1장. 예수님의 승리를 본받으라

나눔 질문

Q1 성령충만을 경험한 직후 정반대로 갑자기 시험이 닥쳐 영혼이 더 급격히 식어 버릴 때가 있습니다. 나 역시 은혜의 충만함 뒤에 찾아온 결핍의 순간을 경험한 적이 있다면 그때의 상황과 심정이 어떠했는지, 무엇을 깨달았는지 나눠 봅시다. • 시험은 언제 찾아오는가?(마 4:1-2)

Q2 세상을 살아가면서 재정적인 문제, 의식주의 문제 때문에 고민하고 갈등하게 되는 때는 언제입니까? 우리 가정은 물질에 관해서 어떤 신앙적인 우선순위와 원칙을 세우고 살아가는지 나눠 봅시다. • 무엇을 위해 사는가?(마 4:3-4)

Q3 자신의 인생이나 신앙을 합리적으로 증명하거나 능력으로 증명하고 싶을 때는 언제입니까? 또한 자신의 신앙이 예수님이나 성경에 대해서 질문과 연구와 증명이 필요한 상황인지, 그분을 인격적으로 만나고 알아가고 신뢰하는 과정이 필요한 상황인지에 대해서도 나눠 봅시다. • 하나님을 시험하지 말라(마 4:5-7)

Q4 사탄은 세상의 영광을 주겠다며 예수님께 경배를 요구했으나, 주님은 오직 하나님께만 경배하라 말씀하시며 단호히 거절하셨습니다. 나 또한 공동체 안에서 권력 다툼이나 자기주장을 내려놓고, 오직 하나님을 높이며 살겠다고 결단할 부분이 있는지 함께 나눠 봅시다. •인간의 권력욕을 어떻게 해결할 수 있는가?(마 4:8-10)

Q5 예수님은 세 가지 시험 앞에서 모두 하나님의 말씀으로 승리하셨습니다. 오늘날 영적 전쟁의 한가운데서 내가 붙잡아야 할 말씀이 있다면 무엇인지 이야기하고, 말씀으로 무장한 신앙인이 되기 위해 어떤 결단이 필요한지 함께 나눠 봅시다. •최후 승리를 얻기까지(마 4:11)

"예수께서 나아와 말씀하여 이르시되
하늘과 땅의 모든 권세authority를 내게 주셨으니"
마 28:18

2장

예수님의 권위를 본받으라

마태복음 7장 24-29절

좋은 말씀인가, 진리의 말씀인가?

> "그러므로 누구든지 나의 이 말을 듣고 행하는 자는 그 집을 반석 위에 지은 지혜로운 사람 같으리니" 마 7:24.

예수님은 산상수훈에서 주옥같은 말씀들을 주셨다. 마태는 이 말씀에 총 세 장(5-7장)을 할애했다. 5장의 "팔복"은 천국 시민으로서의 반전의 관점을, 6장의 "은밀하게 구제하고 기도하라"는 말씀은 내 인생의 유일한 관중이 하나님이심을, 7장의 "구하라 찾으라 두드리라"는 말씀은 내 인생의 필요를 사람이 아니라 하나님이 채우신다는 진실을 선포하는 것이었다.

너희가 하나님의 백성이라면 세상에 살지라도 세상 사람

으로 살지 말고 천국 백성으로 살라는 말씀이었다. 예수님의 가르침에는 거침이 없었다. 그렇다고 공격적이었다는 의미가 아니다. 때로는 잔잔한 미풍처럼 품으시고 때로는 강력한 폭풍처럼 몰아치시는 말씀이었다. 사람들의 영혼을 휘저어서 새롭게 영적 질서를 확립하시는 말씀이었다.

그리고 이 강렬한 가르침 뒤에 결론적으로 주신 말씀이 마태복음 7장 24-27절이었다. 그런데 예수님은 그저 좋은 말씀을 하신 것이 아니라 이 말씀들에 절대성을 부여하셨다. 영적 무게감이 실리자 청중들은 그저 귀에 듣기 좋은 말씀이 아니라 천둥처럼 영혼을 울리는 말씀으로 받아들였다. 마치 영혼의 카이로프랙틱chiropractic(도수치료)을 하듯 아프면서도 시원한 말씀이었다.

예수님은 "이렇게 살면 좋겠다"고 사람들에게 권면하지 않으셨다. "반드시 이렇게 살아야 한다"고 선포하셨다. 왜인가? 진리는 권면이 아니라 선포이기 때문이다. 예수님의 말씀은 상황 윤리situation ethics가 아니라 규범 윤리normative ethics다. 상황에 따라 가변적인 기준이 아니라 하나님의 백성으로서 절대적인 기준점을 제시하는 말씀이다.

그래서 "누구든지"(24, 26절)라는 말씀을 하셨다. 예외가 없다는 말씀이다. 나이가 많은 사람이든 적은 사람이든, 자기 통제가 강한 사람이든 자유분방한 사람이든, 많이 배운 사람이든 적게 배운 사람이든, 신자든 미신자未信者, yet-Christian든 누구든지

간에 이 절대 진리의 말씀에 인생을 세워야만 영원히 흔들리지 않으리라고 천명하셨다.

개그우먼 조혜련 씨가 기독교로 개종한 뒤에 충격을 받은 사실이 있다는 이야기를 들었다. 남묘호렌게쿄(일본의 창가학회)를 믿을 때는 경전을 두렵게 대했었는데, 기독교인들은 성경을 아무렇지도 않게 가볍게 대한다는 것이다.

예수님이 우리에게 너무나 친밀하게 다가오셔서 그런 것일까? 친밀하지만 경외해야 할 주님이 아니신가! "여호와를 경외함으로 섬기고 떨며 즐거워할지어다"(시 2:11). 하나님과의 친밀함을 즐거워하되 절대자 하나님의 현존 앞에 경외감으로 떠는 신앙이 되어야 한다.

인간이 상수이고 하나님이 변수인가?
교회를 다니는 우리조차 착각하는 경향이 있다. 인간이 변수變數, variable이고 하나님이 상수常數, constant이신데, 우리는 거꾸로 생각하고 있지 않은가. 마치 내가 상수이고 하나님이 변수인 줄 알고 있다. 내 뜻은 절대 포기하지 못하겠으니 하나님의 뜻을 바꿔 달라고 기도하거나 하나님의 말씀 중에 내가 보기에 좋은 것만 취사선택할 수 있다고 생각하기 때문이다.

한 기독교 변증가가 예수님을 영접하고 개종한 무슬림을 만났다. 그런데 그 무슬림이 이렇게 말했다고 한다. "당신들 기독교인들은 참 이상하다. 당신들은 절대자 하나님을 믿는 것이 맞는가? 내가 이슬람교를 믿을 때는 신이 원이었고 인간이 점이었다. 그런데 개종해서 기독교인들을 만나 보니 당신들은 자신이 원이라고 생각하고 신을 점으로 여기고 있지 않은가."

우리는 절대자를 믿는다고 말하면서 그분께 절대성을 부여하지 않는다. 오히려 가변적이고 유한한 피조물인 인간 자신에게 절대성을 부여한다. 예수님은 이 관점부터 180도 바꾸기 원하셨다. 예수님의 말씀은 불변하는 만세반석이요, 인간의 생각과 뜻은 언제나 수정 가능한 것이다. 이것을 역으로 뒤집는 것이 선악과가 아니겠는가! 선악의 결정권자가 나인가, 하나님인가?

절대성에 기초한 인생은 무너지지 않을 것이다. 그러나 상대성에 기초한 인생은 반드시 무너질 것이다. 예수님은 상황적 윤리를 권면하신 것이 아니라 절대적 규범을 선포하셨기 때문에, 그 안에 권위가 있었다. 그렇지 않겠는가. 지진이 날 때 대피소를 명확하게 알려 줘야지, 여기일 수도 있고 저기일 수도 있다고 말할 수는 없다. 그것은 관용tolerance이 아니라 오도misleading다.

내가 전도사가 되었을 때 처음으로 설교론을 가르쳐 주신 분이 고 하용조 목사님이다. "설교할 때 '이렇다고 생각합니다' 내지 '이런 것 같습니다'라고 말하지 마십시오. 설교는 자기 생각을 말하는 것이 아닙니다. 설교는 하나님의 진리를 선포하는 것입니다."

사실 목회자들에게 하나의 통설이 있다. 새로 부임한 교회에서 1년이면 설교 거리도 떨어지고 허니문도 끝난단다. 참 이상한 말이 아닌가. 물론 설교는 글이라는 관점에서 보면 매번 새로운 창작이다. 그러나 하나님의 말씀은 끝없이 샘솟는 생명수가 아닌가!

하용조 목사님이 하루는 부목사들을 집합시켜 놓고 안타까워하신 적이 있다. 〈겨울연가〉가 공전의 히트를 기록하니까 드라마 전편을 보셨다고 하셨다. 그러고는 통탄하셨다. "세상의 사랑 이야기도 이렇게 감동적으로 그리는데, 온 우주 최고의 사랑 이야기인 예수님의 십자가 복음을 전하면서 성도들을 졸게 만들고, 지루하게 만드는 목사들은 회개하라!"

그래서 목회자들은 자문해야 한다. "과연 나의 설교는 창작인가, 대언인가?" 내 생각을 전하기 위해 성경을 이용하는가, 아니면 주의 진리를 전하기 위해 내 생각과 경험을 활용하는가? 설교자들의 유형은 다양하다. 묵상식 설교, 강해식 설교, 삼대지 설교, 유쾌한 설교, 스토리텔링 설교, 영성적인 설교, 논리적인 설교, 간증식 설교 등 정말 다양한 설교가 있다. 이러한 설교 방법론에는 정답이 없다. 그렇다면 정답은 무엇인가? 설교자 자신이 이 성경을 하나님의 불변하는 진리로 확신하고 있는가 하는 것이다. 그렇다면 내용이 문제가 아니라 그 확신이 성도들에게 전달될 것이다.

왜 존재의 근간이 되는 말씀인가?

> "비가 내리고 창수가 나고 바람이 불어 그 집에 부딪치되 무너지지 아니하나니 이는 주추를 반석 위에 놓은 까닭이요." 마 7:25.

주의 말씀을 듣고 그대로 실천하는 사람은 바위 위에 집을 지은 지혜로운 사람이라고 하셨다. 사실 모래 위에 집을 세우는 것은 쉽지만 바위에 기초를 놓는 것은 여간 어려운 일이 아니다. 그러나 평상시에 지킨 말씀이 위기 때 나를 지켜 줄 것이다. 평안할 때 보험을 들지, 사고가 난 뒤에 보험을 드는 사람은 없다. 그때는 이미 늦는다.

평안할 때는 말씀 없이 살아도 아무 문제가 없는 것처럼 느껴진다. 그러나 인생의 비바람이 불고 세상의 지진이 닥치면 그제야 후회막심이 된다. 전화기를 붙들고 지인들에게 호소해 본들, 용하다는 점쟁이들을 찾아가서 점을 치고 부적을 만든다 한들, 기초 자체가 흔들리는 인생을 바르게 잡을 길은 없다.

그러면 왜 예수님의 말씀이 절대성을 갖는가? 세 가지로 생각해 보자.

첫째, 예수님이 나를 창조하신 창조주가 되시기 때문이다.
둘째, 예수님이 나를 건지시는 구원자가 되시기 때문이다.
셋째, 예수님이 역사의 최후에 심판주가 되시기 때문이다.

우선, 예수님은 창조주의 권위authority로 말씀하셨다. 우리를 만드신 이가 인생의 이치에 대해 가장 정확히 알고 계시지 않겠는가. 오래전 미국에서 자동차 한 대가 고장 나서 멈췄다. 한 신사가 차를 세우고 다가와 "도와드릴까요?"라고 말했다. 그러나 주인은 자신이 고치겠다고 한참을 고생하다가 결국 손을 들었다. 그제야 바라보던 신사에게 도움을 청했고, 그는 자동차를 금세 고쳤다. 그가 그 자동차를 만든 포드Ford였기 때문이다.

성경 읽고 예배드릴 때는 주님 말씀대로 살아야지 다짐하는데 왜 세상에 나가서는 사람들 말대로 살고 세상 신화를 좇아가는가? 로마에 가면 로마의 법을 따르라고 했다. 창조주가 만든 세상에 살고 있다면, 창조주의 시공간에 살고 있다면 우리는 창조주의 법을 따라야 한다. 그것이 영적인 삶이자 지혜자의 삶일 것이다.

다음으로, 예수님은 심판주와 구원자의 권위authority로 말씀하셨다. 이 부분을 묵상하면 할수록 놀랍다. 왜냐하면 세상에서는 이렇게 했다가는 큰일 나기 때문이다. 수학능력평가 문제를 내는 출제위원들은 문제를 출제하고 나면 시험이 끝나는 시점까지 외부인과 접촉을 일절 못 한다. 왜인가? 문제와 답안이 유출될까 봐이다.

그런데 예수님은 심판하실 분이 구원의 길을 미리 알려 주셨다! 세상에서 제일 어려운 문제는 주관식도 아니고 오지선다

형도 아니고 OX 퀴즈라는 말이 있다. 이쪽으로 가야 하는지 저쪽으로 가야 하는지 양단간에 결정하는 것만큼 헷갈리는 순간이 있을까. 그러나 '영생인가, 영벌인가'의 출제위원이신 예수님께서 너무나 명확하게 OX 답을 알려 주셨다. 얼마나 놀라운가!

높은 건물 같은 인생에서 예수님을 뺀다면?

> "나의 이 말을 듣고 행하지 아니하는 자는 그 집을 모래 위에 지은 어리석은 사람 같으리니 비가 내리고 창수가 나고 바람이 불어 그 집에 부딪치매 무너져 그 무너짐이 심하니라" 마 7:26-27.

이 절대 진리의 말씀을 붙잡으면 천국 문 앞에서 이 말씀이 당신을 붙들 것이다. 지상에서 지킨 말씀이 천상에서도 붙들어 주는 것은, 이 말씀이 갖고 있는 영원한 효력 때문이다. 그러나 성공적인 내 인생에서 말씀을 빼버리면, 그것은 마치 기초석 없이 모래 위에 집을 짓는 것과 같다. 이 땅에서 성공적인 삶을 살았을지라도 예수님을 빼버리면 어찌 천국에 가겠는가?

자, 이제 우리 인생의 건물을 어디에 세우겠는가? 지반이 약한 상태에서 건물을 높이 올리면 올릴수록 위태로워진다. 예수님의 절대 진리의 말씀 없이 쌓아가는 인생의 성공과 업적은 재앙의 날을 준비하는 것과 마찬가지다. "주님, 제가 이것까지만 쌓고 돌아갈게요." 이 대사를 반복하다가 어느 날 내 인생의 건물이 와르르 무너지는 날이 오게 된다.

요즘 국내에서도 해외에서도 도시마다 싱크홀 사고가 자주 발생한다. 왜일까? 결국 인간의 욕심 때문이다. 지반이 감당할 수 없을 만큼 과밀하게 건물들을 세우기 때문에 그 하중을 견딜 수 없는 것이다. 현대 도시문명처럼, 오늘날 다원주의 시대는 심히 걱정스럽다. 절대성을 상대화시켜 버린 시대, 절대자를 인정하지 않는 시대이기 때문이다.

지금까지 그분이 창조하신 세계에 살아왔고 그분의 경영하심으로 문명사의 발전을 이루어왔는데, 이제 와서 기초석이신 그분을 빼버린다면 인류 문명은 어떻게 될까? 결국 하나님 말씀의 경고를 무시한 세상은 계시록의 예고대로 가고 있다.

이 시대는 마치 젠가Jenga라는 보드게임과 같다. 54개의 나뭇조각을 3개씩 쌓아 올린 탑에서 나뭇조각을 하나씩 빼서 맨위에 쌓아 올리다가 탑의 균형이 기울어져 무너지게 하는 사람이 지는 게임이다. 젠가를 하면서도 확실한 불안감을 줄 때가 있다. 구조물 전체의 힘을 받들고 있는 조각을 빼려고 한다면, 무너지는 일밖에 남지 않기 때문이다.

마찬가지다. 건물에서 기초석을 뺀다면 건물이 어떻게 휘청거리지 않겠는가. 어떻게 그 건물이 무너지지 않겠는가. 멀쩡해 보이는 빌딩이나 아파트가 기울거나 균열이 나거나 위험 신호를 보낼 때 구조 검사를 해보면 여실히 드러나는 것이 있다. 기초 시공을 허술하게 하거나 철근이나 콘크리트를 빈약하게 투입해 놓고 겉만 화려하게 포장했던 것이다.

성경이 말하는 최후 종말이 위협성 발언이라고 생각하는가? 도덕적으로 살라고, 착하게 살라고 괜히 하시는 말씀이 아니다. 이 말씀의 기초 위에 세우지 않는 인생은 무너진다. 기후 위기, 경제 위기, 전쟁과 기근과 대지진과 사회적 재난들은 갈수록 심화될 것인데, 역사의 창수가 나고 비바람이 부는 날, 말씀의 기초 위에 세운 사람들은 구원을 얻을 것이다.

믿음 구원인가, 행위 구원인가?

> "예수께서 이 말씀을 마치시매 무리들이 그의 가르치심에 놀라니 이는 그 가르치시는 것이 권위authority 있는 자와 같고 그들의 서기관들과 같지 아니함일러라" 마 7:28-29.

예수님의 산상수훈 말씀을 듣고 나서 사람들은 그 가르침에 놀랄 정도로 충격을 받았다. 성경은 그 이유를 이렇게 설명한다. 당대 성경의 전문가들이고 권위자들이었던 서기관들의 가르침과 달랐기 때문이다. 어떻게 달랐다는 것인가? 예수님의 말씀에는 권위authority가 있었다는 것이다. 아니 그러면 이 분야의 최고 권위자들에게는 권위가 없었다는 말인가? 그리고 랍비에게 별도의 교육을 받지도 않았던 예수님의 가르침에는 권위가 있었다니, 어찌 그럴 수가 있는가!

산상수훈의 내용으로 돌아가 보자. 예수님은 이렇게 말씀하셨다. "형제를 미워하지 마라. 음란한 생각은 품지도 마라. 원수까지도 사랑하라. 은밀하게 구제하라. 은밀하게 기도하라. 너희 보물을 하늘에 쌓아 두라. 의식주 문제를 걱정하지 말고 먼저 하나님의 나라를 구하라. 다른 사람을 비판하지 마라. 하나님께 구하라, 찾으라, 두드리라."

산상수훈은 모든 말씀이 서술형이 아니라 명령형이다. 다시 말해서 하나님의 말씀을 있는 그대로 실천하는 행위를 강조하는 내용이다. 그리고 주님은 이 모든 말씀의 결론 부분에서 일침을 가하신다. "나더러 주여 주여 하는 자마다 다 천국에 들어갈 것이 아니요 다만 하늘에 계신 내 아버지의 뜻대로 행하는 자라야 들어가리라"(마 7:21).

그런데 이 말씀은 바울서신의 구원론과는 완전히 대립각이다. "누구든지 주의 이름을 부르는 자는 구원을 받으리라"(행 2:21). 우리가 교리적으로 반복해서 배워온 구원론은 이신칭의 以信稱義이고 믿음 구원인데, 예수님은 행위 구원을 말씀하신 것으로 이해된다. 구원자는 오직 예수님이신데 예수님이 행위 구원을 말씀하셨다면, 우리는 어떻게 이해해야 하는가?

주의 이름을 부르는 자는 구원을 받는가? 주의 이름을 불러도 다 구원받는 것이 아닌가? 예수님이 이 말씀을 하신 저의는 무엇인가? 그것은 '거짓 선지자들'(마 7:21), 즉 종교적 행위를 강조하지만 하나님을 사랑하는 진정성이 없었던 바리새인들 때문이었다. 그들은 입으로만 하나님을 사랑한다고 말하는 자들, 종교적 자기 의에 기대어 자기애自己愛에 빠진 자들이었다.

그들은 여호와의 이름을 감히 부를 수 없다고 "주님(히브리어, 아도나이)"이라고 불렀지만, 자신들이 주인 행세를 했다. 진짜 주인이신 하나님의 아들이 오셨는데도 그 자리를 내주기 싫어서 그분을 십자가에 못 박아 죽일 자들이었다. 그래서 예수님은 이런 유대인들을 "독사의 자식들"(마 12:34)이라 부르셨고, 거짓말하는 마귀의 자식들이라고 하셨다(요 8:44)!

입술로는 "주여"라고 부르면서 심중에는, 삶으로는 주님을 인정하지 않았기 때문이다. 내가 주인이니까 "주여"라는 말 자체가 거짓말이 되었다. "너희는 나를 불러 주여 주여 하면서도 어찌하여 내가 말하는 것을 행하지 아니하느냐"(눅 6:46). 이 정도만 들어도 벌써 우리 영혼의 숨이 차오른다. 버겁기 때문이다. 이 말씀대로라면 과연 누가 구원받을 수 있겠는가?

그런데 예수님은 한 단계를 더 나가신다. 심판 날에 적잖은 이들이 "우리가 주의 이름으로 선지자 노릇하며 귀신을 쫓아내며 권능을 행했습니다"라고 말해도 예수님은 "내가 너희를 도무지 알지 못한다! 불법을 행하는 자들아 내게서 떠나가라!"라고 말씀하실 것이라고 하셨다(마 7:22-23). 마지막 백보좌 심판대에서 이들은 정죄를 받아 지옥에 가리라는 말씀이다.

충격이다! 지금까지 우리가 교리로 외워 온 구원의 공식이 와장창 깨지는 순간이다. 대부분의 현대 그리스도인은 바울의 구원 공식에 신앙의 기초를 세워왔기 때문이다. 그렇다면 예수님께서 좀 더 열심히 하라고 권면하거나 강조하는 차원에서 강하게 말씀하신 것인가? 결코 아니다. 예수님은 우리가 지식적인 구원론, 종교적인 구원론의 한계에서 나오기를 원하신다.

머리로 구원 공식의 교리를 안다고 하나님을 아는 것이 아니잖은가. 종교적 자기 의가 우리를 구원해 주는 것이 아니잖은가. 종교적 요식행위로 구원에 이를 수 없잖은가. 그래서 프랜시스 챈Francis Chan 목사는 「지옥은 없다?」라는 책에서 '입으로만 말하는 영접기도가 구원의 효력이 있을 수 있는가'라는 문제제기를 했던 것이다. 진정한 신앙고백이 있어야 구원이 있기 때문이다.

신앙은 머릿속의 지식이 아니라 존재적인 앎이다. 신앙은 경험적인 행위가 아니라 관계적인 앎이다. 그분이 나의 전부가 되는 것이다. 그분이 나의 최우선이 되시는 것이다. "영생은 곧 유일하신 참 하나님과 그가 보내신 자 예수 그리스도를 아는 것이니이다"(요 17:3).

가룟 유다를 생각해 보라. 그가 정말 예수님의 제자였는가? 과연 천국에 들어갔겠는가? 우리는 이 질문에 긍정적으로 답할 수 없다. 왜냐하면 유다에게 예수님은 선생님이었지만 단 한 번도 진정한 주님Lord이었던 적이 없기 때문이다. 물론 베드로도 충성을 다짐한 주님을 배신했었다. 그런 베드로는 천국에 들어갔을까? 물론이다. 왜일까? 그의 행함이 불완전할 때도 많았지만, 그는 예수님을 단순히 선생님이 아니라 주님으로 고백하는 사람이었기 때문이다.

이 긴 이야기를 간단하게 정리한다면, 사실 예수님이 말씀하신 구원은 '행위 구원'이 아니라 '존재적 구원'이다. 머리로만 알고 구원받는다면 지성만 구원받는가? 감정으로만 느껴서 구원받는다면 감성만 구원받는가? 종교적 행위만 해서 구원받는다면 의지만 구원받는가? 구원은 우리의 지정의 전인격과 우리의 영혼육 전존재가 천국에 들어가는 것이 아닌가!

예수님 시대의 바리새인들은 종교적 행위로 구원받는다고 주장했다. 사도 시대의 영지주의자들은 영적인 깨달음으로 구원받는다고 주장했다. 그러나 바울은 오직 예수님만이 구원자이시라고 고백했다. 그리고 오직 구원이신 예수님은, 자신이 하나님의 절대적 은혜와 구원이 필요한 죄인임을 깨닫고 절대적으로 따르는 자에게 구원이 있다고 말씀하신 것이다!

"미쁘다 모든 사람이 받을 만한 이 말이여 그리스도 예수께서 죄인을 구원하시려고 세상에 임하셨다 하였도다 죄인 중에 내가 괴수니라"(딤전 1:15). 구원은 절대적인 하나님의 은혜요 놀라운 은혜 Amazing grace다. 그 은혜가 아니면 살 수 없고 구원받을 수 없다는 고백이다. 이것이 절대자를 절대 구원자로 고백하는 신앙이다. 그런데 현대 신앙인들은 기독교 신앙을 문화적 액세서리로 여기거나, 자신을 절대시하고 주님을 상대화시키지 않는가. 예수님은 여기에 일침을 가하신 것이다. 오직 예수님만이 영원하고 유일한 구원의 반석이시기 때문이다!

뒤나미스인가, 엑수시아인가?

위에서 언급한 현대 신앙인들의 얄팍한 자세는 신종 영지주의라 할 수 있다. '나는 구원 교리도 알고 교인이라는 이름도 있으니까 구원받겠지' 하면서 절대자에 대한 참된 고백 없이 도덕적 방임에 빠져서 살아가는 세속적 교인들이다. 초대교회 영지주의 이단들과 동일한 행태다. 물론 이들이 참 신앙이 있는지는 오직 천국의 주인이 결정하실 문제다. 그러나 두려운 문제다.

정반대로 엄청난 종교적 열정을 가진 영성주의Spiritualism가 득세하고 있다. 은사와 치유, 기적을 좇아서 이 집회 저 집회를 찾아다니고 은사자들을 숭배하듯 따라다니는 교인들이 있다. 그러다가 신사도운동의 과도한 신비주의와 현상주의에 빠지기도 하고, 초자연적인 기적들을 보이는 이단들에 빠지기도 한다. 여기서 잠깐! 어떻게 이단들은 가짜 신을 믿는데 기적이 나타나는가? 귀신도 신이다. 짝퉁이지만. 귀신도 미래를 안다. 비록 지라시 정보지만.

체험적 신앙은 소중하다. 다만 신비주의에는 빠지지 말라. 우리는 신비한 현상이나 분위기를 추구하는 것이 아니라 신비 자체이신 예수님을 따른다. "하나님의 비밀mystery(신비)인 그리스도"(골 2:2)에 주목하라. 영적인 그리스도인이 되는 것도 중요하다. 다만 과도한 영성주의에 빠지지는 말라. 우리는 영적인 현상이나 분위기를 추구하는 것이 아니라 "진리의 성령"(요 16:13)을 따른다.

안타깝게도 신앙적 열정이 있는 교인들 중에는 능력만 좋아하고 권위의 소중함은 잘 모르는 경우가 있다. "오직 성령이 너희에게 임하시면 너희가 권능(헬라어, 뒤나미스)을 받고 예루살렘과 온 유대와 사마리아와 땅끝까지 이르러 내 증인이 되리라 하시니라"(행 1:8). 우리가 이 말씀을 좋아하는 이유가 뭘까? 땅끝으로 가서 증인 되기 때문인가? 권능을 받기 때문인가?

그리스도인들은 능력을 유독 좋아한다. 영력을 좋아하고 은사를 좋아하고 직분을 좋아하고 힘을 갖는 것을 좋아한다. 일종의 영적인 능력주의라 할 수 있다. 그러나 모든 능력 중에 최강의 능력은 '존재의 힘'이다. 존재 자체에서 나오는 능력이다. 하나님의 능력이라는 선물보다 하나님의 자녀 됨에서 나오는 존재의 힘, 우리는 그것을 권위라고 부른다.

"영접하는 자 곧 그 이름을 믿는 자들에게는 하나님의 자녀가 되는 권세(헬라어, 엑수시아)를 주셨으니"(요 1:12). 능력 dynamis과 권위exousia는 다른 것이다. 물론 다이너마이트같이 폭발적인 능력을 받으면 신앙생활을 하는 맛이 난다. 그러나 하나님의 자녀가 되는 존재적인 힘인 권위와는 비교할 수 없다. 권위야말로 훨씬 근본적이고 비교 불가한 강력이기 때문이다.

이것은 성령의 은사들보다 성령의 열매가 본질적으로 중

요한 것과 같다. 은사가 넘치는 성도들이 다 주님을 닮은 신앙인이 되지는 못하나, 열매가 있는 사람은 주님을 닮은 신앙인이 된다. 능력자, 은사자라고 다 천국에 가는 게 아니라는 말씀(마 7:22-23)을 기억하라. 그러나 '하나님의 자녀 됨'이라는 권위를 얻은 자들은 모두 천국에 들어간다!

할렐루야! 그러므로 이제는 능력보다 권위를 바라고 품고 선포하라. 칠십 인의 제자가 파송 받아 곳곳에서 귀신들을 제압하고 영적 승리를 거두고 돌아와 기뻐할 때 주님이 당부하셨다. "그러나 귀신들이 너희에게 항복하는 것으로 기뻐하지 말고 너희 이름이 하늘에 기록된 것으로 기뻐하라 하시니라"(눅 10:20).

능력(뒤나미스)보다 권위(엑수시아)가 본질이기 때문이다. 그러면 이미 하나님의 자녀가 된 다음에는 권위를 달라고 구해야 하는가? 아니다. 이미 '자녀 됨'의 권위가 있다. 그리고 한 걸음 더 나아가 그리스도의 제자로, 성령의 사람으로, 하나님 나라의 일꾼으로 사명을 받아 헌신하는 사람에게 그분의 권위를 위임해 주신다.

하늘과 땅의 모든 권위

"예수께서 나아와 말씀하여 이르시되 하늘과 땅의 모든 권세 exousia를 내게 주셨으니"(마 28:18). 주인이 먼 타국에 다녀올 때 청지기에게 권한을 위임하지 않는가. 예수님은 승천하시면서 제자들에게 이 땅에 복음을 전하고 하나님 나라를 세우라고 권위를 위임해 주셨다. 그러면 특별히 목회자로 헌신해야 이런 권위를 받는 것인가?

아니다. 회사에 다니는 직장인도, 육아를 하는 사람도, 공부를 하는 학생도, 심지어 놀고 있는 아이도 하나님이 지으시고 부르시고 보내신 사명자들이 아닌가! 일터에 나를 하나님의 사람으로 보내셨다는 사실, 내 능력이 아니라 하나님이 공급하시는 능력으로 일을 감당한다는 사실을 깨닫고 고백하는 사람에게 영적 권위를 주실 것이다. 하나님이 나를 이 아이의 아빠, 엄마로 위임하여 세우셨다는 사실, 내 힘과 지혜로는 못 하지만 하나님이 주시는 힘과 지혜로 감당할 수 있음을 고백하는 부모에게 영적 권위를 주실 것이다. 학업도 마찬가지다. 심지어 놀고 있는 아이도 하나님이 나를 이 땅에 부르셨음을 알고 느끼고 있다면 그 아이도 이미 사명자다!

그러므로 세상에 산다고 세상 능력만 쫓아다니지 말고 내가 어디에 가서 누구를 만나고 무엇을 하든지 "나는 하나님의 사람입니다. 나는 하나님이 보내신 사람입니다"라는 사명자로 살아가라. 그러면 하늘과 땅의 모든 권세를 가지신 주님이 동행하시면서 세상 사람들과 겨루는 경쟁자의 삶이 아니라 권위를 갖고 사명을 감당하는 사명자의 삶을 살게 하실 것이다!

능력이 받는 것이라면 권위는 깨닫는 것이다. 능력이 실천적 영역이라면 권위는 존재적 영역이다. 능력이 방법론

methodology이라면 권위는 목적론teleology이다. 능력은 목적에 이르는 과정이지만, 권위는 최종 목적지이기 때문이다. 우리가 하나님의 자녀, 하나님의 사람이라는 권위를 가지면 이미 최종 목적지에 도달한 것이다.

이것을 깨닫는 사람은 예수님이 가지셨던 영적 권위를 갖게 된다. 숱한 반대자들이 조롱하고 멸시하고 공격해도 예수님은 전혀 흔들리지 않으셨다. 이미 1장에서 본 것처럼 마귀가 "네가 만일 하나님의 아들이어든"이라고 정체성을 흔들어 보려고 해도, 예수님은 이미 영원으로부터 영원까지 하나님의 아들이심을 알고 계셨기에 전혀 흔들리지 않으셨다. 그리고 그것이 예수님의 영적 권위였다.

그 예수님이 가지신 하늘과 땅의 모든 권위를 자녀인 우리에게 주셨다. 할렐루야! 그러니 우리가 세상에서 무엇을 두려워하겠는가! 누구를 두려워하겠는가! 이미 만물의 영장으로 보내셨을 때부터 이 권위는 부여되었고, 하나님의 자녀로 구원받았을 때 회복되었고, 하나님의 사람으로 살아갈 때 날마다 순간마다 실감하고 체험하는 것이다!

이 영적 권위를 가진 사람들 앞에 귀신들이 두려워 떨 것이요, 이 영적 권위를 가진 사람들 앞에 어둠의 장벽이 무너질 것이요, 이 영적 권위를 가진 사람들에게 세상의 빛이 되는 하늘의 지혜와 능력이 임할 것이요, 이 영적 권위를 가진 사람들에게 원수의 공격을 능히 이길 수 있는 담대함이 주어질 것이다! 그러므로 예수님의 권위를 본받으라!

권위자에게 권위가 필요하다!

박해자였던 청년 사울을 사랑으로 거두어 주었던 인물이 바나바였다. 바나바의 이름의 뜻은 "권위자(권면하고 위로하는 자)"(행 4:36)였다. 바나바는 네 가지 기질로 말하자면 점액질의 사람이었다. 다른 사람의 마음을 잘 공감해 주고 사랑과 긍휼이 많고 이타적인 인물이었다. 그래서 모두가 사울의 회심을 의심할 때 유일하게 손을 내밀어 주었다(행 9:26-27).

그동안 목회 여정에서 많은 성도들을 상담하면서, 내가 오히려 억울하고 안타까울 때가 많았다. 정말 마음이 착하고 따듯하고 이타적인 성도들이 다른 사람에게 이용당하고 모욕당하고 공격당하는 일들을 많이 보았기 때문이다. 왜 이렇게 좋은 분들이 상처를 많이 받아야 할까 고민이 되었다.

그런데 알고 있는가. 예수님은 우리가 착한 그리스도인 good Christian이 되기를 원하시면서 동시에 담대한 그리스도인 brave Christian이 되기를 원하신다. 성령의 열매 중 하나인 양선, 즉 선함goodness은 약함이 아니라 강함이다. 하나님의 선하심은 결코 약하지 않다. 세상에서는 악이 선을 이기는 것 같지만, 결국 하나님의 선이 악을 이기신다!

그렇기에 그리스도인은 선하면서 강한 사람이 되어야 한다. 그러지 않으면 선을 행하다가 낙심하여 포기하거나 타협하는 이들이 많기 때문이요, 원수에게 약점이 잡혀 영혼과 마음에 상처를 받고 쓰러지는 이들이 많기 때문이다. 우리는 선하고도 담대한 십자가 군병들이 되어야 한다.

전에 섬기던 교회에 정말 착하고 온순한 집사님 한 분이 있었다. 자녀들도 잘 키우셨고 교회 봉사도 열심히 하셨고 성도들에게 사랑이 넘치는 분이었다. 그런데 이분이 늘 남편 앞에만 서면 작아졌다. 남편은 유명 대학의 교수였는데 능력이 출중해서 학교의 중요한 프로젝트는 도맡아 하는 분이었다. 집에 와서도 청소며 수리며 못 하는 것이 없었다. 그런데 그 탁월한 남편이 아내에게 "왜 집안일을 이렇게 엉성하게 해놨어?"라고 물으면 집사님은 얼어 버린다고 하셨다. 그런데 어느 날 십자가를 통과하는 체험을 하고 성령충만해진 뒤 상황이 바뀌었단다. 남편이 예전처럼 책망해도 체구도 아담한 아내가 예전과는 달리 너무나 평안한 것이 아닌가. 예수님이 내 안에 계시니까 흔들림이 없었다. 그 뒤로 남편도 아내를 매우 존중하게 되었다.

착하고 선한 분들은 이타적일 때가 많다. 그러느라 자신을 존중하고 배려하고 가치 있게 여기지 못하는 분들이 많다. 그런데 아는가. 당신은 존귀한 하나님의 형상으로 지음 받았고, 최고의 존재 예수 그리스도의 생명값으로 구원받았으며, 누가 뭐래도 영원한 천국의 시민권을 이미 받은 존재다! 이것이 당신의 신분이요, 이것이 당신의 영적 권위다!

사랑과 권위의 이중주

처음 전도사를 시작할 때였다. 중등부 예배에 참관해 보니 설교 시간이 광고 시간보다 시끄러웠다. 그야말로 예배는 도떼기시장이었다. 초등학생들은 장난은 쳐도 귀엽기라도 하고, 고등학생들은 처음 보는 사람이어도 논리적으로 말하면 들어주기는 한다. 하지만 중학생은 관심도 없고 듣지도 않고 자기들만의 행성에서 온 외계인들이다. 중2병이라는 말도 있지 않은가.

그래서 중등부에 부임하기 전에 간절히 기도했다. "하나님, 이 아이들이 저를 사랑하게 해주세요. 그래야 제가 사랑하는 주님을 아이들도 사랑할 수 있잖아요." 중등부에 가서 나는 아이들을 참 많이 사랑했고, 아이들도 나를 사랑하게 되었다. 예배가 끝나면 대화도 많이 하고 떡볶이도 같이 먹고 농구도 같이하고 이 외계인들이 내 자식들이 되었다.

그런데 전도사로 사역을 하면서 사랑이 전부가 아니라는 것을 알게 되었다. 하나님의 메신저로서의 영적 권위가 중요함을 알게 되었다. 사랑하면 친밀해지지만, 권위자를 향한 존경심이 있어야 하나님께로 이끌 수 있음을 알게 되었다. 그래서 강단에 올라가면 불을 뿜고, 내려오면 친구 같은 전도사가 되었다. 하나님은 중등부에 큰 부흥을 주셨고, 지금은 그때 중학생들의 결혼식을 주례하고 그 자녀들의 세례식을 집례하고 있다.

그래서 차세대 선생님으로 섬기는 분들에게 늘 권면한다. 사랑과 더불어 권위가 있어야 하고 권위와 더불어 사랑이 있어야 한다. 친구처럼 가까운 선생님도 좋지만, 그것만으로는 학생들을 하나님께로 이끌 수가 없다. "이 선생님이 정말 하나님의 사람이구나!"라는 영적 권위자에 대한 감동이 있을 때 아이들은 선생님을 통해 하나님께 나아가게 된다.

한번은 경상도 출신의 노총각 선생님이 중등부에 온 적이 있다. 서울 생활을 몇 년 하셨는지 모르지만 경상도 사투리가 좀 심하셨다. 내심 걱정이 되었다. 과연 아이들이 선생님에게 반응을 할까? 그런데 가장 늦게까지 분반 공부를 하는데도 아이들이 초집중을 하지 않는가! 알고 보니, 이 선생님은 매일 새벽기도를 하고 금요철야기도를 하는 분이었다. 아이들 한 명 한 명을 놓고 눈물로 기도했다. 그러고는 주일에 와서 아이들에게 인사말로 "친구 때문에 상처받지 마라. 니 하나님이 계시잖아", "성적 때문에 뭘 고민하노. 지혜 주실 거야" 이렇게 던지는 말들에 아이들이 감동을 받고 있었다. 선생님이 매일의 중보기도를 통해 아이들이 가장 고민하는 문제들을 알게 되고, 그걸 조언해 주었기 때문이다.

예수님은 사랑과 권위의 조화를 보여 주신 분이다. 목사도, 부모도, 교사도, 리더도 예수님의 사랑과 권위를 본받으라. 삶의 곡선과 직선이 조화를 이루는 놀라운 삶이 될 것이다.

2장. 예수님의 권위를 본받으라

나눔 질문

Q1 예수님은 하나님의 말씀을 '좋은 말'이 아니라 반드시 행해야 할 절대 진리로 선포하셨습니다. 성경을 읽거나 설교를 들을 때 내가 선호하는 부분만 선택적으로 취하는 습관이 있지 않은지 돌아보고, 내 삶에서 종종 외면하려고 하지만 반드시 순종해야 할 말씀은 무엇인지 나눠 봅시다.
• 좋은 말씀인가, 진리의 말씀인가?(마 7:24-27)

Q2 우리는 때로 하나님을 상수가 아니라 변수처럼 여기며, 내 뜻을 고집하고 말씀을 상대화합니다. 최근 하나님의 말씀 위에 인생을 세우기보다 자기 생각에 사로잡혀서 살았던 시간이 있었다면, 어떻게 돌이켜야 할지 나눠 봅시다. • 인간이 상수이고 하나님이 변수인가?(마 7:24, 26)

Q3 예수님의 말씀은 창조주, 구원자, 심판주의 권위를 지니기에 반석 같은 기초가 됩니다. 내 가정과 일터에서 진리의 말씀 위에 세운 기초들은 무엇인지, 또 여전히 모래 위에 세워진 것처럼 흔들리는 부분들은 무엇인지 나눠 봅시다. • 왜 존재의 근간이 되는 말씀인가?(마 7:25, 27)

Q4 예수님은 우리에게 능력^{dynamis}도 주시지만 보다 본질적인 권위^{exousia}를 주십니다. 나는 신앙인으로서 세상에서처럼 영적인 능력주의에 좌우된 적은 없는지, 나의 세상적인 능력이나 영적인 능력과 상관없이 하나님의 자녀 됨의 권위를 어떻게 확고히 하며 살아갈 수 있을지 나눠 봅시다.
• 뒤나미스인가, 엑수시아인가? • 하늘과 땅의 모든 권위(요 1:12; 마 28:18)

Q5 예수님은 사랑과 권위를 함께 보여 주셨고, 그것이 영혼을 살리는 힘이 되었습니다. 권위 없이 사랑만 베풀다가 힘들었던 경험이나 사랑 없이 권위만 내세웠다가 어려웠던 경험이 있습니까? 가정과 일터, 교회와 세상의 공동체 안에서, 두 가지가 균형 있게 함께 가기 위해 어떤 노력이 필요한지 나눠 봅시다. • 사랑과 권위의 이중주(마 7:28-29)

"하나님이 지으신 그 모든 것을 보시니
보시기에 심히 좋았더라"
창 1:31

3장

예수님의 시선을 본받으라

마태복음 9장 9-13절

찾아올 사람인가, 찾아갈 사람인가?

"예수께서 그 곳을 떠나 지나가시다가 마태라 하는 사람이 세관에 앉아 있는 것을 보시고"마 9:9.

예수님이 그곳을 떠나셨다. 가정집의 지붕까지 뜯어서 중풍병자 친구의 침상을 내렸던 곳, 침상 채 들어왔던 환자가 일어나 침상을 들고 가는 기적이 일어난 곳, 그곳을 떠나셨다. "네 죄 사함을 받았느니라"(마 9:5). 예수님은 그의 육신을 치유한 것보다 그의 영혼을 치유한 것에 더 깊은 감격을 누리셨다. 그래서일까? 이번에는 더 심각한 죄인을 찾아 떠나셨다.

그러고는 지나가다가 보셨다. 어디를 지나가고 계셨는가?

가버나움 톨게이트를 지나고 계셨다. 이 징수소는 시리아와 이집트를 오가는 이들의 통행세를 받는 세관이었다. 그런데 톨게이트 지나면서 돈만 내지 사람을 보는가? 물론 톨게이트를 지나다 보면 징수소도 보이고 징수원도 보이고 액수도 보이겠지만, 그 사람을 유심히 보는 이가 누가 있겠는가?

2천 년 전 유대에서 사람들은 세관은 쳐다도 보지 않았다. 두려워서도 그랬고 혐오해서도 그랬다. 세리가 누구인가? '면허증을 발부받은 도둑놈'들이었다. 민족의 배신자, 로마제국의 앞잡이들이었다. 동족의 혈세를 빨아 지배자들의 발에 바치고 자신들의 배를 채우는 악인들일 뿐 아니라, 분노와 멸시와 저주를 먹으면서도 돈맛에 버티는 비열하고 비루한 자들이었다.

당시 전 세계를 통치하던 로마제국은 인두세, 토지세, 통행세 등 각종 세금을 착취해 갔다. 세금 징수하는 감찰관을 파견해서 유대 고위급 인사들을 조세 징수관으로 삼았고 그 하수인으로 백성들에게서 직접 돈을 뜯어내는 자들이 세리였다. 그들은 로마제국의 통치가 장기화되면서 나라의 독립은 안중에도 없고 자신들의 생존만을 위해 압제자들의 발을 핥는 자들이었다.

그날 오후 예수님은 세리가 세관에 앉아 있는 것을 보셨다. 아무도 주목하고 싶지 않은 장소, 모두가 돈만 던지고 피해 버리는 장소, 모두가 외면하고 싶고 기억하고 싶지 않은 장소, 그곳을 예수님은 물끄러미 바라보셨다. 도대체 무엇을 보신 것일까? 예수님의 시선은 무엇을 품고 있었을까?

　이어지는 사건으로 인해 따르던 사람들은 숨이 턱 막히며 멈춰 설 수밖에 없었다. 주님이 이 부정한 세리와 접촉을 시도하셨기 때문이다. 상상할 수 없는 끔찍한 일이었다. 조금 전 집에서 만나셨던 중풍병자는 불쌍한 사람, 긍휼과 동정을 받을 만한 사람 아니었는가! 그러나 세리는 저주받아 마땅한 인간 말종이었다! 그러나 예수님께는 스스로 걷지 못해도 찾아올 수 있는 사람이 있었고, 스스로 걸을 수 있는데도 직접 찾아가셔야만 하는 사람이 있었다.

선물인가, 괴물인가, 보물인가?

그의 이름은 "마태"였다. 마태라니, 말도 안 되는 이름이다. "선물"이라는 뜻이기 때문이다. 물론 그가 태어날 때 그의 부모는 선물 같은 인생이 되라고 그 이름을 붙여 주었을 것이다. 그 아이가 태어날 때 부모에게는 선물 같은 존재였으니까.

　하지만 어느새 그는 괴물이 되어 있었다. 선물이 되어야 할 인생이 괴물이 되어 세관에 앉아 있었다. 예수님은 선물에서 괴물로 전락한 한 남자의 영혼을 보고 계셨다. 그 깊은 허무감과 돌이키기에는 너무나 멀리 와버린 그의 영혼의 절망까지, 예수님은 그 모든 것을 꿰뚫어 보고 계셨다.

　그런데 예수님의 눈빛이 반짝인다. 눈물이 맺히더니 이내 결연해지면서 그를 부르신다. 도대체 왜 세리였을까? 예수님을 제외한 모든 사람이 세관에 똬리를 틀고 있는 미물을 혐오스럽게 쳐다보고 있을 때, 예수님은 마치 보물을 발견하신 것처럼 그를 바라보셨다.

종종 국내외 뉴스에서 그런 소식을 접하지 않는가. 집 다락에 오랫동안 먼지가 쌓여있던 고물을 처분하려고 고물상에게 헐값에 넘겼는데 나중에 전문가가 감정해 보더니 이것이 수억 원, 아니 수십억 원을 호가하는 고가의 작품이라는 것이다.

이 장면을 목격한 사람들은 순간 손이 떨리고 치가 떨렸을 것이다. 그러나 그날 가장 큰 충격을 받은 사람은 세리 자신이었다. 사람들이 돌로 쳐 죽이고 싶어도 죽일 수 없었던 죄인. 복음서의 마가도 누가도 전부 그를 "레위"라고 불렀는데(막 2:14, 눅 5:27), 마태 본인은 스스로 마태복음에서 자기 본명을 밝혔다. 왜? "제가 그 죽어 마땅한 죄인이었습니다!"

그러고 보니 내 인생이 마태 같았다. 선물인 줄 알았는데 망작인 인생이 있지 않은가. 어려서부터 온몸은 종합병원이었고, 머리는 상상력도 수리력도 논리력도 없는 맹탕이었고, 성질은 얼마나 짜증이 많고 욕을 많이 했는지 모른다. 사과를 박스째 사 왔는데 열어 보니 다 멍든 사과일 때가 있지 않은가. 귤을 박스째 사 왔는데 열어 보니 전부 진물이 나는 것이다. 그래서 나는 내 인생을 일찍부터 쓰레기통에 버리려고 했다. 그런데 예수님은 도대체 뭘 보셨는지 "아니다! 이 귀한 걸 왜 버리니!"라고 하셨다.

종종 테러나 강도 사건이 났을 때 진압하러 온 경찰들이 무고한 시민을 범인으로 오인해서 사살하는 경우가 있다. 이처럼 황망한 일이 어디 있는가! 우리는 주님이 보물로 보시는 사람들을 오살할 때가 얼마나 많은가. 그러면 왜 우리와 주님은 바라보는 시선이 다를까?

2천 년 전 그 세관에 앉아 있던 사람은 괴물이었는가, 보물이었는가? 모두가 세리를 공공의 적으로 보았고 상종할 수 없는 인간으로 보았다. 그러나 예수님은 그를 다르게 보셨다. 창살 없는 감옥에 갇혀서 영혼의 호흡이 멈춰가는 안타까운 한 영혼으로 바라보셨다.

영혼의 중증외상센터 전문가 예수님!

"이르시되 나를 따르라 하시니 일어나 따르니라" 마 9:9.

바로 이것이 주님이 보신 것이었다! 잿더미가 되어 버린 그의 영혼 깊은 곳에 아직 숨을 쉬고 있는 작은 불씨 하나가 숨이 넘어갈 듯 빨간 불빛을 비추었다가 사그라들기를 반복하며 점멸하고 있는 모습을 보신 것이었다.

그러고는 그에게 단도직입적으로 말씀하셨다. "나를 따르라!" 중간 설명도 없고 설득의 과정도 없이 순식간에 일어난 일이었다! 마치 결혼식장에 난입해서 신부 손을 잡고 도망가는 수준 아닌가! 세리는 세상과 짝지어 사는, 돌이킬 수 없는 인생 아닌가! 그가 돌이킨다고 해서 누가 그를 받아 주겠는가. 이미 세상이 낙인찍은 인간이었다.

그러니 이런 인간을 부르시는 예수님도 이상하고, 그렇다고 그걸 따라가는 세리는 더더욱 이상하지 않은가. 왜였을까? 세리는 예수님이 자기를 부르시는 순간, 해머로 머리를 얻어맞은 것 같은 충격이었으리라. 늘 세관에 앉아 온 동네 소식을 다 듣던 그였다. 그는 예수님에 대한 동화 같은 이야기들을 들었다. 병자들이 낫고, 절망했던 사람들이 아름다운 천국 이야기를 듣고 기쁨과 감격의 눈물을 흘리게 되는 이야기. 나도 그중에 한 사람이 될 수 있을까? 그러나 죄인 중의 죄인, 죄인의 대명사 세리가 어디를 가겠는가. 이내 소망의 심지가 꺼져 버렸다.

그런데 예수님이 자신의 세관 앞에 나타나 자신을 바라보시는 순간, 가슴이 타들어 가는 게 아닌가. 그 예수님의 불꽃 같은 눈동자는 자신을 정죄하지 않았다. 오히려 자신을 바라보는 그 눈 속에는 눈물이 맺혀 있었다. 나는 그동안 나를 바라보는 경멸의 시선에 더 극렬한 분노로 되갚아 주었다. 나는 이미 인간이기를 포기한 상태였다. 온 영혼에 오물을 뒤집어쓰고 사는 내게서 남아있는 1%의 순전한 영혼을 보아 주신 분, 나의 예수님!

그 순간 예수님은 그를 바로 데리고 나오셨다! 만약 대한민국 최고의 중증외상센터 전문가인 이국종 교수가 다 죽어가는 환자를 헬기에 태워 가려고 하는데, 모든 사람이 "그 사람 포기해라. 이제는 가망 없다"라고 한다면 이국종 교수는 뭐라고 할까? "살려낼 수 있는 사람을 왜 포기하느냐? 아직 죽지 않았다! 이 사람 아직 살아있다!"

국경없는의사회 소속으로 나이지리아에서 활동했던 소아과 의사 신경수 씨가 이런 인터뷰를 한 적이 있다. "우리나라 상황이면 충분히 살릴 수 있는 환자를 그냥 보내야 한다는 게 너무나 힘들었습니다. 소아당뇨는 인슐린 주사를 맞아야 하는데 냉동보관 시설이 없어 과호흡으로 죽어가는 아이를 3일간 보고 나니까 한 달간 잠을 이룰 수 없었습니다."

예수님이 왜 이 땅에 오셨는가? 모두가 포기한 죄인들, 모두가 이제는 살아날 가망이 없다고 포기한 나와 당신을 구원하기 위해 오신 것이 아닌가. 그러니 예수님이 보시기에 응급 환자이기에 앞뒤 설명할 겨를도 없으셨다. 베드로처럼 몇 차례 다가오신 것도 아니고, 다른 병자들을 치유하실 때처럼 몇 번의 대화를 나누신 것도 아니었다.

"나를 따르라! 너 지금 나오지 않으면 죽는다. 너 지금 이 죽음의 늪에서 빠져나와 나를 따라와야 살 수 있다!" 예수님은 이제 막 영혼의 숨이 멈춘 사람에게 전기 충격기를 갖다 대고 심폐소생술CPR을 하신 것이었다. 그리고 죽어있는 영혼의 심장이 다시 뛰고 맥박이 다시 뛰게 만드셨다.

숫자가 아니라 한 영혼이다!

학원 선생은 학생들이 숫자로 보이고, 음식점 주인도 손님들이 숫자로 보인다. 그런데 우리도 마찬가지다. 아파트에서 경비 서는 아저씨가 경비원으로 보일 뿐 고단한 인생으로 보이지 않는다. 한낮의 기온이 35도까지 오르던 날, 늦은 밤 택배를 부리나케 놓고 가던 사람의 옆모습이 떠오른다. 50살 정도 되어 보이는 아저씨의 벌건 얼굴에 약간의 소주 냄새가 흘렀다. '노쇠해지는 몸을 견뎌내기 위해 몸부림을 치고 계시는구나!' 순간 미안하고 걱정스러운 마음이 들었다.

예수님은 마태에게서 절박감을 보셨으리라. 누구에게도 말하지 못했지만, 이러다가 영혼의 고독사를 할 것 같은 위기를 느꼈던 그였다. 마치 혼자 방에서 깊은 통증으로 혼절할 것 같은 환자의 긴박감이었으리라. "도저히 안 되겠다. 나 병원 가야겠어." 아버지 집으로 돌아가야겠다, 그래야 살 수 있겠다고 생각했던 탕자의 절박감 아니었겠는가.

물론 사람들은 "무슨 말이냐! 스스로 선택한 인생인데!"라고 말할지 모른다. 대학생 시절 기독인 모임에서 봉사를 하려고 청량리 588의 밥퍼 사역을 찾아갔다. 그때 섬기는 목사님께서 나오셔서 대학생인 우리가 이 사역을 하기에는 적합하지 않다고 보셨는지 한참을 말씀하셨다. 이곳에 있는 자매들이 몸을 팔아 번 돈으로 주일예배에 나와서 헌금함에 헌금을 할 때마다 오열을 하고 통곡을 한다고. 그때 나는 알았다. 세상에 깨끗하게 살아온 사람들만 깨끗한 것을 원하는 게 아니라, 정반대로 살았던 사람들이 더 절박하게 그것을 원한다는 사실을.

얼마 전에 친구 목사가 내가 개척한 1516교회 주일예배에 참석했다. 미국 LA에서 16년간 한 교회를 충직하게 섬겨온, 내가 가장 신뢰하고 존경하는 친구다. 그가 우리 교회 주일예배를 드리고 나서는 내게 말했다. "오늘 정말 좋았어. 뉴욕 브루클린 태버너클 교회The Brooklyn Tabernacle에 가서 예배를 드렸던 때처럼 하나님을 향한 간절함과 갈망이 느껴졌어."

순간 나는 그 말이 무슨 뜻인지 알았다. 세상에서 가장 화려한 뉴욕의 거리에서 마약 중독에 빠지고 알코올 중독에 빠져서 노숙자homeless 신세로 전락한 사람들이, 브루클린 교회에 와서 복음을 듣고 예수님을 뜨겁게 만난 뒤 그 감격을 찬양과 경배로 쏟아내는 예배이기 때문이다.

나는 교인들에게 종종 "교회가 개척된 지 2년인데 많이 부흥한다면서! 몇 명이나 모여?"라고 물어보는 사람들에게 숫자를 말하지 말라고 말한다. 왜? 사람들은 숫자를 보지만, 예수님은 우리 한 영혼 한 영혼을 보시기 때문이다.

교회를 개척하고 이렇게 귀신 들린 사람들이 많이 찾아온 적이 없고, 이렇게 벼랑 끝 인생을 사는 사람들을 많이 만난 적이 없고, 이렇게 우울증과 불안증과 공황장애에 빠져서 고통받는 사람들을 많이 만난 적이 없다. 어떻게든 살아 보려고 예수님 앞에 나온 사람들, 매 주일 눈물로 주님 앞에 엎드리는 사람들, 그 한 영혼 한 영혼이 주님을 만나는 간증과 감격과 변화와 승리를 어떻게 숫자로 말할 수 있겠는가.

중독자도 잃어버린 한 영혼이다!

캐나다 밴쿠버에서 목회할 때였다. 밴쿠버는 매년 "세계에서 가장 살기 좋은 도시" 순위에서 1-2위를 하는 도시다. 자연 친화적인 도시, 30분만 움직이면 바다가 나오고 산이 나오는 도시, 호수와 공원이 곳곳에 있는 도시, 캐나디안들이 은퇴하고 살고 싶은 1순위 도시가 밴쿠버다.

그런데 이런 밴쿠버에서 가장 어두운 거리가 있다. 해이스팅스Hastings 거리다. 거리마다 골목마다 마약 거래상들이 가득하고, 쓰다 버린 주삿바늘들이 굴러다니고, 편도 4차선 도로를 중독자들이 마구 뛰어다니는 거리다. 일반인들은 골칫거리로 여기고 얼굴을 찌푸리며 손가락질하는 그곳에서 사역하는 목사님이 있었다.

그분의 이야기를 들어보니 정말 안타까운 사정을 갖고 있는 분들이 많았다. 이 거리의 마약중독자들 가운데에는 전직 교수도 있고 전직 목사도 있다는 것이다. 한 전직 교수는 아내와 둘이 정말 금실 좋게 살다가 아내가 일찍 병으로 떠난 후 그 외로움을 어떻게 감당할 수가 없어서 마약에 손을 대기 시작했다가 어느새 이 거리에까지 추락한 분이었다.

사실 나나 그들이나 다 동일한 사람들이다. 만약에 이 글을 읽고 있는 분 중에도 자기 영혼의 진실을 잃어버리고 살면서도 그 자리를 떠나지 못하는 분이 있다면 우리와 그들이 크게 다르지 않다. 하나님이 기뻐하시는 자리로 가고 싶지만 주저앉아 있는 인생, 그곳이 바로 나의 세관이고 나의 어두운 거리이기 때문이다.

"중독Addiction"은 상실이다. 스스로 인생의 통제력을 상실하게 만들고, 스스로 인생의 꿈과 소망을 상실하게 만들고, 스스로 인생의 진실성을 상실하게 만들고, 스스로 영혼의 남아있는 불꽃을 상실하게 만든다.

그런데도 보편적으로 중독자는 "나는 중독이 아니다"라고 말한다. "나는 언제든지 원하면 끊을 수 있어. 나는 언제든지 원하면 그만둘 수 있어"라고 말하지만, 그러지 못한다. 왜인가? 중독이 되면 노예가 되기 때문이다. 중독이 되면 일시적으로만 만족할 뿐 평생 그것에 사로잡히게 된다. 돈을 아무리 벌어도 결국에는 돈독이 올라 미쳐 버릴 뿐 아무런 만족이 없게 된다.

오늘날 우리는 중독 사회에 살고 있다. 과도한 경쟁 사회, 학업도 노동도 육아도 지나친 과로와 스트레스를 요구하는 과로 사회이기 때문이다. 과로는 보상 심리로 쾌락을 원하고 쾌락은 결국 인간을 중독으로 몰아간다. 그래서 열심히 살던 소시민들이 일순간에 중독자가 되고 만다. 착한 사람들이 중독자가 되어 무너지는 것을 보면 너무나 가슴이 아프다.

알코올 중독이나 니코틴 중독, 마약 중독, 음식 중독 같은 물질 중독만 있는 것이 아니다. 쇼핑 중독, 일 중독, 성 중독, 도박 중독, 게임 중독 같은 행위 중독과 분노 중독, 고독 중독, 우울증, 의존증 같은 감정 중독이 있고, 심지어 종교 중독도 있다. 과도한 종교 활동을 하지 않으면 심판받을 것 같은 강박적 두려움에 빠지는 것도 중독이다.

아치볼드 하트Archibald D. Hart의 「참을 수 없는 중독」을 보면, 아무리 사회적으로 용인된 것일지라도 중독은 우리의 내면세계를 무너뜨리고 우리 영혼이 하나님을 떠나게 만든다. 중독은 인생의 스트레스가 심할 때 도피처가 되어 주지만, 결국에는 영혼도 삶도 파괴해 버린다. 당신이 중독에 빠져 있다면 나올 수 있는 유일한 길은 주님밖에 없다. 주님의 손을 잡아야 한다.

모두가 가난하던 시절, 마태는 누구에게도 무시당하지 않고 싶었을 것이다. 삶의 의지, 생존 욕구가 그를 한순간 잘못된 길로 인도했고, 그는 결국 그 중독의 덫에 걸려들고 말았다. 예수님 외에 돈도 쇼핑도, 일, 성, 음식, 분노, 도박, 게임, 거짓말 등 그 어떤 것도 당신을 건져 줄 수 없다. 주님의 강력한 부르심에 이제 반응해서 일어나라! 그 자리를 박차고 나오라!

성대한 잔치 vs 합리적 비판

"예수께서 마태의 집에서 앉아 음식을 잡수실 때에 많은 세리와 죄인들이 와서 예수와 그의 제자들과 함께 앉았더니 바리새인들이 보고 그의 제자들에게 이르되 어찌하여 너희 선생은 세리와 죄인들과 함께 잡수시느냐"마 9:10-11.

마태는 자기 집에서 "큰 잔치Mega Feast"(눅 5:29)를 열었다. 그에게는 태어나서 가장 기쁜 날이었다! 그런데 초청 인사들이 누구였는가? 그날 포토 존에 선 사람들을 비춰 보니, 범상치 않다. 그래도 누가는 조금 가려서 표현했다. "큰 무리의 세리들과 다른 사람들(직역)"(눅 5:29)이라고 했다. 그러나 마태는 이번에도 자진 신고해서 "세리와 죄인들"이라고 했다.

예수님은 그들과 함께 앉아 식사하셨다. 그러나 유대인 누가 봐도 이상한 장면이었다. 경건한 유대인은 죄인들과 상종도 하지 않고 방문도 하지 않고 겸상도 하지 않았기 때문이다. 그런데 예수님은 죄인의 집에 들어가셔서 모로 누워recline 제대로 그들과 만찬을 즐기고 계신 것이 아닌가! 유대인에게 식사는 서로에 대한 신뢰와 사랑의 표현이요, 우리가 한 가족 한 친구가 된다는 의미였다.

바리새인들이 볼 때 "이거 참으로 가관이구나!" 싶었다. 아니, 죄인들에게 회개하라고 훈계를 하는 것도 아니고 왜 죄를 지었냐고 상담을 하고 계신 것도 아니었다. "먹기를 탐하고 포도주를 즐기는 사람이요 세리와 죄인의 친구로다"(마 11:19)라는 말이 어디서 나왔겠는가. 진짜 예수님은 제대로 죄인들과 한껏 만찬을 즐기고 계셨던 것이다.

생각해 보라. 자기 백성은 주님을 영접하지 않는데 세리들과 죄인들은 시키지도 않은 대대적인 환영 행사를 하고 있었다. 주님의 마음은 너무나 감격스럽고 기쁘셨지만, 바리새인들의 마음은 얼음처럼 굳어 버렸다. 그도 그럴 것이, 이들이 모여서 경건하고 우아하게 담소를 나누었겠는가? 왁자지껄 떠들고 비속어가 난무하지 않았겠는가. 그런데도 예수님은 즐거운 척을 하신 것이 아니라 정말 즐거워하고 계셨다. 주님은 그들을 마냥 사랑스럽게 바라보셨다.

바리새인들은 예수님을 직접 공격하지는 못하고 제자들에게 시비를 걸었다. "어떻게 너희 선생은 세리와 죄인들과 함께 식사할 수 있느냐?" 바리새인들의 시선에는 딱 2가지가 보였다.

1. 유유상종類類相從: 죄인들 곁에 모이는 자들이 죄인이지.
2. 근묵자흑近墨者黑: 의인이어도 죄인 곁에 있으면 죄인 되지.

이들의 관점이 틀리지는 않았다. 노출의 법칙이다. 햇빛 강한 날에는 아무리 자외선 차단제를 바르고 나가도 타게 되어 있고, 비 오는 날에는 아무리 우산을 받쳐 들어도 이슬비에도 젖게 되어 있다. 그래서 좋은 친구를 사귀어야 하고, 그래서 "의인들의 모임"(시 1:5)에 함께하는 것이 중요한 법이다.

코로나19 바이러스가 전 세계에 전염되었을 때, 우리는 얼마나 조심했었는가. 팬데믹 동안 사회적 거리두기를 했던 이유가 무엇이었는가? 누구도 감염자 곁에 다가가면서 "나는 절대로 감염되지 않을 수 있다"라고 자신할 수가 없었기 때문이다. 그리고 나도 감염자가 되면 전파자가 되기 때문이다. 이것이 죄의 심각성 아닌가. 저들의 비판은 합리적인 비판이었다.

예수님의 시선에 비친 그들은?

> "예수께서 들으시고 이르시되 건강한 자에게는 의사가 쓸 데 없고 병든 자에게라야 쓸 데 있느니라" 마 9:12.

그런데 예수님께서 바리새인들의 비난하는 이야기를 들으셨다. 하지만 예수님은 한마디도 자신을 방어하는 말씀을 하시거나 자기 입장을 변명하는 이야기를 하지 않으셨다. 오히려 함께 들떠서 식사하고 있는 세리들과 죄인들을 변호해 주고 옹호해 주는 말씀을 하셨다.

일반인의 시선과는 달리 예수님의 시선에는 그들이 어떻게 보이셨는가?

1. 환자 곁에 의사가 있어야 한다. 환자 곁에 있다고 다 환자가 아니다. 환자들을 치료하는 의료진이 있는 법이다. 너희가 환자라고 방치하고 버린 사람들을 살리러 내가 왔다.

2. 죄인 곁에 구주가 있어야 한다. 죄인들을 죄인이라고 정죄해도 변하지 않는다. 그러면 누가 죄인들을 건져낼 수 있겠는가? 구주 예수 그리스도 외에는 구원하실 분이 없다.

바리새인들의 말이 합리적이라고 생각했는데, 하나만 알고 둘은 모르는 것이었다. 의사가 어디가 아파서 환자들 옆에 있는 게 아니잖은가. 자신들도 감염되겠다고 어리석은 생각으로 환자들 곁에 다가가는 게 아니잖은가. 오히려 본인도 감염될 위험, 목숨까지 내놓을 위험을 감수하고 그들을 살려내기 위해서 곁에 다가가는 것 아닌가.

예수님이 보실 때에 그들은 죄인들이 아니라 병자들이었다. 정죄하고 포기할 사람들이 아니라 치료하고 회복시켜야 할 소중한 사람들이었다. 주님의 눈에 비친 그들은 방탕하고 괘씸한 아들 "탕자"가 아니라 죽었다가 다시 살아난 아들, 잃었다가 다시 얻은 아들이었다(눅 15:32).

밴쿠버에서 목회할 때, 한번은 50대 여성분이 전도되어 처음 교회에 나왔다. 그런데 이분이 나름 갖춰 입는다고 입었는데 나이트클럽 갈 때 입을 것 같은 반짝이 옷을 입고 오셨다. 게다가 이런저런 세상 어휘들을 뿜고 계셨다. 그러자 성도들이 삼삼오오 모여 웅성거리기 시작했다. "왜 저런 옷을 입고 교회에 온 거야? 저런 사람이 왜 왔어?"

나는 너무나 가슴이 아팠다. 저 옷을 입고 클럽에 가지 않고 교회에 왔다는 게 중요하잖은가. 전혀 교회에 어울릴 것 같지 않은 사람이 교회에 오지 않았는가. 세리와 죄인과 창기가 왔다가는 교회 입구에서 쫓겨날 판이다. 그러면 그들과 어깨동무하고 들어오시는 예수님도 함께 쫓아내겠는가!

한 여집사가 남편이 교회 나오게 해달라고 간절히 기도하고 있었다. 그런데 어느 날 내게 남편이 결혼 12년 만에 처음 교회를 오겠다고 했다면서 행복해했다. 다만 한 가지 당부를 했다. "제 남편이 열이 많아서요. 옷이 좀 짧아도 이해해 주세요." 무슨 상관인가! 지난 12년간 눈물로 기도했던 남편이 교회에 나온다는데 이 얼마나 기쁜 일이요, 잔치를 벌일 일인가!

남편분이 다음 주일에 교회에 나왔다. 정말 짧은 반바지를 입고 슬리퍼를 신고 나타났다. 온몸에 털이 가득한 분이었다. 그래도 대환영 아닌가! 그런데 2주, 3주가 지나니까 어르신들이 불러 세우고는 말했다. "교회에는 그런 복장으로 오는 게 아니다. 고쳐 입어라." 나는 마음이 어려웠다. 아니 그 복장으로 들로 산으로 가도 되는데, 교회에 나오지 않았는가! 아내의 12년 눈물로 교회에 나온 사람이다. 그러다가 안 나오면 어떻게 하는가. 그래서 말했다. "괜찮습니다. 열이 많아서 그런 걸 어떻게 하겠습니까. 그냥 나오셔도 됩니다."

감사하게도 이분이 교회를 계속 나오셨다. 그리고 어느 주일에 교회 주차장에 들어갈 때 나는 날아갈 듯이 기쁘고 행복했다. 밴쿠버의 겨울이 그다지 춥지는 않지만 그래도 겨울인데,

이분이 반바지에 슬리퍼를 신고 주차봉을 들고 봉사를 하고 계신 것이었다. 아! 우리 주님이 저 모습을 보시면 얼마나 예뻐하실까.

사랑이 사람을 변화시킨다. 율법은 사람을 변화시키지 못한다. 오직 복음이 사람을 변화시킨다. 동화 속 이야기와 같다. 행인의 외투를 벗긴 쪽은 강풍으로 몰아붙인 바람이 아니라 따스한 햇살을 비춰 준 햇님이었다. 남편과 아내, 부모와 자식이 서로를 변화시키겠다고 정죄하며 성전聖戰 수준으로 싸우는 집들이 있다. 사람이 사람을 바꾸지 못한다. 오직 주님만이 당신의 배우자를 변화시키실 수 있고 당신의 자녀를 바꾸실 수 있다.

결혼 12년 차 부부가 이혼 위기에 놓여서 상담한 적이 있다. 남편이 퇴근할 때 현관문에서부터 신발, 양말, 옷을 벗어 던진다고 아내가 힘들어했다. 남편은 여유로운 성격이고 아내는 정확한 성격인데 남편에게 12년을 말했는데도 고쳐지지 않았다. 아내는 계속 잔소리를 했고 남편의 자존심을 건드리기까지 했다. 그러면 어느 순간 순둥순둥하던 남편이 폭발해서 물건을 던지며 화를 냈다. 그래서 더는 같이 못 살겠다고 찾아온 경우였다.

나는 결혼하자마자 알게 되었다. 결혼은 공동체 훈련이라는 사실을 말이다. 나는 치약을 매번 깨끗하게 짜 올려야 하는 성격이지만 아내는 허리를 쿡 눌러 짜는 편안한 성격이다. 게다가 신혼집은 작은 13평 아파트여서 세면대도 없어 치약을 비

누대 위에 두었는데 늘 집에 와 보면 치약이 바닥에 떨어져 있는 게 아닌가! 하루는 아내를 범죄 현장에 불러다 놓고 타박했다. 그랬더니 아내는 돌아서면서 말했다. "어유, 밴댕이 소갈머리 같으니라고!"

그래서 몇 차례 실랑이하다가 1년 만에 포기했다. 그런데 이 이야기를 했더니 교인들은 더 난리였다. 결혼 25년 차 순장 부부는 화장실에 휴지를 앞으로 떨어뜨리느냐 뒤로 떨어뜨리느냐 문제를 가지고 25년째 싸우고 있었다. 결혼 40년 차 장로 부부는 옷걸이를 앞으로 거느냐 뒤로 거느냐를 놓고 40년째 싸우고 있었다. "넌 어떻게 휴지를 뒤로 떨어뜨리냐! 지저분하게!" "넌 어떻게 사람이 옷걸이를 뒤로 거냐! 앞으로 걸어야지!"

이게 정말 목숨 걸고 싸울 만한 일인가? 이럴 때 써야 할 말이 있다. 서로가 다른 것이지 틀린 것이 아니다. 우리는 이럴 때 다짐해야 한다. "비난하지 않겠습니다. 강요하지 않겠습니다. 끝까지 사랑하겠습니다." 예수님은 죄인들도 사랑스럽게 보셨는데, 우리는 멀쩡한 사람도 죄인으로 만들려고 하지 않는가. 사랑하라. 끝까지 사랑하라. 그 길에 예수님이 계시다.

모범적인 부모 밑에서 불행해지는 아이들

"너희는 가서 내가 긍휼을 원하고 제사를 원하지 아니하노라 하신 뜻이 무엇인지 배우라 나는 의인을 부르러 온 것이 아니요 죄인을 부르러 왔노라 하시니라"마 9:13.

예수님의 시선에는 제사가 아닌 긍휼이 있었다. 종교적인 의무만 열심히 하면 된다고 생각했던 저들에게는 긍휼의 관점이 없었다. 오히려 내가 열심히 종교생활을 할수록 그러지 않는 사람들을 보면 "저런 사람들은 왜 교회를 나오는 거야? 왜 저런 옷을 입고 다녀? 왜 저런 말을 하고 다녀?" 판단하고 정죄하게 된다. 교인들뿐 아니라 가족에게도 그렇게 하게 된다.

1516교회를 개척하고 자녀들 문제로 정말 많은 상담을 했다. 그런데 놀라운 사실이 하나 있다. 역기능 가정의 자녀들은 이혼, 별거, 차별, 학대 등 다양한 문제로 인해서 어려움을 겪게 된 경우지만, 정반대 가정의 자녀들에게도 많은 어려움이 있었던 것이다. 부모가 신앙생활을 과하게 열심히 하는 가정에서도 자녀들이 빗나가게 되어 상담을 하는 경우가 절반이었다.

부모가 행복하고 인격적인 신앙생활을 하는 것이 아니라 율법적이고 강박적인 종교생활을 할 때 자녀들이 불행해졌다. 교회를 나가는 것도 강요에 의한 것이었고, 자원해서 신앙생활 한다는 것이 무엇인지 가르쳐 주지 못했다. 자녀들은 하나님을 자상한 아버지가 아니라 무서운 신으로 인식했다. 학업도, 진로도, 결혼도 종교적 기준에 맞춰 한 치의 오차가 없어야 하니, 자녀들은 숨이 막혀 죽을 지경이었다. 그래서 불안증, 강박증, 우울증에 빠지고 망상장애에 빠지는 자녀들까지 나왔다.

만약 부모가 바리새인이면 여지없이 자녀는 죄인이 된다. 아무리 사회적 지위가 높고 교회에서의 신앙 이력이 모범적이라도 종교적 강박, 사회적 강박이 있는 부모 밑에서는 행복한 아이가 나올 수 없다. 아이에게 늘 바른 생활을 강요하니, 결국 아이는 병들고 멍든다. 바리새인 앞에 세리 마태가 된다. "너는 보물이 돼야 해! 그런데 이렇게 살다니, 너는 괴물이야!" 멀쩡한 아이를 괴물로 만드니 얼마나 가슴 아픈 일인가.

그래서 도저히 이 아이의 일탈, 방황, 우울을 해결할 수 없다고 목사인 내게 데리고 온다. 그러면 아이는 이미 긴장한다. 교인인 부모도 이 정도인데 목사는 얼마나 내게 압박하고 강요할지 걱정되기 때문이다. 그런데 그런 자녀에게 "그동안 정말 힘들었구나. 이제는 자유하렴. 교회 다니는 것도 네 선택이야. 다만 인생이 정말 힘들 때 선하신 하나님 아버지가 널 도와주려고 기다리신다는 걸 잊지 않고 돌아왔으면 좋겠다"라고 이야기해 주면, 아이들은 마음의 긴장감이 풀어지면서 사실은 자신도 하나님과 가까워지고 싶다고 말하는 경우가 대부분이다. 그것이 방황하던 마태의 마음 아니었던가!

예수님이 살려낼 수 있다고 하시는데 당신의 방황하는 자녀를 낙인찍겠는가! 예수님이 살려낼 수 있다고 하시는데 그 아이를 응급실도 데려가지 않고 방치하겠는가! 구급차를 가져가서라도 방바닥에 쓰러져 있는 아이를 둘러업고 주님께 가야 하지 않겠는가! 그런데 이런 관점은 종교인들에게만 있는 것이 아니다.

열성 인자는 버리고 간다

"열등한 자들은 버리고 간다." 이것은 유물론적 진화론의 관점이다. 어차피 적자생존適者生存이라고 생각하기 때문이다. 적합한 자들만 열악한 환경에서도 생존하는 법이라는 관점이다. 나치들이 유대인 학살을 자행했던 사상적이고 학문적인 근거가 된 것이 바로 적자생존의 관점이다. 우성 인자만 남기고 열성 인자는 버리고 간다는 생각이다.

오늘날 여성들의 인권을 주장할 때 등장하는 낙태권에 대한 사상적 기초도 바로 이 유물론적 관점이다. 아이를 생명체로 보지 않는다. 아이를 물질 덩어리로 보기 때문에 문제상황에서 임신된 태아나 키울 마음이나 여건이 안 될 때 임신된 태아는 제거하면 끝이라고 생각한다.

이것이 얼마나 무서운 관점인가! "여호와께서 태에서부터 나를 부르셨고 내 어머니의 복중에서부터 내 이름을 기억하셨으며"(사 49:1). 하나님은 생명체로 시작하는 순간부터 우리를 조성하신 분이요, 이미 우리의 존재를 알고 계신 분이다. 그런데 무신론적인 세속 사회만 우성과 열성을 가리는 것이 아니라 종교화된 교회마저도 우등 인간과 열등 인간을 가린다면 이 얼마나 비통한 일인가! 교회마저도 비정한 사회로 전락하고 있지 않은가!

　모두가 유물론적 시선으로 바라보는 시대가 되었다. 그저 사람을 물질 덩어리로 보고 쉽게 폐기 처분하는 시대다. 자녀도 한둘만 낳아서 키우니 반드시 경쟁력 있는 아이가 되어야 한다는 강박에 쉽게 빠진다. 그러면서 선물로 태어났던 아이가 보물이 되지 못하는 순간 괴물이 되도록 만들어 버리는 가정과 사회가 되고 말았다.

　이제는 예수님의 시선이 필요하다. 세관에 앉아 있지만 벗어나고 싶었던 마태, 겉으로는 남부럽지 않은 척하며 살았지만 속으로는 절박했던 마태를 볼 수 있어야 한다. 나는 중학생 시절 우울증과 자살 충동 문제가 심각했기 때문에 중등부 교사 9년, 전도사 5년을 하면서 아이들의 아픔을 볼 수 있었다. 겉으로는 웃고 있는데 속으로는 울고 있는 아이들, 겉으로는 쿨한 척하지만 속으로는 불안에 떨고 있는 아이들, 그들을 품고 눈물로 기도하지 않을 수 없었다.

　어른들도 마찬가지다. 순예배에 나와서 이상한 질문, 부정적인 질문, 삐딱한 이야기를 하는 사람들을 미워하지 말라. '저렇게 이상한 얘기만 할 거면 왜 순예배에 나오는 거야?'라고 생각하지 말라. 그 사람도 답을 찾고 있는 것이다. 그 사람도 주님을 만나고 싶은 것이다.

　모두가 손가락질하던 세리 마태가 신약 성경 제1권 마태복음의 저자가 되었다. 괴물이라고 외면했던 사람이 하나님 나라의 거물이 되었다. 부정해서 접촉할 수 없다고 봤던 사람이 가장 순결한 복음을 증거하게 되었다. 예수님이 그를 온전케 될 수 있다고 보셨기 때문이다. 그 시선 때문에 그는 회복되었다.

사랑은 포지션이 아닌 포텐셜을 본다
여담이지만 도대체 예수님은 마태에게서 무엇을 보셨을까? 도대체 무슨 가능성을 보셨길래 그를 제자로 부르셨을까? 평생 남의 돈 빼앗아 챙기던 세리 아니었는가! 그러면 천상에서 예수님이 듣고 계시다가 옅은 미소를 띠며 이렇게 대답하실 것 같다. "집요하게 전도할 수 있지!"

그렇다. 어부 시몬에게서는 열정을 보셨고, 박해자 사울에게서는 돌파력을 보셨고, 세리 마태에게서는 집요함을 보셨다! 세리는 세금 징수원 tax collector 아닌가! 시몬 같은 어부가 고기를 낚는 감각으로 영혼들을 낚아 올릴 것을 기대하신 것처럼, 주님은 마태가 세금을 꼼꼼하게 징수하듯 하나님의 섭리의 말씀을 촘촘하게 증거하기를 기대하셨던 것이다.

마태복음을 보라. 얼마나 집요한 책인지 모른다. 사실 마태복음이 당시 유대계 그리스도인들에게 가장 인기 있는 복음서였다는 말을 듣고 깜짝 놀랐다. 아니 전직 세리가 쓴 글을 유대인들이 좋아하다니 어떻게 된 것일까! 그 이유는 그가 구약의 구절들을 얼마나 강박적으로 인용해 댔는지 무려 130회를 인용하면서 이분이 바로 약속된 메시아라는 것을 증거했기 때문이다! 와! 예수님은 마태에게서 집요한 복음 증거자의 가능성을 보셨다!

간혹 그런 생각이 드는 분들이 있을 것이다. 왜 나였지? 도대체 예수님은 뭘 보고 나를 선택하신 거지? 세상 사람들은 당신을 보기보다 당신 자리를 본다. 그러나 예수님은 당신을 보신다. 그분은 바울의 돌파력, 시몬의 열정, 디모데의 섬세함, 누가의 치밀함, 마태의 집요함을 보셨다! 모두가 당신이 그 자리에서 끝날 것이라 생각할 때, 모두가 당신의 포지션position(자리)을 볼 때 예수님은 당신의 포텐셜potential(잠재력)을 보셨던 것이다!

우리 안에 사랑이 있는가? 주님의 사랑이 있는가? "너희가 여기 내 형제 중에 지극히 작은 자 하나에게 한 것이 곧 내게 한 것이니라"(마 25:40). 당신의 사랑이 우울증 환자를 치료하고 불안증 환자에게 평안을 줄 수 있다. 당신의 훈육이 아닌 사랑이 인생을 포기할 지경에 떨어진 아들딸을 돌아오게 할 수 있다. 당신이 다가갈 때 황무지에 장미꽃이 피고 사막에 강물이 흐르게 된다면, 우리 주님이 얼마나 기뻐하시겠는가!

3장. 예수님의 시선을 본받으라
나눔 질문

Q1 마태는 태어날 때는 '선물'이었으나, 세상 속에서 '괴물'이 되어 버렸습니다. 그러나 주님은 그를 부르셔서 하나님의 나라의 '보물'로 회복하셨습니다. 내 삶에서 점점 변질되어 갈 위험과 유혹이 있는 영역은 무엇인지 이야기하고, 주님께서 무너진 나를 회복시켜 주셨던 경험이 있다면 함께 나눠 봅시다. •선물인가, 괴물인가, 보물인가?(마 9:9)

Q2 예수님의 시선은 모두가 포기한 마태 안에 꺼져가던 불씨 하나를 향하고 있었습니다. 나 자신조차 스스로에게 가능성을 포기한 부분이 있다면 무엇입니까? 또한 모두가 부정적으로 낙인찍었지만 예수님의 시선으로 바라보고 다가가야 할 사람이 주변에 있다면 나눠 봅시다. •영혼의 중증외상센터 전문가 예수님!(마 9:9)

Q3 당시 바리새인들은 부정한 것을 만지는 자는 부정해진다고 생각했습니다. 그러나 예수님은 오히려 부정한 자들에게 다가가셔서 그들을 정결케 하셨습니다. 가정과 일터에서 우리는 자신을 향상시키기 위해서 좋은 사람들과만 어울리려고 하지 않는지, 예수님처럼 어렵고 부담스러운 사람들을 만나서 그들이 긍정적으로 변화되도록 돕고 있는지 이야기해 봅시다. •예수님의 시선에 비친 그들은?(마 9:12)

Q4 예수님은 숫자가 아니라 한 영혼을 보셨습니다. 우리 삶 속에서 만나는 많은 사람들을 어떻게 하면 세상적인 관점으로 바라보지 않고 예수님이 보시는 한 영혼으로 바라보고 섬길 수 있을지 나눠 봅시다. • 숫자가 아니라 한 영혼이다!(마 9:10-11)

Q5 모범적인 부모 밑에서 오히려 자녀들이 불행해질 때가 있습니다. 율법이 아닌 사랑과 긍휼로 자녀를 대한다는 것은 구체적으로 어떤 모습입니까? 가정 안에서 자녀들에게 바른길을 가르쳐야 할 부분은 무엇인지, 반면에 사랑과 긍휼로 대해야 할 부분은 무엇인지 함께 나눠 봅시다. • 모범적인 부모 밑에서 불행해지는 아이들(마 9:13)

"주께서 침묵하신다고 누가 그를 정죄하며
그가 얼굴을 가리신다면 누가 그를 뵈올 수 있으랴"
욥 34:29

4장
예수님의 침묵을 본받으라

요한복음 8장 1-11절

예루살렘의 잠 못 이루는 밤

"다 각각 집으로 돌아가고 예수는 감람 산으로 가시니라 아침에 다시 성전으로 들어오시니 백성이 다 나아오는지라 앉으사 그들을 가르치시더니 서기관들과 바리새인들이 음행중에 잡힌 여자를 끌고 와서 가운데 세우고" 요 7:53-8:3.

도대체 성전에서 무슨 일이 있었는가? 요한복음 7장을 보면, 초막절에 예수님이 성전에 올라가 무리를 가르치시다가 반대파 유대인들에게 공격을 받으셨다. 그러나 초막절 끝 날에 예수님이 서서 외치셨다. "누구든지 목마르거든 내게로 와서 마시라"(요 7:37). 유대인들은 서로 예수님이 그리스도가 아니라며 하루 종일 논쟁을 벌였다.

　그렇게 하루해가 저물어갔다. 예루살렘 거리마다 땅거미가 드리우고 명절 인파는 모두 각자의 집으로 돌아갔다. 안식할 시간이었다. 일몰은 하나님이 정하신 쉼의 지계표가 아닌가. 예수님도 예루살렘 동문을 빠져나와 기드론 시내를 건너 성전을 등지고 감람산 언덕을 오르셨다. 종일의 논쟁으로 지친 주님의 어깨 위로 붉은 노을이 내려앉는데 너무나 쓸쓸해 보이신다.

　하지만 예수님은 아침 일찍 다시 성전으로 나오셨다. 전날 반대파들에게 그렇게 진을 빼셨는데 뭐가 좋다고 이렇게 아침 일찍 출근하셨을까? 주님은 그들이 알아듣든 못 알아듣든 최선을 다하셨다. 우리에게 선택권을 주시면서도, 최선의 진리를 주고 싶어 하시는 주님이시다.

　그런데 서기관들과 바리새인들이 한 여자를 끌고 왔다. 그녀는 간음하다 현장에서 붙잡혀 온 여자였다. 생각해 보라. 뭔가 이상하지 않은가. 한밤중에나 새벽에 간음 현장을 급습하다니 누군가는 밤새 매복하고 있었다는 소리다. 게다가 어제의 논쟁을 이어가겠다고 하룻밤 만에 잡아 왔다는 것은, 이 여자가 평소에 그런 삶을 살고 있는 사람이었음을 알고 있었다는 뜻이다. 그렇다면 그들은 그녀가 부도덕하게 살든 말든 개의치 않고 그녀를 단지 미끼로 이용한 것이다.

　참으로 비정한 종교인들이 아닌가! 사람이 사람으로 보이지 않는 자들이었다. 모두가 잠들어야 할 그 밤에 이들은 도저히 잠을 이룰 수 없었다. 예수를 잡으려다 놓친 사람들, 논쟁의 종지부를 찍지 못해서 억울한 사람들, 그들이 모여서 한 가지 모의를 한 것이다. 그것은 평소 행실이 좋지 않던 여자 하나를 밤새워 기다리다가 잡아 오는 일이었다.

예루살렘의 불면의 밤에, 잠 못 이루는 사람이 또 있었다. 그녀는 내면의 주림을 채우지 못해 중독의 덫에 빠져서 밤마다 잠을 이루지 못하는 사람이었다. 성적 탐닉의 삶에 중독되어 사는 여자와 종교적 자기 의에 중독되어 사는 종교지도자들로 인해 예루살렘은 잠을 이루지 못하고 있었다. 주님은 이 병든 영혼들을 품으시고자 했지만 예루살렘은 그리 잘 품어지지 않았다.

잠 못 이루는 대한민국

요즘 저출산 문제가 심각하다고들 한다. 결혼할 때가 되어도 결혼을 안 하거나 못 하고 있다. 왜 그럴까? 자기 계발하느라 잠도 이루지 못하고 사랑도 이루지 못하며 살기 때문은 아닐까. 사랑하면 결혼해야 하는데 그게 안 된다. 무한 경쟁 사회에서 공부도 더 해야 하고, 경력도 더 쌓아야 하고, 재산도 더 모아야 한다. 그냥 덜컥 결혼할 수는 없다.

게다가 한두 명의 자녀에게 부모들이 평생 투자했는데 대충 보낼 수가 없다. 그러다 보니 너무 완벽한 결혼을 고집하느라 결혼이 어렵다. 본인도 자신의 가치를 한껏 올려놓았기 때문에 웬만한 사람으로는 만족이 안 된다. 게다가 어렵게 짝을 구하면 이번에는 부모가 반대한다. 20대 때는 자녀가 미완성이라고 반대하더니 30대 때는 배우자감이 미흡하다고 반대한다.

그러다 보니 요즘 젊은이들은 사랑이 그림의 떡이다. 연애는 해도 결혼은 하지 않는다. 사랑이라는 말조차 하지 않는다. "사랑한다"는 말은 어느새 "좋아한다"는 말로 작아졌고, 그마저도 "썸을 탄다"로 좁아들었으며, 이제는 "플러팅flirting한다"는 말로 변질돼 버렸다. 사랑에 대한 갈망은 있지만 거기에 빠지면 인생 망친다는 생각들을 한다.

결국 현대 사회는 젊은이들로 하여금 사랑에 대한 진실성을 스스로 배반하게 만들었다. 그래서 썸만 타고 플러팅만 하다가 상대를 버린다. 그러니 이성에 대한 친밀감과 신뢰감이 형성되는 것이 아니라 상처와 배신감이 쌓이게 된다. 피상적인 관계, 찰나적인 관계, 서로를 이용하기만 하는 관계는 분노와 절망을 낳고 강박과 집착을 만들기도 한다.

2009년 온누리교회 여호수아 청년부를 담당하면서 설교 때마다 강조했다. "손만 잡으면 결혼해라." 청년들이 처음에는 피식피식 웃었다. 그러나 매주 말하니 진지해졌다. 이렇게 말하는 이유가 있었다. 자매들은 교회에 형제가 적으니 조금만 좋은 형제가 나타나면 집착하고 서로 갈등했다. 형제들은 자매가 많으니 이 사람 저 사람 찔러 보기만 하고 헌신하지 않았다.

매주 "손만 잡으면 결혼해라"라고 말하니까, 하루는 한 순원이 순모임에 갔다가 순장님과 악수하려다가 "악수하면 안 되지. 결혼해야 하는데!" 하고 손을 거뒀다고 한다. 청년들은 자신의 감정적 필요를 위해서 상대를 이용하는 일들을 멈추게 되었다. 진정성 있는 교제가 늘어나면서 수많은 커플이 결혼하게 되었고 나는 전국을 다니며 주례를 해주었다.

그러나 비단 싱글 청년들만의 문제가 아니다. 결혼한 사람들이 더하다는 말이 나오는 이유가 있다. 성공을 위해서 공부하고 성공을 위해서 결혼한 만큼 배우자에 대한 기대감이 높다. 그리고 기대한 만큼 실망하게 되고, 신뢰했던 만큼 배신감을 느끼게 된다. 그것은 배우자가 결혼 후에 변했기 때문이 아니라 우리의 잘못된 기대가 우리를 배신한 결과가 아닌가 싶다.

게다가 법적으로 간음죄와 간통죄까지 다 폐지되었으니, 이제 사회적인 분위기는 성적인 유혹을 막을 생각이 없는 분위기다. 한번은 남편의 외도 고백에 충격을 받은 아내가 상담 이메일을 보낸 적이 있다. 나는 남편이 진심으로 회개하고 돌이키도록 할 것을 조언했다. 그런데 그 아내가 다시 이메일을 보내더니 이런 말을 했다. "솔직히 저도 대학 때 많은 사람들과 관계를 맺었다. 남편을 용서할 수 없는 마음 뒤에는 나 자신을 용서할 수 없는 마음이 있다."

혼외 관계가 안 된다고 생각하는가? 그러나 혼전 관계는 된다고 생각하는가? 혼전 관계도 혼외 관계라는 사실을 모르는가? 하나님은 우리가 순결하기를 원하신다. 이것은 모세오

경에 나오는 구닥다리 같은 이야기가 아니다. 예수님도 진지하게 말씀하신 것이다(마 5:27-30). 혼전 관계에서 자유로웠던 사람이 결혼하면 신실해질까? 혼외 관계는 계속 이어지게 된다. 진심으로 거룩한 가정을 세우기 원한다면 혼전 순결을 지키라. 무엇보다 사랑의 헌신을 하라.

우리나라는 저출산 문제가 심각한 것일까, 낙태 문제가 심각한 것일까? 물론 아직은 낙태죄가 적용되지만, 불법 낙태로 파악된 숫자만 1990년대에 매년 150만 건이었다. 통계상으로는 줄었다고 하지만 2020년 신생아는 27만 명, 낙태아는 3만 2천 명이었다. 9명 중 1명을 죽이고 있다. 대한민국은 OECD 국가 중 낙태율 1위로, 다른 나라들의 평균 2배를 넘는다.

그렇게 많은 무죄한 생명들을 죽이면서 어떻게 복을 받을 생각을 하는가? 이제는 그만큼만 공부하고 그만큼만 돈 벌고 그만큼만 자신을 위해 살라고 권면해야 하지 않는가. 하나님이 인간을 창조하신 가장 존엄한 이유는 사랑이다. 공부하느라 잠 못 이루고, 돈 버느라 잠 못 이루고, 쾌락을 위해 잠 못 이루는 대한민국이여, 이제는 주님의 권면을 들을 시간이 아닌가!

순전하신 주님 vs 간악한 이들

> "예수께 말하되 선생이여 이 여자가 간음하다가 현장에서 잡혔나이다 모세는 율법에 이러한 여자를 돌로 치라 명하였거니와

> 선생은 어떻게 말하겠나이까 그들이 이렇게 말함은 고발할 조건을 얻고자 하여 예수를 시험함이러라" 요 8:4-6.

예수님은 전날 체포당할 뻔했던 자리로 돌아오셨다. 거절하는 연인 앞에 꽃다발을 들고 다시 나타나듯 주님은 오늘도 성전으로 나오셨다. 백성들이 모여들었다. 이들은 예수님을 온전히 받아들이지도 않으면서 뭐 때문에 이른 아침부터 꾸역꾸역 모여들었을까? 귀를 즐겁게 하려는 것이었을까? 오늘 펼쳐질 2차전이 궁금한 것이었을까?

서기관과 바리새인들이 데려온 여자를 보라. 현장에서는 격렬하게 저항했을지 모르지만 무기력한 짐승처럼 끌려온 여자는 아무 소리도 못 지르고 얼굴은 창백해져서 공포에 질려 있었다. 이내 말씀을 경청하던 무리들이 웅성거리더니 저주와 경멸의 눈빛을 쏟아부었다. 종교지도자들은 자신들의 의의 구둣발 아래 한 여자의 영혼을 완전히 짓밟고 있었다.

그러고는 존중하는 척 예수님을 높여 부른다. "선생님!" 왜였을까? "당신 꽤 가르치던데, 율법을 가르치는 선생이라면 이정도는 알아야 하겠지! 모세는 율법에서 이런 것들(헬라어 원어 직역)은 확 돌로 쳐서 죽이라고 했지! 이제 선생님은 뭐라고 말씀하시겠는가?" 말씀을 가르치는 선생이라면 율법을 가르칠 의무가 있는데 당신은 뭐라고 하겠느냐는 질문이었다.

"누구든지 남의 아내와 간음하는 자 곧 그의 이웃의 아내와 간음하는 자는 그 간부와 음부를 반드시 죽일지니라"(레 20:10). "너희는 그들을 둘 다 성읍 문으로 끌어내고 그들을 돌로 쳐죽일 것이니"(신 22:24). 율법서에서 간음한 자를 공개처형하라는 것은 모든 이웃이 참여하라는 명령으로서 그 일을 통해 죄에 대한 경각심을 가지라는 일벌백계一罰百戒의 의미였다.

하지만 서기관과 바리새인들은 율법을 평생 연구하는 삶을 살았음에도 그 순간 무엇이 옳고 그른지 관심이 없었다. 그저 어떻게든 예수를 체포할 구실을 찾고 싶을 뿐이었다. 토라(율법)와 미슈나(토라에 대한 해석)의 규정에 의하면, 결혼이나 약혼을 한 여인이 간음하다 현장에서 잡히면 죽이도록 했다. 하지만 로마법으로는 유대인에게 처형할 권한이 없었다.

이런 상황에서 만약 여자를 처형하라고 하면 반제국주의자가 되는 것이고, 만약 여자를 처형하지 말라고 하면 반율법주의자가 되는 것이었다. 저들은 예수님을 도저히 빠져나갈 수 없는 궁지로 몰아넣었다. "당신이 하나님의 말씀을 잘 가르친다고 설치고 다니면서 우리를 우습게 만들었지? 어디 한번 이 난제를 풀어보시지!" 하며 지켜보았다.

이들은 정말 간악한 자들이었다. 만약 예수가 돌로 치지 못하게 한다면 예수를 유대교의 이름으로 정죄할 것이고, 만약에 예수가 돌로 치게 한다면 예수를 로마법의 규정으로 체포하면 된다. 진퇴양난의 함정으로 예수를 몰아넣고 잡히기만 기다리는 상황이었다. 순전하신 주님이 저들을 어떻게 이기시려는가?

예수님의 침묵이 답변이었다

"예수께서 몸을 굽히사 손가락으로 땅에 쓰시니"요 8:6.

서기관과 바리새인들만 흥분을 감추고 있는 게 아니었다. 성전 앞 사람들도 흥분을 감출 수 없었다. 도대체 이 상황에서 예수님이 무슨 말씀을 하실까? 비참한 심정으로 벌벌 떨고 있는 여자는 안중에도 없었다. 조금 전까지 듣던 예수님의 말씀보다도 지금 종교지도자들이 던진 자극적인 질문이 더욱 그들의 구미를 당기고 있었다.

서기관과 바리새인들이 양쪽을 번갈아 보고 있다. 이편에 있는 예수가 과연 뭐라고 답을 할 것인가. 반대편에 있는 사람들이 뚫어지게 쳐다보고 있지 않은가. 이제 간음하던 여자를 잡아 왔고 이 여자를 미끼로 예수를 잡을 차례다. 자신들의 심판대 위에 여자와 예수를 동시에 세운 것이다. 하지만 이것은 함정수사 아닌가. 기획된 범죄와 고발 아닌가. 여인은 죽을 수밖에 없는 상황이었고 예수님은 정죄당할 수밖에 없는 상황이었다.

그런데 예수님이 갑자기 몸을 굽히신다. 손가락으로 땅에 무엇인가를 쓰신다. 대답할 말을 정리하느라 시간을 보내는 것일까? 그런데 계속 그러고만 계신다. 정적이 흐르다가 사람들이 웅성거리기 시작했다. 그러거나 말거나 예수님은 계속 침묵하셨다. 지금 여인의 상황도 긴박하고 예수님의 입장도 난처하지 않은가. 그런데도 아무런 말씀을 안 하셨다.

사람들은 예수님의 답변을 목이 빠지게 기다렸다. 그러나 예수님은 계속 침묵하셨다. 왜였을까? 예수님의 침묵, 그것이 예수님의 답변이었기 때문이다. 이 순간 예수님은 아무런 말씀이 없으셨다. 그들의 간악함과 거짓됨, 교만함과 완고함에 기가 차셨다. 언젠가 다 주님의 심판대 앞에 설 자들이 감히 주님을 정죄하다니!

예수님이 침묵하자 사람들이 수군거렸다. "뭐야? 왜 말이 없는 거야? 이 여자를 놔주겠다는 거야? 아니면 개입하지 않겠다는 거야? 이렇게 침묵으로 일관해서 이 상황을 피해 가겠다는 거야? 묵비권을 행사하는 거야?" 사람들의 수군거림이 분노의 아우성이 될 때까지 예수님은 아무런 말을 하지 않으셨다.

우리도 예수님의 침묵이 달갑지 않을 때가 있지 않은가. 욥의 고난에 침묵하셨던 하나님, 다윗이 광야 10년을 도망하는 동안 언제 끝날 것인지 말씀하지 않으셨던 하나님, 이 상황에서 어떻게 침묵하실 수 있냐고, 무슨 말씀을 하셔야 할 게 아니냐고 우리도 끊임없이 하나님께 외치지 않는가. 그러나 침묵도 그분의 답변이요 응답임을 받아들이자. 그 순간 침묵이 그분의 가장 선한 반응이기 때문에 침묵하시는 것이다.

예수님의 침묵을 본받아

예수님은 말씀이 적으신 분일까, 많으신 분일까? 예수님은 "태초부터 있는 생명의 말씀"(요일 1:1)이시고, "말씀이 육신이 되어"(요 1:14) 우리 가운데 오신 분이며, "진리"(요 14:6) 그 자체이신 분이다. 예수님은 생명의 말씀으로 만물과 만민을 창조하셨고, 약속의 말씀대로 오셔서 우리를 구원하셨으며, 예언의 말씀대로 최후 심판주가 되실 것이다.

그런 예수님께서 침묵을 선택하시다니 놀랍지 않은가! 성경을 보라. 하나님은 결코 말수가 적으신 분이 아니다. "내가 너를 창조했고 내가 너를 사랑한다. 그래서 네가 범죄하고 타락했지만 절대로 너를 버리지 않는다. 예수의 십자가 죄 사함을 믿고 살아라. 천국에서 보자!" 이렇게 간단하게 말씀하시면 얼마나 좋은가. 그런데 중요한 내용만 모았는데 성경 한 권이다!

언제 예수님은 침묵하시는가? 자신이 성자이심을 드러내지 않으려고 하실 때다. 나병환자를 치유하시고도(막 1:44), 회당장 야이로의 딸을 살려내시고도(눅 8:56), 맹인들의 눈을 뜨게 하시고도 "삼가 아무에게도 알리지 말라"(마 9:30)고 하셨다. 왜였는가? 우리가 1장 "예수님의 승리를 본받으라"에서 이미 보았던 대로다. 예수님의 침묵은 예수님의 자기 확신이었다.

우리 같으면 "내가 하나님의 아들인데 말이야!" 하고 얼마나 알리고 싶었겠는가. 그러나 예수님은 자신을 떠벌리기보다 조용히 사명을 감당하셨다. 예수님은 자기 과시 욕구도 자기 증명 욕구도 없으셨다. 아버지가 나를 아시고, 내가 나를 알고, 내가 하는 일이 나를 증명하고, 성경이 나를 증명한다고 하셨다.

우리가 예수님의 침묵을 본받아 산다면, 교회는 평안해질 것이다. 사람이 자기 증명 욕구가 강하면 불필요한 말들이 많다. 교인 중에는 다른 교인들에게 내가 어떻게 기도하고 내가 어떻게 사역하고 내가 어떻게 헌금한다고 과시하는 경우가 종종 있다. 모든 기도와 봉사는 은밀한 중에 아버지 앞에 올려 드리지 않으면 천국의 상급도 없을 것이다.

언제 또 예수님은 침묵하셨는가? 말하는 것이 무의미해지는 순간에는 굳이 말하지 않으셨다. 공회에서 심문을 받으실 때 예수님은 저들의 고발에 침묵하셨다. "예수께서 침묵하시거늘 대제사장이 이르되 내가 너로 살아 계신 하나님께 맹세하게 하노니 네가 하나님의 아들 그리스도인지 우리에게 말하라"(마 26:63).

예수님이 침묵하신 것은 대답하는 것이 무의미했기 때문이다. "거만한 자를 책망하지 말라 그가 너를 미워할까 두려우니라"(잠 9:8). 저들은 예수님이 무슨 말을 해도 믿을 마음이 없었다. 때로 가정에서, 일터에서, 교회에서 오해를 받을 때가 있다. 그러나 오해는 말한다고 풀리지 않는다. 오해하고 싶어서 오해하는 사람 앞에서는 해명하려 할수록 더 어려워질 뿐이다.

운동선수들도 마찬가지다. 중요한 경기를 앞두고 상대 선수를 조롱하고 공격하는 말을 트래시 토크trash talk라고 한다. 여기에 감정적으로 대응하면 경기에 집중하지 못하게 된다. 그래서 일부러 심리전의 일환으로 트래시 토크를 한다. 그럴 때는 느헤미야처럼 "너희는 말해라. 나는 내 길을 간다"라는 마음가짐이 필요하다. 그래야만 사명에 집중할 수 있기 때문이다.

회사에서나 학교에서 부정적이고 공격적인 언어를 사용하는 사람에게 해명하려 하지 말라. 그런 일이 반복되면 천적관계만 고착화된다. 오히려 그들의 거짓된 의도를 파악하고 침묵하라.

예수님은 사람들이 스스로 자신의 언어를 반추하도록 침묵하시기도 했다. 이번 사건에서도 그렇다. 그들의 분노가 발화점까지 끓어오르도록 기다리셨다. 그러고는 한 번에 뒤집으실 참이었다. 복싱도 축구도 모든 운동이 상대방을 과도하게 공격하면 역습 공간이 나오기 마련이다.

예수님이 계속 아무런 말씀을 하시지 않으면 이제 곧 성전 앞은 저들의 소리만 메아리치게 될 것이다. 때로는 자녀들이 말도 안 되는 논리로 부모를 비난할 때가 있다. 거기에 맞서 싸우지 말고 침묵하라. 그러면 자신의 공격적인 언행이 심하다는 것을 스스로 깨닫는 지점에 이르게 된다. 마치 성질이 나서 공을 냅다 던졌는데 벽에 맞고 자기 얼굴을 때리는 것과 같은 효과다.

"할 수 있거든 너희로서는 모든 사람과 더불어 화목하라

… 네 원수가 주리거든 먹이고 목마르거든 마시게 하라 그리함으로 네가 숯불을 그 머리에 쌓아 놓으리라 악에게 지지 말고 선으로 악을 이기라"(롬 12:18, 20-21). 다툼을 다툼으로 이기려 하지 말고 침묵으로 다툼을 이기라. 분노로 분노를 이기려 하지 말고 평안으로 분노를 이기라.

군중 속에 숨어 있지 마라

> "그들이 묻기를 마지 아니하는지라 이에 일어나 이르시되 너희 중에 죄 없는 자가 먼저 돌로 치라 하시고 다시 몸을 굽혀 손가락으로 땅에 쓰시니 그들이 이 말씀을 듣고 양심에 가책을 느껴 어른으로 시작하여 젊은이까지 하나씩 하나씩 나가고 오직 예수와 그 가운데 섰는 여자만 남았더라"요 8:7-9.

할 말이 없으신 예수님 반대편에 할 말이 많은 사람들이었다. 침묵하고 계신 예수님 앞에 거품 물고 따지는 사람들이었다. 그러나 이제 곧 예수님이 입을 여시면 상황은 순식간에 반전되리라. 예수님이 이 죄악 세상을 보고도 침묵하시는 것이 정말 하실 말씀이 없어서일까? 인내하고 기다려 주고 계신 것이다. 스스로 우리의 모습을 보기 원하시기 때문이다.

그들의 분노의 정점에 예수님이 "고개를 드시고"(요 8:7, 공동번역) 말씀하셨다. 두 발로 일어서신 것이 아니라 굽혔던 몸만 펴고 말씀하셨다. "너희 가운데 죄 없는 사람이 먼저 나와서 이 여인에게 돌을 던져라." 순간 사람들은 멍해졌다. "방금 우리가 들은 말이 뭐지?" 돌을 던지지 말라고 했는가? 아니, 돌을 던지라고 했다. 그러나 아무도 던질 수가 없었다.

"너희 중에"라는 말은 너희 모두가 해당된다는 뜻이었다. "너희는 정말 죄가 하나도 없느냐?" 예수님의 질문 앞에 그들이 뭐라고 마음속으로 답했겠는가. 세상에 죄가 없는 사람이 누가 있겠는가. 그 질문을 통과할 사람은 아무도 없었다. 더구나 밤새 음녀를 잡으려고 혈안이 되었던 저들은 심각한 죄를 짓고 있는 중이었다.

저 종교인들과 유대인들의 죄목은 무엇이었는가?

첫째, 밤새 매복하여 쳐다보며 간음죄 짓는 것을 방조한 방조죄. 둘째, 간부도 처형해야 하는데 놓아 준 범인은닉죄와 범인도피죄. 셋째, 백성에게 바른 것을 가르칠 의무를 게을리한 직무 태만죄. 넷째, 자신도 죄인인 무자격자가 판사가 되려 한 무면허 사기죄. 다섯째, 음란한 생각과 행동을 하지 않은 사람이 없으니 음란죄.

예수님은 침묵하셨는데 나는 속이 타서 저들의 죄목을 다 얘기해 버렸다.

"먼저 돌로 치라!" 죄 없으신 주님이 준엄한 공의의 눈빛으로 바라보며 말씀하시니 저들은 순간 얼음이 되어 버렸다. 감히 누구 하나 옆 사람과 말할 수도 없었다. 한순간에 예수님이 심판대에서 내려오시고 성난 군중이 심판대 위에 서게 되었다. "군중 속에 숨지 말고 자신 있는 사람은 한 걸음 나와라. 무리 가운데 섞여서 다 같이 외치면 스스로 의로운 줄 아는가!"

"돌로 쳐라! 죄가 없다면! 누가 먼저 나오겠는가!" 이미 짱돌을 하나씩 집어 들고 팻대를 올리며 소리를 지르고 있던 사람들이 다 멈춰 서고 말았다. 남의 죄를 들춰내며 즐기는 영적 관음증觀淫症 환자들이 자신의 벌거벗겨진 수치에 어쩔 줄을 몰라 했다. "비판을 받지 아니하려거든 비판하지 말라 너희가 비판하는 그 비판으로 너희가 비판을 받을 것이요"(마 7:1-2).

나도 회개할 것이 많은 죄인이다. 내가 누군가가 잘못이 있다고 돌을 던지려고 하면, 주님은 꼭 "너도 그 잘못이 있다"는 것을 보여 주신다. 아내에게 물건을 자꾸 흘리고 다닌다고 핀잔을 주면 꼭 내가 중요한 걸 흘린다. 새벽에 목회자들 왜 안 나오냐고 책망하고 나면 내가 꼭 새벽에 알람을 못 듣고 못 나온다. 그리고 나면 주님이 내게 말씀하신다. "너나 잘해라. 너만 잘하면 된다." 그러면 나는 슬그머니 돌을 내려놓게 된다.

내 영혼의 모순명제

우리도 이 성난 군중과 다를 바가 없다. 우리 영혼의 모순명제에 빠질 때가 많기 때문이다. "왜 하나님은 세상의 악인들과 죄인들을 심판하지 않으시고 그대로 방치하시고 방관하시는가?"라고 질문하는 이들이 많다. 그러나 예수님은 우리에게 반문하신다. "그러는 너에게는 악이 없느냐? 그러는 너는 죄인이 아니냐?"

하나님이 우리를 참아 주신 것처럼 세상 사람들을 참아 주시는 것이 불공평한가? 하나님이 죄인들과 악인들을 때마다 심판하실 참이었다면 인류 역사는 벌써 종말을 고했을 것이다. 이미 노아 홍수 때 최후 심판이 왔어야 했다. "주의 약속은 어떤 이들이 더디다고 생각하는 것같이 더딘 것이 아니라 오직 주께서는 너희를 대하여 오래 참으사 아무도 멸망하지 아니하고 다 회개하기에 이르기를 원하시느니라"(벧후 3:9).

놀랍게도 예수님은 간음한 여인도 정죄하지 않으셨고 성난 군중도 정죄하지 않으셨다. "너, 맨 앞줄 오른쪽 첫 번째! 너는 이런 죄를 지었지! 너, 가운데 뒤에서 두 번째! 너는 어젯밤에 저런 죄를 지었지! 너, 왼쪽 끝에! 지난여름에 네가 한 짓을 내가 다 알려 주마!" 이렇게 말씀하지 않으셨다. 예수님은 정죄하러 오신 분이 아니라 구원하러 오신 분이기 때문이다.

모든 사람이 죄인이고(롬 3:23) 의인은 하나도 없지 않은가(롬 3:10). "너희 중에 죄 없는 자가 과연 있느냐?"라는 주님의 말씀은 그들 영혼에 지진파처럼 울리기 시작했고, 누구도 그 자리에 계속 서 있을 수가 없었다. 인생을 조금이라도 더 살았던 사람부터 하나둘씩 돌을 내려놓고 자리를 뜨기 시작했다.

우리도 얼마나 정죄에는 빠르고 사죄에는 느린가? 우리가 속죄받은 영혼임을 잊는다면 자기 의와 정죄라는 두 가지 가시가 우리의 영혼을 끊임없이 찌를 것이다. 나는 어려움 가운데 있는 성도들을 상담하면서 때로 당혹감을 느낀다. 우리가 우리 자신을 너무나 모르고 있다는 생각 때문이다.

"어떻게 남편이 나에게 이럴 수 있나요? 어떻게 아내가 나에게 이럴 수 있나요? 어떻게 부모가 나에게 이럴 수 있나요? 어떻게 자식이 나에게 이럴 수 있나요? 어떻게 친구가 나에게 이럴 수 있나요?" 그러면 나는 그들에게 조용히 되묻는다. "남편, 아내, 부모, 자식, 친구이기 이전에 인간입니다. 인간이 어떤 존재인지 모르시나요?"

"아니요. 인간이 그러면 안 되는 거죠! 인간이면 그럴 수 없는 거죠!" "그런가요? 인간은 정말 심각하게 타락한 가망성 없는 죄인입니다. 그중에서 내가 최악의 죄인입니다. 그걸 모르시나요?" 인간에게 무슨 기대를 걸 수 있는가? 인간은 의지할 대상이 아니라 사랑할 대상이다. 인간은 전적 신뢰의 대상이 아니라 긍휼과 구원의 대상이다.

자기 자신을 속이지 말라. 내가 가장 심각한 죄인임을 잊지 말라. 스스로 영혼의 거울을 들여다보라. "미쁘다 모든 사람이 받을 만한 이 말이여 그리스도 예수께서 죄인을 구원하시려고 세상에 임하셨다 하였도다 죄인 중에 내가 괴수니라"(딤전 1:15). 바울의 사역에 평생 복음의 능력이 나타났던 이유는, 그에게 있어 복음은 단순한 교리가 아니라 자신의 이야기였기 때문이다.

나는 내가 얼마나 심각한 죄인이었는지 안다. 그래서 뉴스나 신문에서 반인류적 범죄를 저지른 흉악범을 보면 '사람이 어떻게 저럴 수 있지?'라는 생각이 들기보다 '나도 저 사람처럼 역기능적인 환경에 있었다면 저러지 않았겠는가'라는 생각이 든다. 그러고는 가슴을 쓸어내리고 옷깃을 여민다. 나 같은 죄인 살리신 주 은혜가 놀라울 뿐이다!

예수님은 무엇을 땅에 쓰셨는가?
예수님의 첫 번째 침묵이 스스로 돌아볼 시간을 주신 것이라면, 예수님의 두 번째 침묵은 스스로 돌아설 시간을 주신 것이었다. 예수님은 참 인격적인 분이 아니신가! 스스로 돌이켜 보고 스스로 결단할 수 있도록 기다려 주셨기 때문이다.

신약 통독을 할 때 이 본문에서 사람들이 가장 많이 질문한 것이 있다. "도대체 예수님이 땅바닥에 쓰신 것은 무엇이었나요?" 과연 무엇이었을까? 처음 고개를 숙이셨을 때는 "스스로 돌아봐라" 쓰셨다가 두 번째 고개를 숙이셨을 때는 "스스로 돌아가라" 쓰셨을까?

이 사건을 기록한 요한은 참으로 섬세한 사람이었다. 예수님의 대사, 표정, 침묵, 제스처까지 그대로 사진처럼 기억하고 알려 준 제자였다. 그래서 다른 공관복음서에서 볼 수 없었던 예수님의 진면목과 내면까지 보게 해준다. 그런데 그런 섬세한 관찰자 요한조차도 기록하지 않았다는 것은 그도 주님이 흙바닥에 쓰신 것을 정확하게 알 수가 없었기 때문이다.

많은 학자들이 궁금해하고 많은 독자들이 궁금해하지만, 진노의 글을 쓰셨는지, 아버지께 기도하셨는지, 혼잣말로 안타까움을 쏟으셨는지, 관련 성경 구절을 쓰셨는지 오직 주님만이 아신다. 모두가 추정일 뿐이고 정확한 내용은 하나도 없다. 그러나 주님이 쓰신 글이 무엇인지 아는 것보다 주님의 마음을 아는 게 중요하지 않겠는가.

만약에 베드로 같은 제자가 "주님, 뭘 쓰신 겁니까?"라고 묻는다면, 주님은 이렇게 답하실 것 같다. "아무것도 아니다." 주님의 침묵 그리고 한마디 말씀이 주시는 가슴 뭉클한 메시지가 있지 않은가. "내가 너희 죄를 다 알고 있다. 다만 말하지 않을 뿐이다. 이제는 그만 그 죄의 자리에서 돌이키면 좋겠구나."

만약 하나님께서 오늘 내 앞에 오셔서 최후 심판대에서처럼 나의 죄목을 낱낱이 밝히신다면 나는 감당하지 못한다. 지금 주님이 당신의 삶에 침묵하고 계신 것이 불만이라면, 당신을 은혜 가운데 기다리고 계신다는 사실을 깨달으라. 당신의 불만이 그분을 피고석에 앉혔을지라도 그분이 곧 자리에서 일어나 재판석에 앉으시면 그때는 너무 늦어지게 된다.

흙으로 지어진 인간들이 돌을 들고 악을 쓰는 순간, 예수님은 흙바닥을 내려보셨다. 돌은 골리앗과 같은 원수에게 던져야 하는 것이요, 흙은 진토같이 연약한 우리를 주님이 긍휼히 여기사 덮어 주실 때 쓰는 것이 아닌가. "이는 그가 우리의 체질을 아시며 우리가 단지 진토임을 기억하심이로다"(시 103:14, 개역한글).

그래도 여전히 주님이 땅에 쓰신 글이 궁금한 분들이 있을 것이다. 그러나 이제는 눈을 돌려 주님의 시선을 따라가 보아야 하지 않겠는가. 성경이 굳이 땅바닥을 줌인해서 클로즈업하지 않았다면, 그리고 주님이 진심으로 바라보는 곳은 다른 곳이었다는 것을 깨닫는다면, 이제는 우리도 주님의 시선이 머무는 곳을 바라보아야 한다.

유일하게 대화할 수 있는 한 사람

"예수께서 일어나사 여자 외에 아무도 없는 것을 보시고 이르시되 여자여 너를 고발하던 그들이 어디 있느냐 너를 정죄한 자가 없느냐 대답하되 주여 없나이다 예수께서 이르시되 나도 너를 정죄하지 아니하노니 가서 다시는 죄를 범하지 말라 하시니라"
요 8:10-11.

소리치던 사람들이 하나둘씩 다 빠져나갔다. 이제 성전 앞에는 예수님과 여자만 남아있었다. 예수님이 다시 고개를 들어 여자를 바라보셨다. 서기관들과 바리새인들은 여자를 끌고 와서 가운데 세운 것(3절)이 아니라 "두었다"(헬라어 원어 직역). 질질 끌려온 여자가 무슨 힘이 남아있다고 성난 군중 앞에 서 있었겠는가. 지금 예수님은 여자와 같은 눈높이에서 바라보고 계셨다.

"여자여, 너를 고발하던 자들이 어디 있느냐? 이제는 너를 정죄하는 자가 없느냐?" 예수님은 여자가 심각한 죄를 지었음에도 인격적으로 부르시며 말씀하신다. 종교지도자들과 성난 군중에게는 촌철살인寸鐵殺人으로 말씀하시던 주님이 여자에게는 매우 친절하게 상황 정리를 다 해주었다는 이야기를 하셨다.

얼마나 감사한가! 주님이 우리를 정죄하지 않으시면 세상의 그 누구도 우리를 정죄할 수 없다. "그런즉 이 일에 대하여 우리가 무슨 말 하리요! 만일 하나님이 우리를 위하시면 누가 우리를 대적하리요! 누가 능히 하나님께서 택하신 자들을 고발하리요! 의롭다 하신 이는 하나님이시니 누가 정죄하리요! 죽으실 뿐 아니라 다시 살아나신 이는 그리스도 예수시니 누가 우리를 그리스도의 사랑에서 끊으리요! 어떤 피조물이라도 우리를 우리 주 그리스도 예수 안에 있는 하나님의 사랑에서 끊을 수 없으리라!"(롬 8:31, 33-35, 39)

그제야 여자는 고개를 들고 주위를 둘러본다. 그러고는 답한다. "주여!" 돌로 처맞아 죽어도 할 말이 없었던 인생이었기에 그녀는 간신히 대답한다. 그러나 분명하게 고백한다. 그녀에게 예수님은 율법의 "선생님"이 아니라 생명의 "주님(헬라어, 퀴리오스)"이셨다. 오늘 아침까지 자신과는 아무 상관 없다고 생각했던 그분이 바로 내 생명의 주인이요 구주가 되셨다!

"없나이다." 왜 없는가? 아직 한 분이 남아있지 않은가. 그녀를 정죄할 수 있는 단 한 분은 바로 예수 그리스도이셨다! 아무 죄가 없으신 참되신 한 분! 그런데 예수님께서 말씀하신다. "나도 너를 정죄하지 아니하노니 가서 다시는 죄를 범하지 말라." 예수님은 그 순간 그녀의 목을 휘감고 있던 정죄의 사슬을 끊어 버리셨다.

예수님은 그날 아침 성난 군중과는 대화하지 않으셨다. 그들은 대화를 할 수 있는 정상적인 컨디션이 아니었기 때문이다. 그러나 단 한 사람과 대화하셨다. 간음죄를 저지른 여자였다. 아무도 그녀와는 대화할 생각이 없었다. 오직 정죄와 심판만을 내리려 할 뿐이었다. 그러나 예수님은 생각이 다르셨다.

그녀의 죄가 이미 만천하에 드러난 상황에서 예수님은 오히려 죄목을 언급도 하지 않으시고 따스한 음성으로 그녀를 감싸 주시며 말씀하셨다. "많이 두려웠지? 네 인생 그동안 많이 힘들었지? 하지만 저들의 정죄가 너를 죽이는 것이 아니란다. 너의 죄가 너를 죽이는 거란다. 어둠 가운데 살지 말고 빛 가운데 살아가렴. 나는 네가 꼭 잘 살았으면 좋겠다."

예수님은 언제 침묵하시는가? 여기에서 네 번째 이유가 등장한다. 예수님은 우리의 죄를 용서하셨기 때문에 침묵하신다. "그들의 죄와 그들의 불법을 내가 다시 기억하지 아니하리라"(히 10:17). 우리도 자녀들이 작은 잘못들을 할 때는 잔소리를 하지만, 대형 사고를 쳤을 때는 그냥 안아 준다. 자기도 얼마나 큰 잘못을 쳤는지 알고 충격받는 경우가 많기 때문이다.

한 여집사가 매일 교회에서 살다시피 예배의 자리, 섬김의 자리에 나왔다. 그런데 그 집 아들은 학교에서 사고 치고 정학을 당하더니 아예 학교를 그만두고 집에 들어앉아 밤새 게임만 했다. 그 상황을 아는 다른 교인들이 수군거리기 시작했다. "저 집사님은 아들 포기했어? 뭐가 좋다고 매일 저렇게 웃으면서 사역해?"

그분이 새벽마다 나와서 얼마나 통곡하며 기도하는지 저들은 모른다. 그 기도의 시간이 있었기에 낮에 웃으면서 사역할 수 있었던 것이다. 완전히 엇나가 버린 아들을 무슨 수로 고치겠는가. 수년간 아들을 혼내지 않고 그저 밥 해주고 축복해주기만 했다. 그런데 그 사랑에 힘입어 그 아들이 어느 날 대학에 가고 결혼까지 하는 것을 보았다. 때로 고난 중에 있는 성도가 침묵할 수 있는 것은 그가 기도 가운데 자신의 아픔을 하나님 앞에 다 쏟아놓았기 때문이다.

진실을 알면서도 회피하려고 침묵하는 것은 타협이다. 반면에 뭐라고 말해야 할지 모를 때는 그저 조용히 있어야 한다. 장례식장에서는 누구를 만나든 "안녕하세요"라고 인사하지 말라. 지금 모두가 안녕하지 못해서 모여있는 곳이 아닌가. 그저 목례만 하면 된다. 때로는 무언의 언어로 진심을 전해야 한다. "웅변은 은이요 침묵은 금이다."

그 여인은 어떻게 되었을까?

성경통독을 하면서 많은 사람들이 가장 궁금해하는 것은 '예수님이 바닥에 쓰신 글이 무엇일까'였다. 하지만 예수님이 그날 아침 가장 궁금해하신 것은 '과연 이 여인이 앞으로 죄에서 벗어나 잘 살 수 있을까'가 아니었겠는가. 왜 우리는 그녀에게 관심이 없는가. 우리나 성난 군중이나 호기심이 우선순위인 것은 다르지 않다는 생각이 들었다. 한 사람의 인생이 사느냐 죽느냐의 기로에 서 있었다. 인생은 호기심이 아니라 진심이어야 한다.

조금 전까지 여자는 다 죽은 목숨이었다. "이제 이렇게 끝나는구나." 인생의 후회와 회한에 사로잡혔을 것이다. 사람들을 쳐다볼 용기도 없고 고개만 떨구고 있었다. 사람들의 비난 소리가 자신을 향해 폭풍처럼 몰아치더니 이내 그 비난 소리는 예수님을 향해 쏟아졌다. 사람들 손에 쥐어졌던 돌들은 나를 향하기만 한 것이 아니라 예수님을 향한 것이었다.

돌을 내려놓고 떠나야 했던 사람 중에는 여전히 분하게 여긴 사람들도 있었다. 특히나 서기관과 바리새인들은 자신들의 계획이 어긋나게 되자 주님을 향해 이를 갈며 떠났다. 주님은 여자가 받아야 할 비난을 대신 받으셨고 여자가 맞아야 할 돌도 대신 맞으실 참이었다. 주님은 그렇게 한 영혼을 살리실 때마다 십자가를 지시는 각오로 영혼의 진심을 다하셨다.

사실 이 이야기는 요한복음 7장 53절부터 8장 11절까지

대괄호([])로 묶여 있다. 왜일까? 성경 사본을 연구하는 학자들 간의 의견 불일치 때문이다. 고대의 사본에는 없던 본문이므로 원문에 없던 본문이라는 주장과 초대교회의 금욕주의적 관점 때문에 일부 사본에서 제외되었지만 역사적으로, 사본학적으로 포함되어 있는 본문으로 보는 것이 맞다는 주장이 팽팽하다.

이 이야기는 초대교회 교부들도 받아들이기 힘들어했다. 2-3세기 기독교 윤리와 이교도 윤리를 구분하는 척도가 간음이었던 만큼, 오리겐도 터툴리안도 간음은 죄질이 심해서 회개할 수조차 없다는 강경한 입장이었다. 그러나 탕자였다가 돌아온 어거스틴은 간음죄도 하나님께서 용서하신다는 수용적 입장이었고, 제롬도 라틴어 성경 안에 이 이야기를 재수록했다.

성경 필사자들조차 도저히 이런 내용은 성경에 받아 줄 수 없다고 누락시킨 경우가 있었지만, 지금도 성경에는 이 간음한 여자를 용서하신 주님의 이야기가 기록되어 있다. 왜인가? 주님은 그 누구도 주님의 은혜를 받을 대상에서 누락시키지 않으시기 때문이다.

그렇다면 그녀는 과연 예수님의 당부대로 가서 다시는 죄를 짓지 않았을까. 경찰에게 붙잡힌 절체절명의 순간, 사제의 "내가 준 은그릇이요"라는 한마디에 목숨을 건졌던 장발장이 이후로 변화된 인생을 살았던 것처럼, 그녀도 완전히 새로운 인생을 살지 않았겠는가. 이미 그녀는 성전 앞에서 죽음을 경험했고 주님의 부활 생명을 체험했기 때문이다.

　　전날 예수님은 성전에서 외치셨다. "누구든지 목마르거든 내게로 와서 마시라!" 그러나 아무도 오지 않았다. 그런데 다음 날 한 여자가 끌려왔다. 그리고 그녀만이 그 생명수를 마시게 되었다.

4장. 예수님의 침묵을 본받으라
나눔 질문

Q1 현대 사회, 특히 대한민국 사회는 불면에 시달리게 만드는 사회입니다. 일과 성공, 쾌락의 중독으로 인해 우리의 수면 패턴 자체가 창조의 질서와 상당히 멀어져 있는 경우가 많습니다. 나는 일과 쉼, 낮과 밤의 균형을 어떻게 이루고 살아가고 있는지 나눠 봅시다. • 잠 못 이루는 대한민국(요 8:1-3)

Q2 예수님의 침묵은 무의미한 해명을 거절하고, 오히려 상대가 스스로 돌아보게 하는 시간이었습니다. 가정에서나 교회에서 불필요한 다툼을 줄이고 평안을 지키기 위해 내가 선택해야 할 '침묵'의 지혜는 무엇일까요? • 예수님의 침묵을 본받아(요 8:6)

Q3 누군가를 정죄하고 돌로 쳤을 때, 하나님께서 "너도 똑같은 죄인이다. 이제 그만 돌을 내려놓아라"라고 말씀하시는 것을 경험한 적이 있습니까? 비판을 받고 싶지 않으면 비판하지 말라고 하신 예수님의 말씀을 어떻게 생각합니까? • 군중 속에 숨어 있지 마라(마 7:1-2)

Q4 공동체나 사회에서 집중적으로 비난받는 사람을 볼 때 함께 돌을 던지는 자리에 서거나 호사가처럼 궁금해하지 않았는지 자신을 돌아봅시다. 나는 심각한 죄인도 긍휼히 여기셨던 예수님의 진정성으로 사람들을 대하고 있습니까? • 예수님은 무엇을 땅에 쓰셨는가?(시 103:14)

Q5 군중은 한 여인을 정죄했지만, 예수님은 정죄 대신 긍휼을 선택하심으로 여인의 삶을 변화시키셨습니다. 나는 가정에서나 공동체에서 문제가 많다고 생각되는 사람을 정죄하기보다 긍휼히 여김으로 그의 삶에 선한 영향력을 미치고 있는지 나눠 봅시다. • 유일하게 대화할 수 있는 한 사람(요 8:10-11)

"여호와의 인자하심과 인생에게 행하신
기적으로 말미암아 그를 찬송할지로다"
시 107:8

5장

예수님의 기적을 본받으라

마가복음 6장 31-44절

열심히 일한 당신 떠나라

"이르시되 너희는 따로 한적한 곳에 가서 잠깐 쉬어라 하시니 이는 오고 가는 사람이 많아 음식 먹을 겨를도 없음이라 이에 배를 타고 따로 한적한 곳에 갈새"막 6:31-32.

"열심히 일한 당신 떠나라!" 2002년 한 카드회사 광고 카피가 온 국민의 마음을 울렸다. 세계에서 유난히 열공하고 열일하는 대한민국 사람들에게 청량제 같은 광고였기 때문이다. 인생에는 쉼이 필요하다. 그래서 하나님은 낮과 밤을 만드셨고, 일정 시간이 지나면 집으로 돌아가야 하고 밥도 먹어야 하고 잠도 자야 하도록 설계하셨다.

그날 제자들은 열심히 일한 뒤였다. 예수님이 열두 제자를 파송하셔서 이스라엘의 각 고을을 다니며 복음을 전하고 귀신을 쫓아내고 병자를 고치게 하셨기 때문이다. 제자들은 자신들의 아웃리치 사역 뒷이야기를 예수님께 자랑스럽게 고했다. "사도들이 예수께 모여 자기들이 행한 것과 가르친 것을 낱낱이 고하니"(막 6:30).

선교여행을 떠나면 고생이다. 낯설고 물선 곳에서 사람들에게 다가가야 하고 영적 전쟁도 치러야 하고 아낌없는 헌신을 해야 하기 때문이다. 그런데 제자들의 사역은 놀라웠다. 아니 가히 폭발적이었다. 예수님이 행하시던 기적들을 본인들의 손으로 행하게 되니 어찌 아니 감격했겠는가. 그 순간 모든 것을 내려놓고 주님을 따르기를 잘했다는 생각이 들었을 것이다.

그러나 선교여행의 후유증도 있다. 열심히 사역했던 만큼, 놀라운 은혜와 기적을 체험했던 만큼, 원래의 자리로 돌아와서 하는 사역이나 예배에서 예전만큼 감흥을 느끼지 못하는 것이다. 일종의 역효과다. 은혜의 정점을 경험한 것이 웬만한 것에서는 은혜를 느끼지 못하고 감사를 느끼지 못하게 만들기 때문이다. 이럴 때는 전환점이 필요하다.

그래서 예수님은 제자들에게 수고했다며 "한적한 곳에 가서 잠깐 쉬라"고 하셨다. 이에 제자들은 배를 타고 예수님과 함께 갈릴리 사역 주 무대였던 가버나움을 떠나 호수 반대편 벳새다로 이동했다. 예수님의 말씀과 기적에 사람들이 계속 몰려들다 보니 잠시도 쉴 여유가 없었기 때문이다. 그래서 배를 타고 호수 반대편으로 빠르게 움직였다.

"그들이 가는 것을 보고 많은 사람이 그들인 줄 안지라 모든 고을로부터 도보로 그 곳에 달려와 그들보다 먼저 갔더라"(막 6:33). 갈릴리 호수는 폭이 최대 12km, 길이가 최대 21km 되는 바다 같은 호수다. 그런 넓은 호수에서도 온 갈릴리 사람들이 예수님 일행의 움직임을 실시간으로 파악하고 있었다. 수많은 이들의 목격담과 입소문의 SNS 뉴스가 돌아다녔기 때문이다.

약속과 다르게 행동하시다니!

"예수께서 나오사 큰 무리를 보시고 그 목자 없는 양 같음으로 인하여 불쌍히 여기사 이에 여러 가지로 가르치시더라" 막 6:34.

더 놀라운 것은 예수님의 배가 도착할 곳을 미리 알고 사람들이 먼저 도착해 있었다는 사실이다. 제자들은 이들을 보고 적잖이 놀랐을 것이다. 조금은 무섭기도 하고 상당히 버겁기도 했을 터이다. 아이돌 스케줄을 파악하고 공항 입국장에 몇 시간 전부터 장사진을 치는 열성팬들의 모습과 다를 바가 없었다. 제자들의 마음은 얼마나 도망치고 싶었을까.

그러나 예수님의 시선에는 그들이 목자 없는 양처럼 보였다. 이스라엘은 언덕과 들판마다 양떼를 치지만 어디서도 목자 없는 양 무리는 상상하기 어렵다. 양들은 시력이 1미터가 안 되기 때문에 잠시만 방치해도 길을 잃고 수풀에 걸리고 구덩이에 빠진다. 양들을 빈 들에 버려두면 이리떼가 와서 물어가고 만다. '목자 없는 양' 무리는 절대 일어나지 말아야 하는 상황이었다.

예수님은 가버나움에서 떠나올 때 제자들과 했던 약속은 까맣게 잊으셨는지, 무리들이 불쌍해 보인다고 앉혀 놓고 말씀의 꿀을 먹이기 시작하시는 게 아닌가! 제자들은 속으로 생각했을 것이다. '우리와 하신 약속도 있으니까 잠시만 하시겠지. 처음으로 전도여행을 마친 날 우리끼리 회포도 풀어야 하고, 매일같이 달리던 일정도 잠시 쉬어야 하는 타이밍이니까.'

그런데 예수님께서 그렇게 시작하신 사역이 끝날 기미가 보이지 않았다. 말씀의 꿀을 어떻게든 많이 먹여 주시려고 "여러 가지로 가르치"셨고(막 6:34), 가난하고 병들어서 의사도 만나 보지 못한 많은 병자들을 고쳐 주시느라(마 14:14) 시간은 하염없이 흘렀다. 게다가 이때는 "유월절"(요 6:4)이어서 버려진 이들을 구원해 주고 싶으신 주님의 마음은 측은지심으로 가득했다.

그러니 종일 기다린 제자들의 속이 얼마나 어려워졌을까. 마을마다 자신들을 환대해 주고 치유와 기적 앞에 환호해 주던 무리들은 반가웠지만, 자신들의 쉼과 안식의 영역까지 침범해 들어오는 저들은 결코 달갑지 않았다. 어찌 보면 제자들에게 이들은 그저 사역의 대상일 뿐이었고, 자신들의 능력을 테스트해 볼 실험자들일 뿐이었으며, 예수님의 제자로서 자신들의 명성을 높여 주는 이름 없는 군중일 뿐이었다.

그러나 예수님의 마음은 달랐다. 너무나 불쌍한 마음에 뭐든지 해주고 싶으셨다. 제자들에게 쉬라고 해놓고서는 마냥 기다리고 있는 사람들을 끌어안고 하루 종일 섬기셨다. 빨리 끝나기를 이제나저제나 기다리는 제자들은 아랑곳하지 않으시고 그렇게 사람들 가운데 파묻혀서 하루 종일 가르치고 고치고 섬기셨다.

꼭 있어야 할 것이 없는 인생들

예수님이 보시기에 그들은 '목자 없는 양' 무리였다. 그러나 목자 없는 양은 생존하지 못한다. 그러기에 목자는 잠시 자리를 비우게 될 경우 삯꾼을 데려다 놓든, 이웃 주민에게 부탁을 하든 해야 한다. 그런데 정말 이들에게는 아무도 없었다. 그 시대 유대인들은 신앙적으로도 정치사회적으로도 공황 상태panic state에 빠져 있었다. 갈 길을 잃었다. 앞이 보이지 않았다.

평소 아무 일 없는 것처럼 살지만, 꼭 있어야 할 인생의 요소가 없는 채로 살아가는 사람들이 얼마나 많은가! 자식 없는 설움에 성소 바닥에서 울부짖으며 기도했던 한나처럼, 평생 이스라엘 백성을 인도하면서도 대인기피증에 시달렸던 모세처럼, 부모도 가족도 친구도 없이 광야에 버려져 도망 다녀야 했던 다윗처럼 사는 이들이 지금도 있다. 내일을 내다볼 수 없고, 오늘 숨이 붙어 있는 것도 기적인 사람들이 있다.

우리네 인생에는 있어서는 안 되는 일들이 일어나고, 사라져서는 안 될 것이 사라진다. 아비가 없는 자녀, 자식을 잃은 부모, 남편이 떠난 아내, 나라를 잃은 백성, 꿈을 잃은 젊은이, 순수함을 잃은 어린이, 일터를 잃은 일꾼, 믿음을 잃은 그리스도인, 교회는 다니지만 더 이상 교회를 신뢰하지도 못하고 목사를 존경하지도 못하고 하나님을 사랑하지도 못하는 사람들이 있다.

빈 들에서 만나는 '목자 없는 양' 같은 인생들이 있다. 2001년 처음 해외에서 강사 초빙을 받은 적이 있다. 대만에 있는 대북한인교회에서 청소년 수련회 강사로 와달라고 했다. 처음에는 '이제는 해외에서도 나를 초대해 주는구나' 하는 뿌듯한 마음이 들었다. 그런데 막상 가보니까 아이들은 30명인데 교사는 유학 온 대학생 2명이었고 청소년들을 처음 섬겨 본 분들이었다.

낮에는 레크리에이션 인도하고 계곡에 데려가 물놀이하고, 밤에는 기타 치며 찬양인도 하다가 설교하고, 그러다 다시 기도인도 하고···. 혼자서 다 하느라 정말 고생했다. 게다가 수련회 장소가 고산지대에 있는 시골 교회당이었는데, 습하고 더운 지역에 에어컨도 없고 선풍기도 한 대밖에 없었다. 찬양인도를

10분만 해도 땀이 비 오듯 했다.

그런데 거기서 정말 소중한 아이들을 만났다. 캠프가 일요일부터 화요일까지의 일정이어서 토요일에 도착했는데 교회에 S군이 찾아와 있었다. 부모님과는 갈등을 빚고 학교에서는 패싸움하고 시험 때 부정행위를 해서 정학 맞은 고등학교 1학년 남학생이었다. 머리는 불꽃 모양으로 올렸고 그 위에 온통 반짝이를 뿌렸다. 얼굴은 조각한 것처럼 잘생긴 친구였다.

사실 이 친구는 학교에서도 가정에서도 문제였지만 교회에도 잘 안 나오는 친구였다. 그래서 첫 만남에 나름 긴장하고 있었는데, 내가 한국에 전화를 해야 한다고 하니까 친절하게 국제전화카드 사는 것을 도와주는 게 아닌가. 말하는 것이나 행동하는 것에 따듯함이 느껴지는 친구였다. 수련회 3일 동안 S군은 닫혔던 마음을 열고 하나님을 뜨겁게 만났다.

S군은 마지막 날 밤 상담을 요청하더니, 자신의 불행한 가정사를 밝혔다. 아빠와 엄마가 사랑하지 않는 결혼을 한 뒤 아빠는 아들을 보면 엄마가 보이고 엄마는 아들을 보면 아빠가 보이니, 아빠도 엄마도 아이를 미워했다. 아이를 집에서 굶기고 때리고 학대했다. 그래서 빗나가기 시작했던 것이다. 부모에게 사랑받지 못하는 아이가 세상에 어디 있겠는가? 그런 아이가 어떻게 인생을 살아갈 수 있겠는가? 그런데 그런 아이들이 있다. 너무나 많다.

수련회를 은혜 가운데 마친 뒤 대북한인교회 담임목사님

이 "언제 또 대만에 오겠습니까? 관광을 시켜 드리겠습니다"라고 하셨다. 그러나 나는 정중하게 거절했다. S군과 만나기로 이미 약속을 했기 때문이다. 만나서 버블티도 먹고 샤브샤브도 먹고 즐거운 시간을 가졌다. 내가 조심스럽게 물어봤다. "왜 학교에서 정학을 받았어?" 그때 S군이 이런 말을 했다. "부모도 날 버렸고 하나님도 날 버렸다고 생각했는데 친구들마저 날 버리면 난 갈 데가 없잖아요."

밤새 숙소에서 S군을 비롯해서 몇몇 친구들과 이야기를 나누고 기도했다. S군은 다음 날 공항에까지 따라왔다. 공항에서 헤어지는데 너무나 눈물이 났다. 부모 없는 아이를 외딴섬에 두려니 발걸음이 떨어지지 않았다. 한국에 와서 주일 아침에 대만에 전화했다. "○○야, 일어나야지." "네, 전도사님." "너 이젠 주일에 꼭 교회 가는 거야. 알았지?" "네, 걱정하지 마세요."

그해 여름에 한국에서 단기선교팀이 두 팀이 왔는데, 딱 그 시기에 통역을 해줄 청년이 아무도 없었다. 그래서 이 친구가 엉겁결에 목사님의 요청을 받고 선교팀 통역을 맡게 되었다. 그리고 목사님의 말씀을 통역하다가 큰 은혜를 받게 되었다. 그때부터 이 청년은 새로운 결단을 하고 공부하기 시작했고 아시아에서 손에 꼽는 대만대학교에 입학하게 되었다.

아웃리치를 갈 때마다 '이 한 사람 때문에 내가 여기에 왔구나'라는 것을 느끼게 하는 사람이 있다. 집회를 갈 때마다 '오늘 나를 이곳에 보내셔서 이 메시지를 꼭 듣게 하고 싶으신 사람이 있구나'라는 것을 깨닫게 된다. 예수님은 '목자 없는 양'을 절대 포기하지 않으신다. 그분이 친히 우리의 선한 목자가 되어 주시기 때문이다.

"그의 거룩한 처소에 계신 하나님은 고아의 아버지시며 과부의 재판장이시라"(시 68:5). 하나님은 홀로 천상의 거룩한 성소에 편히 계실 수 없는 분이시다. 하나님은 아비 없는 고아들에게는 반드시 아버지가 되어 주시고, 남편 없는 과부들을 괴롭히는 자가 있으면 그들을 막아 주시고 재판장이 되어 주시는 하나님이시다.

우리도 할 만큼 했습니다!

> "때가 저물어가매 제자들이 예수께 나아와 여짜오되 이곳은 빈 들이요 날도 저물어가니 무리를 보내어 두루 촌과 마을로 가서 무엇을 사 먹게 하옵소서"막 6:35-36.

제자들은 지쳐 있었다. 그렇게 그들의 공식적인 휴일Day-off은 사역으로 끝나 버렸다. 도대체 이 사람들은 떠날 생각을 하지 않는다. 저녁이 되면 집에 가든지 해야 하는데 말이다. 물론 예수님이 사역을 주도하셨지만, 옆에서 도울 일들도 많이 발생하고 많은 인파로 인해 질서를 유지하거나 이래저래 챙겨야 할 일들이 끊임없이 나오지 않았겠는가.

게다가 날이 저물어간다. 이스라엘은 일교차가 매우 크기 때문에 해만 떨어져도 추위가 스며들기 시작한다. 더욱이 갈릴리는 가운데에 호수가 있고 주변은 병풍처럼 산들이 둘러 있기 때문에 밤에는 훨씬 추워지고 호수에는 풍랑까지 이는 날도 있다. 그런데 예수님은 도무지 끝낼 생각이 없으시다. 조명도 없고 가로등도 없는데 어둑해진 시간까지 멈추질 않으신다.

제자들 입장에서는 참을 만큼 참았다. 그래서 한두 명도 아니고 "열두 사도"(눅 9:12)가 단체로 와서 예수님을 설득한다. 이 정도면 단체 교섭 아닌가. 퇴근 시간을 보장해 달라는 것이다. 직장 상사 중에 꼭 그런 사람 있잖은가. 쉬는 날 전화해서 급한 일 생겼으니 회사 나오라고 하는 상사 말이다. 그날 예수님은 제자들에게 그렇게 피곤함을 주는 상사였다.

제자들은 예수님에게 압박 아닌 압박을 했다. "선생님, 정말 아무 생각이 없으십니까? 여기는 장소도 외진 곳이죠, 지금 시간도 많이 늦었죠. 이제는 사람들을 보내셔야 합니다. 가까운 마을이나 동네로 보내십시오. 그래야 각자 뭘 사 먹든지 하지 않겠습니까."

예수님이 사람들을 불쌍히 여기시는 그 마음을 제자들이 모를 리 없으니까, 예수님의 동정심에 호소해 보려고 시도했다. "낮에 보냈으면, 아니 늦은 오후에라도 보냈으면 그나마 나았을 텐데요. 주님, 지금이라도 보내셔야 이 사람들도 어디 가서 요기할 수 있습니다."

아마도 베드로가 이미 구시렁거렸을 것이다. "아, 우리 주님, 너무 사역에 몰두하시네. 한번 마이크 잡으시면 내려놓을 줄을 모르시고, 사람들만 보면 좋아서 어쩔 줄을 모르시고 어떻게 하냐. 애들아, 더는 못 기다리겠다. 철수하자. 예수님께 가서 항의하자."

제자들의 말이 틀린 것은 아니었다. 지극히 현실적인 판단이었다. 더 이상 시간을 지체하다가는 책임지지 못할 상황이 벌어질 판이었다. 주님이 어떻게 저들의 생계까지 책임지시겠는가? 이들을 다 데리고 공동체 생활이라도 하시겠는가? 밤까지 붙잡아 두시면 어쩌자는 것인가? 온전한 인생이 된다는 것은 결국에 홀로서기를 하는 것 아닌가. 목자가 없어도, 가족이 없어도, 길이 보이지 않아도 스스로 자기 인생을 책임지고 버텨내게 해야 하는 것 아닌가.

우리도 이런 마음이 들 때가 있다. 가정에서 "나도 할 만큼 했다!" 싶은 순간이 있다. 교회 봉사를 하다가 "저도 할 만큼 했습니다!" 싶은 지점이 있다. 너무 지쳐서 계속 가다가는 폭발하거나 무너질 것 같은 지점 말이다. 이만큼 해줬으면 그다음은 스스로가 책임져야 하는 게 아닌가! 자녀들에게 먹을 것, 입을 것, 잠잘 것 다 해결해 줬으면 이제는 스스로 일어나야 하지 않는가. 교인들에게 영적인 꼴을 먹였으면 육의 양식은 스스로 채워야 하는 것 아닌가!

한번은 캐나다 원주민 사역을 하시는 선교사의 이야기를

들었다. 보호구역 안에는 백인 선교사도 있고 한인 선교사도 있는데 유독 원주민들은 한인 선교사들을 좋아한다고 한다. 왜냐하면 백인 선교사들은 근무 시간office hour이 있어서 아침 9시부터 오후 6시 사이에 찾아와야만 도와주기 때문이다. 물론 서양 선교사들은 그렇게 자기 관리를 하기 때문에 장기 사역을 감당할 수 있다.

하지만 원주민들은 하루 24시간 문제를 끊임없이 일으킨다. 알코올 중독, 마약 중독, 자살, 강간과 성폭행 등. 원주민들이 밤 12시에도 찾아오고 새벽 5시에도 찾아온다. 그런데 한인 선교사들은 그런 원주민들을 그냥 받아 준다. 어떤 날은 집에 들여서 밥을 해 먹이고 옷을 입혀 주고 잠을 재워 준다. 원주민들은 자신들을 사역의 대상이 아닌 가족으로 받아 준 선교사들에게 마침내 마음의 문을 연다. 그들에게서 예수님의 무한한 긍휼의 마음을 느끼기 때문이다.

내가 네 인생을 책임지겠다

"대답하여 이르시되 너희가 먹을 것을 주라 하시니 여짜오되 우리가 가서 이백 데나리온의 떡을 사다 먹이리이까"막 6:37.

제자들이 단체로 항의하며 예수님에게 합리적으로 제안을 하는데도, 예수님은 온화한 표정으로 그들에게 말씀하셨다. "갈 것 없다 너희가 먹을 것을 주라"(마 14:16). 아니, 제자들이 이렇게 친절하게 상황 설명을 해드렸는데도 예수님은 저들이 떠날 필요가 없다고 하시다니! "미안하다. 힘든 것 이해하는데 그래도 해보자" 그런 뉘앙스가 전혀 아니지 않은가.

제자들은 예수님이 또 일을 만드신다고 생각했을 것이다. "예수님, 당신은 일 중독입니다!" 하루 종일 사역하고 나서도 이 많은 사람들에게 어떻게든 음식을 먹이겠다는 생각을 하다니, 제자들은 도저히 이해가 가지 않았다. 장정만 5천 명이요, 남녀노소 다 합하면 1-2만 명이나 되는 무리였다. 당시 갈릴리 주변 마을들의 평균 인구가 5백에서 1천이었다. 그렇다면 이날 모인 사람들은 몇십 개 마을에서 몰려든 인파였던 것이다.

예수님도 물러나지 않으셨지만, 이번에는 제자들도 물러나지 않았다. "장정만 5천 명입니다. 이 사람들에게 떡 한 조각씩만 입에 물려 주려고 해도 200데나리온(현 시세 2천만 원)의 돈이 필요합니다. 그 큰돈이 우리에게 있기나 합니까? 아니 그 많은 양의 떡을 어느 마을에서 구합니까? 아니 산다고 한들 누가 배달을 해줍니까? 말이 되는 이야기를 하십시오!"

밑도 끝도 없이 너희가 먹을 것을 주라니! 아무리 존경하는 주님이지만 제자들은 부당한 명령을 용납할 수 없었다. 그러나 예수님은 이 불쌍한 사람들을 먹여서 보내기 원하셨다. 종일 굶어서 배고픈 사람들, 그들의 주린 배를 채워 주고 싶으셨다. 집에 가다가 쓰러지지는 않을까, 추운 밤에 배를 곯다가 아프지는 않을까, 그들을 향한 사랑에 안타까운 마음뿐이었다.

그런데 제자들은 이제 목에 핏대를 세우며 안 된다고, 그건 불가능하다고 외친다. 거의 파업할 분위기다. 그러나 열두 제자를 선교여행 보내실 때 예수님이 뭐라고 하셨는가? "명하시되 여행을 위하여 지팡이 외에는 양식이나 배낭이나 전대의 돈이나 아무것도 가지지 말며"(막 6:8). 하나님은 그들이 어디를 가든 누구를 만나든 먹이셨고 입히셨고 재우셨고 보호해 주셨다. 그들 손에 아무것도 없는데도 하나님은 그들을 풍족하게 먹이셨다.

그런데 그들은 그 하나님의 은혜는 까맣게 잊고 지금 이 사람들을 우리가 어떻게 먹이느냐고 말하고 있다. 자신들이 선교여행하면서 아무것 없이도 채움 받은 것은 믿음이었고, 이 목자 없는 무리들이 아무것 없이 의지하는 것은 대책 없는 인생이라고 본 것이다! 우리가 왜 그들의 먹는 것까지 책임져 줘야 하냐고, 왜 우리가 이렇게까지 희생해야 하냐고 말하다니!

예수님은 그들에게 양이 아니라 목자의 심정을 가지라는 말씀을 하고 계셨다. "너희가 먹을 것을 주라." 저들을 향해 목자의 마음, 목자의 눈물, 목자의 심장을 가지라는 명령이다. 하나님도 너희를 먹이시고 입히셨는데 너희는 왜 그들을 먹이려 하지 않느냐! 밑바닥 인생이던 너희를 제자로 불러 세웠더니 감사와 은혜는 사라지고 사람들을 숫자로만 보고 있느냐!

너희가 먹일 마음을 가지면 너희가 그들을 먹이는 것이 아니라 하나님이 그들을 먹이실 것이다. 목자가 양을 먹이는 것인가, 양이 목자를 먹이는 것인가? 당연히 목자가 양을 먹이는 존재다. 그러나 제자들에게 무리들은 자신들의 만족을 위한 사역 대상일 뿐, 내 시간과 생명까지 내어주고 싶은 양 무리가 아니었다! 혹시 오늘날 한국교회가 이렇지 아니한가! 목자가 양 무리를 위해 희생해야 하는데, 성도들이 목사를 위해 희생하게 만들고 있지 않은가. 한국교회는 깨어 일어날지어다! 예수님의 목자의 심정을 회복할지어다!

"나는 선한 목자라 선한 목자는 양들을 위하여 목숨을 버리거니와"(요 10:11). "나는 하늘에서 내려온 살아 있는 떡이니 사람이 이 떡을 먹으면 영생하리라 내가 줄 떡은 곧 세상의 생명을 위한 내 살이니라 하시니라"(요 6:51). 생명을 다해 우리를 살리신 예수님이시다. 그날 예수님은 사람들에게 떡을 먹이고 싶으신 게 아니라 당신의 피와 살을 먹이고 싶으셨던 것이다.

결국 그날 5천 명의 사람들을 먹인 것은 200데나리온의 돈도 아니었고, 결국에 구해 온 오병이어도 아니었다. 그날 그들을 먹인 것은 예수님의 포기하지 않는 사랑이었다. 그렇다. 누구도 당신의 인생을 대신 책임져 줄 수 없다. 그러나 단 한 분 예수님만은 당신의 결핍의 인생, 절망의 인생, 무너진 인생을 책임져 주신다. "내가 네 인생을 책임지겠다." 이 말은 그 누구도 할 수 없는 말이다. 오직 십자가에서 생명을 주실 예수님 외에는.

사랑하는 만큼 갈 수 있다

바로 전날까지 귀신을 쫓아내고 질병을 치유하고 하나님의 사랑을 전하던 제자들이었다. 그러던 이들이 빵 나눠 주는 사역 앞에서는 우리가 왜 이런 고생까지 해야 하는가 의문을 품었다. 그런데도 예수님은 "이것도 동일하게 귀중한 하나님의 일이다. 너희는 그들을 사랑하는 것이냐, 그저 사역을 하는 것이냐?" 물으신다.

주님은 제자들에게 그저 떡 한 조각을 던져 주라는 것이 아니셨다. 진실한 사랑을 주라는 말씀이었다. 밥 한 끼를 차려 주라는 것이 아니라 사랑을 주라는 것이다. "지쳐서 돌아온 네 남편에게, 홀로 사춘기 고민에 빠진 네 자녀에게 사랑을 먹여 주라." 사실 종일 굶고 사역한 것으로 치면 제자들이 더 피곤했겠는가, 예수님이 더 피곤하셨겠는가! 예수님은 제자들에게 끝까지 마음가짐을 가르치고 계셨다. "아니다. 그렇게 하는 게 아니다. 사역이 아니라 사랑이다."

사랑하면 하지 못할 것이 없다. 사랑하면 하나님께서 내게 맡겨 주신 그 어떤 삶의 자리도 사소할 수 없고, 하나님이 내게 맡겨 주신 그 어떤 영혼도 그냥 지나칠 수 없다. 종종 남자친구, 여자친구의 문제를 고발하면서 "제가 언제까지 이 사람을 만나야 할까요?" 묻는 청년들이 있다. 그러면 대답해 준다. "사랑하는 만큼 가는 거란다. 문제가 없는 사람은 없잖니. 그 문제보다 내 사랑이 수위가 낮으면 거기까지인 거고, 그보다 높으면 품고 계속 가는 거란다."

다윗이 잘나갈 때는 찾아오지 않다가 다윗이 인생의 밑바닥으로 추락했을 때 찾아온 사람들이 있었다. 그때 "환난 당한 모든 자와 빚진 모든 자와 마음이 원통한 자가 다 그에게로 모였고"(삼상 22:2). 주님은 다윗의 마음에 말씀하셨다. "네가 빈 들에 버려져서도 양 무리를 최선을 다해 먹이고 돌봤던 것처럼, 저들을 먹여 주고 돌봐 주고 위로해 주어라."

이럴 때 우리는 주님께 항의한다. "주님, 저도 지쳤습니다. 제가 지금 누구를 도와줄 상황이 아닙니다. 왜 하나님은 제가 능력 있고 여유 있을 때 시키지 않으시고 제가 가장 지쳐 있을 때 이런 일을 시키십니까?" 그런가? 나의 최고의 능력이 무엇이라고 생각하는가? 체력이나 학력, 재력 같은 세상 능력이라고 생각하는가? 전능하신 하나님이 십자가를 선택하신 것은 오직 사랑만이 최고의 능력이었기 때문이 아닌가!

충분할까, 충분하지 않을까?

"이르시되 너희에게 떡 몇 개나 있는지 가서 보라 하시니 알아보고 이르되 떡 다섯 개와 물고기 두 마리가 있더이다 하거늘"막 6:38.

제자들이 불가능하다고 힘주어 말했는데도 예수님은 한 걸음도 물러서지 않으셨다. "너희에게 떡 몇 개나 있는지 가서 보라." 예수님의 접근법이 희한하지 않은가. 떡을 사 오라는 것도 아니고 가져오라는 것도 아니었다. 그냥 너희에게 떡이 몇 개 있는지 확인해 보라고 하셨다. 아니 종일 모두가 굶었는데 무슨 먹을 게 있다는 말씀인가?

그런데 그때 예수님의 마음을 읽은 사람이 있었다. "제자 중 하나 곧 시몬 베드로의 형제 안드레가 예수께 여짜오되 여기 한 아이가 있어 보리떡 다섯 개와 물고기 두 마리를 가지고 있나이다"(요 6:8-9). 예수님이 안드레를 보고 얼마나 기쁘셨을까! 모두가 화가 나서 주저앉아 있을 때 단 한 사람 안드레가 예수님이 원하시는 것을 찾아 무리 사이를 뛰어다니다가, 한 소년을 발견했다. 소년은 엄마가 싸준 도시락을 꺼내다가 딱 걸려서(!) 예수님 앞에 나아오게 됐다.

예수님이 보시기에 안드레도 기특하고 소년도 기특했으리라. 그리고 오병이어도 참 마음에 드셨으리라. 떡을 찾아오라고 했는데 떡은 다섯 개밖에 안 되고 두 마리의 물고기만 더 있었다. 어쨌든 합치면 일곱 아닌가. 하나님이 가장 좋아하시는 완전수 7이 되었다. 이 적은 숫자가 이 많은 무리에게는 턱도 없어 보이지만, 예수님이 보시기에는 완벽한 준비였다.

그리고 안드레의 작은 헌신, 소년의 작은 드림이 기적의 출발점이 되었다. 선지 생도의 아내가 문을 닫고 들어가 기름을 부을 때 한 방울이던 기름이 온 동네의 그릇에 다 차지 않았던가(왕하 4:1-7)! 광야 2세대가 요단강을 건널 때 제사장들이 강에 발을 디디자 강물이 멈추지 않았던가(수 3:1-17)! 기적은 작은 헌신에서 시작되는 것이며, 그 작은 순종에도 놀라운 일을 행하실 주님을 믿는 자에게 나타나는 법이다. 주님은 그렇게 우리를 기적의 통로로 쓰기 원하신다.

다만 여전히 제자들에게 오병이어는 충분해 보이지 않았다. 그래서 그들은 오병이어를 가져와서도 부정적으로 말했다. "우리에게 떡 다섯 개와 물고기 두 마리밖에 **없으니**"(눅 9:13). 선지 생도의 아내도 엘리사의 질문에 부정적으로 대답했다. "계집종의 집에 기름 한 그릇 외에는 아무것도 **없나이다**"(왕하 4:2). 제자들도 이 여인도 "없다"고 대답했다.

그러나 주님은 "있다"고 보셨다. 사실 오천 명을 생각하면 오병이어는 거의 제로(0)에 가깝다. 그러나 관점의 차이요 믿음의 차이다. 물이 컵에 반이 담겨 있을 때, 보는 이에 따라 다르게 생각한다. "물이 반밖에 남지 않았네." "물이 아직 반이나 남았네." 우리는 동일한 시간, 동일한 상황, 동일한 사건을 경험하면서도 믿음의 관점을 갖느냐, 못 갖느냐에 따라 완전히 다른 인생을 살게 된다. 누구에게는 늘 불가능하고, 누구에게는 늘 가능하기 때문이다.

모세가 하나님께 "저는 말을 못합니다"라고 말하자 하나님은 그에게 말씀하셨다. "아니, 너는 말을 잘 못할지는 몰라도 말을 못 하지는 않는다. 너는 말을 할 수 있다. 내 말을 전하기만 하면 된다." 다윗이 물맷돌을 들고 나갈 때 사울 왕도 이스라엘 전군도 그가 이길 수 없다고 생각했다. 그러나 하나님도 다윗도 물맷돌이면 충분하다는 것을 이미 알고 있었다.

당신에게 능력이 부족한가? 당신에게 경험이 부족한가? 당신에게 시간이 부족한가? 당신에게 건강이 부족한가? 그래서 주님이 내게 기꺼이 나누라고 하셔도 "저는 나눌 게 없습니다"라고 대답하고 있는가. 그러나 주님은 우리를 안타깝게 바라보시며 "네게 능력도 경험도 시간도 건강도 없는 게 아니란다. 다만 사랑이 없고 믿음이 없구나. 그걸 내게서 배우지 않겠니"라고 말씀하신다.

결국에 너희가 먹이지 않았느냐

"제자들에게 명하사 그 모든 사람으로 떼를 지어 푸른 잔디 위에 앉게 하시니 떼로 백 명씩 또는 오십 명씩 앉은지라 예수께서 떡 다섯 개와 물고기 두 마리를 가지사 하늘을 우러러 축사하시고 떡을 떼어 제자들에게 주어 사람들에게 나누어 주게 하시고 또 물고기 두 마리도 모든 사람에게 나누시매 다 배불리 먹고 남은 떡 조각과 물고기를 열두 바구니에 차게 거두었으며 떡을 먹은 남자는 오천 명이었더라" 막 6:39-44.

예수님이 제자들에게 명하셔서 모든 사람이 잔디 위에 눕게 하셨다! 여기서 "앉다"는 "모로 눕다^{recline}"라는 단어다. 그러니까 예수님은 마치 확성기라도 있는 듯 신나게 광고를 하신 것이다. "여러분, 지금부터 저녁 만찬을 시작하겠습니다! 전부 잔디 위에 누우십시오." 착한 양들은 전부 자리에 누웠다. 아무 먹을 것도 없는데 정말 가관이었으리라!

이제 제자들은 아무 말도 없었다. 주님의 성격을 알았기 때문이다. 하신다면 정말 하시는 분이니까. 주님의 의지가 이렇게까지 확고하시니 어쩌겠는가. 기뻐서 순종하는 것도 아니고 그다지 기대하는 것도 아니었다. 베드로는 엄청나게 투덜거렸겠고, 빌립은 여전히 계산기를 두드리며 "이건 아닌데" 싶었을 것이며, 도마는 "이런다고 뭐가 되겠어?" 의심하고 있었으리라.

사람들이 다 앉자 예수님은 오병이어를 두고 축사하셨다. 제자들도 무리들도 조금은 기대했을 것이다. '축복기도가 끝나고 나면 음식이 산더미처럼 되어 있을 수도 있겠지!' 그런데 기도가 끝나고 눈을 슬며시 떠봤는데 아무 일도 일어나지 않았다. 그런데도 예수님은 아무렇지 않게 떡과 물고기를 제자들의 손에 나누어 주셨다. 그러고는 제자들에게 나눠 주도록 하셨다.

그래서 나눠 주었다. 사람들에게 계속 나눠 주었다. 아니, 이게 어떻게 된 것인가! 음식의 나눔이 끝이 나지 않았다. 도대체 언제 어느 지점에서 음식이 늘어나고 있었던 것일까? 예수님이 계속해서 떡과 물고기를 제자들의 손에 나눠 주셨으니, 바로 그분의 손에서 기적이 일어나고 있었다! 그러나 그뿐만이 아니었다. 제자들이 자기 손에 받은 떡과 물고기를 계속해서 사람들에게 나눠 주었기 때문에 기적은 멈추지를 않았다!

　　예수님과 제자들의 협업 가운데 놀라운 배가multiplication의 기적이 일어났다! 예수님은 냉담한 제자들을 밀쳐 내지 않으셨고 그들이 직접 기적의 통로, 나눔의 통로가 되게 하셨다. 기적은 주님이 일으키시지만 나눔과 섬김은 사람이 직접 해야 하기 때문이다. 어느 순간 제자들은 이마에 땀이 흐르고 얼굴에 함박웃음을 지었으리라. 그런 제자들을 바라보면서 주님은 말씀하셨으리라. "결국에 너희가 먹인 거란다. 앞으로 너희는 좋은 목자들이 될 거다."

　　"굳이 이런 일을 할 필요가 있을까요? 예수님은 이 땅에 구원 사역을 하러 오신 분이지, 빵 나눠 주는 일을 하러 오신 분은 아니잖아요?"라고 질문할 사람도 있을 것이다. 그러나 예수님은 배고픈 자식에게 떡 하나라도 더 주고 싶은 아비의 마음을 가지신 분이 아닌가. 언제나 예수님의 삶은 최선 그 이상의 삶이었다. 그것은 바로 사랑에서만 흘러넘칠 수 있는 삶이었다.

진정한 기적은 무엇인가?

　　"요한의 제자들이 와서 시체를 가져다가 장사하고 가서 예수께 아뢰니라"마 14:12.

사실 오병이어 사건 전, 12제자의 전도 여행 외에 한 가지 사건이 더 있었다. 세례 요한의 죽음이었다. 예수님을 처음으로 세상에 증거했던 사람, 광야의 외치는 자의 소리가 되어 주님의 오실 길을 예비했던 사람, 예수님의 공생애 시작에 세례를 베풀었던 사람, 예수님보다 6개월 전에 태어났던 이종사촌 형 요한. 그는 헤롯 안디바에게 붙들려 생일날 사람들의 눈요깃거리로 처형된 후 목이 쟁반에 올려졌다.

예수님의 마음은 비참했다. 저들의 완악함이 짙은 어둠처럼 몰려왔다. 깊은 탄식이 흘러나왔다. 그다음 죽음의 그림자는 예수님을 덮칠 참이었다. 아직 공생애 사역의 시간이 필요하셨던 주님은 일부러 일 보 후퇴를 하셨다. 그래서 갈릴리의 중심지 가버나움에서 어부들의 마을 벳새다의 한적한 들판으로 발걸음을 옮기실 수밖에 없었다.

예수님의 마음은 심히 곤고했다. 제자들에게는 육체적인 쉼의 시간이 필요했지만 주님께서는 지친 영혼에 안식이 필요했다. 그런데 그 순간 빈 들에 버려진 양 무리처럼 오갈 데 없는 사람들이 주님을 기다리고 있는 게 아닌가. 주님은 속으로 눈물을 삼키시면서 그들을 맞이하셨다. 마치 일터에서 수모를 당하던 아빠가 집에 돌아와 현관문을 열기 전 탄식을 삼켜내듯, 밤낮으로 육아하고 살림하느라 지쳐 있는 엄마가 자기만 바라고 있는 아기 앞에서 눈물을 삼켜내듯, 예수님은 온화한 미소와 사랑으로 그들을 품어 주셨다. 당신의 아픔과 지침은 속으로 다 삼켜내셨다.

질문하게 된다. "예수님, 당신도 육신을 가지셨는데 몸의 피로와 마음의 아픔은 어떻게 하셨나요?" 주님이 너무 피곤하실 때는 풍랑 이는 바다 한가운데서 곯아떨어지셨고 오병이어의 기적으로 5천 명을 먹이신 날에는 제자들을 건너보내고 홀로 산에 올라가셨다. 아버지를 독대하는 시간이 예수님에게 너무나 간절히 필요하셨기 때문이다. 그러나 울며 보채는 아기에게 젖을 물리지 않을 수 없는 어미처럼 예수님은 그들부터 먼저 품어 주셨다.

"내 양 떼가 노략거리가 되고 모든 들짐승의 밥이 된 것은 목자가 없기 때문이라 내 목자들이 내 양을 찾지 아니하고 자기만 먹이고 내 양 떼를 먹이지 아니하였도다"(겔 34:8). 주님은 절대로 원수나 노략꾼들에게 당신의 양 무리를 내어주실 수 없었다. 그리고 그런 선한 목자의 마음을 가진 목자들을 오늘날에도 간절히 원하고 계신다.

21세기는 매우 합리적인 시대가 되었다. 워라밸Work & Life Balance을 말하는 시대다. 물론 필요한 개념이다. 그러나 양 무리를 위해 생명까지 내어줄 수 있는 목자들이 필요하다. 오늘날 목회자들에게 목양Shepherding이 일이 되고 사역이 되고 직업이 될까 봐 두렵다. 목양은 내 생명을 쏟아 생명을 살리는 일이다. 여기서 기적이 일어난다.

예수님의 기적은 선을 넘는 긍휼의 마음에서 시작된다. 예수님이 그들을 불쌍히 여기지 않으셨다면 오병이어의 기적은 일어나지 않았다. 아니 예수님이 선을 넘는 긍휼의 마음을 갖지 않으셨다면 굳이 영광의 하늘 보좌를 버리고 굶주린 영혼으로 죽어가는 우리에게 찾아와 당신의 피와 살을 생명의 음료와 양식으로 주지 않으셨을 것이다.

일을 하는 사람은 지친다. 그러나 사랑하는 사람은 지치지 않는다. 시키는 일을 하는 사람은 지친다. 그러나 사랑과 열정으로 달려가는 사람은 지치지 않는다. 사랑이 기적이다. 화려한 기계문명이 기적이 아니고, 높은 학력과 멋진 경력이 기적이 아니고, 사랑이 기적이다. 오직 사랑만이 진정한 기적을 만드는 힘이다.

제자들이 사랑해야 할 대상은 제자라는 위치나 사도라는 직함이 아니라 내게 맡겨진 영혼들이었다. 예수님은 지금도 그 마음으로 양 무리를 돌봐 줄 사람들을 찾으신다. 그렇게 자녀를 돌볼 부모, 그렇게 직원들을 돌볼 리더, 그렇게 성도들을 돌볼 목회자, 진정한 목자들을 찾고 계신다. "내 어린 양을 먹이라"(요 21:15). "내 양을 치라"(요 21:16). "내 양을 먹이라"(요 21:17) 간절히 부탁하고 계신다.

5장. 예수님의 기적을 본받으라
나눔 질문

Q1 예수님은 제자들과 함께 쉬기를 원하셨지만, 목자 없는 양 같은 무리를 보고 긍휼히 여기시며 가르치셨습니다. 예수님께서 어떻게 그런 상황에서도 진심으로 사역하실 수 있었는지 묵상해 보고, 내 삶 속에서 어떤 부분을 적용할 수 있을지 나눠 봅시다. • 약속과 다르게 행동하시다니(막 6:31-34)

Q2 예수님이 내게 지금 맡기신 일터의 자리, 육아의 자리, 사역의 자리가 너무 힘에 부치고 버거워서 그만 내려놓고 싶을 때가 있는지 나눠 봅시다. 그럼에도 주님의 마음으로 내가 바라보고 돌봐야 할 사람들이 있는지도 나눠 봅시다. • 꼭 있어야 할 것이 없는 인생들(막 6:34)

Q3 가정에서나 일터에서 '나도 할 만큼 했다'는 생각이 들거나 '도저히 더 이상 못 하겠다'는 마음이 드는 때가 있다면 나눠 봅시다. 나의 결핍의 상황을 가족과 이웃을 통해 채워 주셨던 일이 있다면 기억해 보고, 나도 그런 채움의 통로가 되기를 주님이 원하시고 있다면 나눠 봅시다. • 우리도 할 만큼 했습니다! 내가 네 인생을 책임지겠다(막 6:35-37)

Q4 제자들은 지친 상황에서도 계속해서 사람들을 섬기라는 주님의 요청에 원망과 불평을 드러냈습니다. 우리가 능력 이상의 일은 할 수 없다고 생각할 때, 능력이 아니라 사랑으로 하는 거라고 주님이 말씀하신 적이 있다면 나눠 봅시다. • 사랑하는 만큼 갈 수 있다(막 6:37)

Q5 오늘날 워라밸은 모든 이들이 중요하게 여기는 삶의 기준이 되어가고 있습니다. 그러나 세상이 말하는 효율성의 삶이 아니라 사랑으로 기적을 만드는 목자의 삶으로 주님이 부르신다면, 나는 어떻게 응답하겠습니까?
• 결국에 너희가 먹이지 않았느냐(막 6:41-44)

"새 계명을 너희에게 주노니 서로 사랑하라
내가 너희를 사랑한 것같이 너희도 서로 사랑하라"
요 13:34

6장

예수님의 사랑을 본받으라

요한복음 13장 1절

유월절 어린양이 되시다

"유월절 전에 예수께서 자기가 세상을 떠나 아버지께로 돌아가실 때가 이른 줄 아시고" 요 13:1.

예수님은 유월절 어린양이 되기 위해 이 땅에 오셨다. 예수님을 세상에 소개한 세례 요한이 외치지 않았는가. "보라 세상 죄를 지고 가는 하나님의 어린 양이로다"(요 1:29). 사도 바울도 고백했다. "우리의 유월절 양 곧 그리스도께서 희생되셨느니라"(고전 5:7). "인자가 온 것은 … 자기 목숨을 많은 사람의 대속물로 주려 함이니라"(막 10:45).

예수님은 십자가에 달리시기 전날 곧 유월절 만찬^{Passover}

supper 자리에서 제자들에게 자신의 생명을 대속물로 내어주실 것을 성만찬을 통해 보여 주셨다. 예수님은 제자들에게 무교병 떡을 주시면서 "받으라 이것은 내 몸이니라"(막 14:22)라고 말씀하셨고 포도주 잔을 나눠 주시면서 "이것은 많은 사람을 위하여 흘리는 나의 피 곧 언약의 피니라"(막 14:24)라고 말씀하셨다.

유월절은 구약 역사 최대의 사건이었던 출애굽을 가능하게 하신 놀라운 구원 사건을 기념하는 절기다. 하나님께서 애굽의 장자들을 치심으로 이스라엘을 구출해 내셨을 뿐 아니라, 어린양의 피를 문지방과 문설주에 바른 이스라엘 사람들의 생명을 보존하심으로 구원해 내셨기 때문이다. 이제 예수님은 다가오는 유월절에 어린양이 되어 전 인류를 구원하실 참이었다.

다만 구약의 유월절 어린양은 해 질 녘 성전에서 잡았지만, 어린양 예수는 아침 9시에 성전 밖 골고다 언덕 십자가 형틀에 달리실 참이었다. 예수님은 당신의 생명을 내어주심으로 하나님이 포기하실 수 없었던 우리의 생명을 건지고자 하셨다. 단순히 세상을 떠나 아버지께로 가심이 아니라, 아버지께서 가장 기뻐하시는 사명을 감당하고 가시고자 했다.

이것은 사랑에서 시작된 하나님 아버지의 대담한 계획이었고, 하나님의 미친 사랑이었다. 프랜시스 챈이 말한 것처럼, 그분의 미친 사랑 crazy love이 아니었다면 굳이 전능자께서 십자가에 달리는 비참하고 극단적인 고통을 선택하셨을까. 하나님은 사랑에 목숨을 거는 분이시기에 사랑에 모든 것을 거는 극단적인 계획을 세우셨던 것이다.

　사람들은 인생이 너무 살기 힘들 때나 역사를 너무 이해하기 어려울 때 "왜 하나님은 세상을 창조하셔서 인간을 이렇게 힘들게 하셨는가?"라고 질문한다. 그러나 하나님께서 인간의 고통을 예상 못 하시고 그저 심심풀이로 인간을 만드신 것이 아니다. 하나님의 창조는 우리의 상상을 초월할 정도의 진심에서 나왔다. 왜냐하면 당신의 아들을 제물로 바치는 가장 고통스러운 계획까지 결단하시면서 이 여정을 시작하셨기 때문이다.

인생의 때를 아는 지혜
"때가 이른 줄 아시고"(요 13:1). 예수님은 때를 아셨다. 지상에서의 공생애 사명의 시간이 완료되어 가고 있었다. 다시금 영원한 아버지의 나라로 진입하실 순간이 다가오고 있었다. 시간 여행을 마치시고 영원의 입구에 다가서시는 예수님을 보라. 그분은 시공간의 제약을 받는 육신을 입으셨지만 영원한 그리스도 아니신가. 그분은 때에 대해서 정확하게 통찰하고 계셨다.

　"하나님이 모든 것을 지으시되 때를 따라 아름답게 하셨고"(전 3:11). 인생은 시간의 미학이다. 꽃이 만개할 때가 있고, 열매가 충만하게 익을 때가 있고, 공부도 집중할 때가 있고, 일도 열심히 할 때가 있다. 영적으로도 기도해야 할 때가 있고, 하나님 앞에 머물 때가 있다. 그러므로 인생에서 지금 내가 어떤 때를 지나고 있는지를 아는 것이 큰 지혜다.

"그는 시냇가에 심은 나무가 철을 따라^{in season} 열매를 맺으며"(시 1:3). 인생에는 시즌이 있고 비시즌이 있다. 열심히 일할 낮이 있고 일하고 싶어도 쉬어야 할 밤이 있는 법이다. 여름철 해변가에도 겨울철 스키장에도 사람들이 인산인해를 이루는 것은 한때이기 때문이다. 지나고 나면 누리지 못한다. 봄날의 꽃구경도 가을의 단풍 구경도 철이 지나면 할 수가 없다.

그래서 모세가 기도하지 않았는가. "우리에게 우리 날 계수함을 가르치사 지혜로운 마음을 얻게 하소서"(시 90:12). 모세가 자기 인생이 그렇게 파란만장한 인생 드라마가 되리라는 사실을 알았겠는가. 40년은 이집트의 왕자로, 40년은 미디안의 목자로, 40년은 광야의 지도자로 살게 되리라고 예상하지 못했을 것이다.

왕자였을 때 모세가 그 화려한 생활이 끝날 때가 올 줄 알았겠는가? 목자로 초라하게 지낼 때 영적 지도자가 될 때가 올 줄을 꿈에나 알았겠는가? 인생은 고난의 때가 있는가 하면 부르심을 받는 때가 오는 법이다. 그리고 인생과 역사를 섭리하시는 하나님의 시간 스케줄은 정확하게 움직인다.

"지혜자의 마음은 때와 판단을 분변하나니"(전 8:5). 때를 분별한다면 두 가지 유익이 있다. 지금 누리는 인생의 고점高點도 지나갈 것이고, 지금 지나는 인생의 저점低點도 지나갈 것이다. 전부 한때라는 것을 안다면 고점에서도 교만하지 않을 수 있고 저점에서도 낙망하지 않을 수 있다. 또한 미래를 두려워 말고 지금의 인생에 집중하여 헌신해야 한다. 이 시간은 지나가고 나면 다시는 돌아오지 않는 단 한 번뿐인 시간이기 때문이다.

예수님의 지상 공생애의 시계가 멈출 때가 오고 있었다. 마지막 시간이 다가오고 있었다. 영원하신 분이 시간의 의미를 더 정확히 알고 계시다는 것이 놀랍지 않은가. 시간의 미로 속에 살고 있는 우리는 길이 잘 보이지 않지만, 오히려 영원의 전망대에서 내려보실 수 있는 주님이야말로 시간의 의미, 시간의 미학을 정확하게 간파하고 계셨다. 우리도 시간에 대한 그분의 관점이 열린다면, 얼마나 놀라운 통찰력과 지혜를 얻을 수 있겠는가!

한정된 시간 속에 산다는 것은

사람들은 끝날 때가 되면 집중력이 흐트러진다는 말을 자주 한다. 학생들은 기말시험도 끝나고 진학시험도 끝난 졸업 학기의 마지막 달이 되면, 수업에 거의 집중하지 못한다. 선생님들도 그것을 알기 때문에 수업 시간에 재미있는 이야기를 들려주거나 영화를 보여 주는 경우가 많다. 그래서 인생도 마무리를 잘 한다는 것이 언제나 쉽지가 않은 법이다.

그러면 예수님은 어떠셨는가? "와, 내가 정말 제대로 알아듣지도 못하는 제자들 훈련시키느라 얼마나 고생했는가. 내게 무작정 대적하고 반대하는 유대인들 때문에 얼마나 고생했는가. 이제 마지막 일주일 남았는데 좀 쉬다가 가자!"라고 하셨는가? 전혀 그러지 않으셨다. 그렇다면 예수님은 마지막 순간까지 무엇을 하셨을까?

30대 초반 밴쿠버에서 목회할 때 정말 생명을 드려 사역했던 적이 있다. 교회도 건강하게 부흥했고 도시에도 연합예배운동이 일어났다. '블레싱 캐나다Blessing Canada'라는 예배 콘퍼런스를 통해 놀라운 하나님의 역사를 체험했다. 그때가 밴쿠버에서 목회한 지 4년 차 되는 가을이었다. 이제 온누리교회 서울 본부에서 부를 때가 되지 않았나 하는 생각이 스쳐 지나갔다.

바로 그 시점에 하나님께서 특이한 꿈을 보여 주셨다. 꿈에서 나는 서울행 비행기 티켓을 들고 있었다. 짐을 다 꾸린 다음 캐리어를 끌고 길가에 서서 나를 픽업해서 공항에 데려갈 차를 기다리고 있었다. 그런데 차가 오지 않는 것이다. 이 동일한 꿈을 하나님은 이틀 동안 똑같이 보여 주셨다. 그래서 알게 되었다. 한국으로 가겠지만 아직 때가 아니라는 것을….

그 가을에 주일 3부 청년부 설교를 하고 있었는데, 그날따라 청년들의 태도가 마음에 들지 않았는지 설교하다가 말고 청년들을 책망했다. "내가 정말 코스타Kosta부터 국내외 청년 집회를 많이 다녀봤지만, 너희처럼 자세가 안 좋은 청년들은 없었다!" 극장식 좌석에 반쯤 드러누워서 설교를 듣는 둥 마는 둥 하는 그들이 한심스러웠다.

그렇게 설교를 하고 내려오는데 성령님께서 나를 책망하셨다. "네가 뭐라고 이 아이들을 책망하느냐. 네가 정말 그들을 사랑하느냐? 정말 사랑하지 않으면 잔소리하지 마라." 나는 청년들이 문제라고 생각했는데 성령님이 오히려 나를 책망하시자 나는 적잖이 놀랐다.

그러고 나서 기도하는데 하나님께서 내게 이 구절을 주셨다. "그리스도 안에서 일만 스승이 있으되 아버지는 많지 아니하니 그리스도 예수 안에서 내가 복음으로써 너희를 낳았음이라"(고전 4:15). 그때부터 성인 공동체들은 부목사들에게 맡기고 청년부를 맡아서 돌보기 시작했다. 청년 순장들을 집에 데리고 와 자식처럼 밥을 먹이고 함께 기도하고 성경공부를 했다. 그러자 늘 일찍 가려던 순장들이 새벽 1시가 되어도 집에 가려고 하지 않았다.

이듬해 5월이 되어 지금은 작고하신 하용조 목사님이 전화를 주셨다. 지금 온누리교회 청년부가 급하니 여름에 들어오라는 말씀이었다. 차세대와 청년 사역을 마치고 이미 성인 사역 중인데 다시 청년 사역을 하리라고는 전혀 예상하지 못했다. 그러나 하나님은 나의 때를 알고 계셨고, 청년들을 아들딸처럼 사랑하는 마음을 가지라고 미리 준비시켜 두신 것이었음을 알게 되었다.

하나님의 사람들은 하나님의 때에 하나님의 부르심을 따라 길을 간다. 내가 속한 조직이 결정하는 것 같고, 인사를 담당하는 사람들이 다 정하는 것 같지만, 아니다. 하나님의 사람들의 때와 자리는 하나님이 결정하신다. 그리고 그 부르심의 자리는 양지이든 음지이든 우리가 최선을 다해야 하는 자리다. 최선을 다해 일해야 하는 자리일 뿐 아니라 우리에게 맡겨 주신 사람들을 최선을 다해 사랑해야 하는 자리다.

오늘이 내 인생의 마지막 날이라면
예수님은 공생애 마지막 시기에 은퇴 발표를 하시거나 마지막 긴 휴가를 가지 않으셨다. 자기 사람들을 사랑하시되 끝까지 사랑하셨다. 자기 사람들은 누구였는가? 예수님의 제자들이었다. 그래서 요한복음 13-17장을 보면 예수님은 무려 다섯 장에 걸쳐서 제자들과 긴 대화를 나누시며 속 깊은 이야기들을 들려주셨다.

우리가 학교 다닐 때도 같은 학급에 많은 친구들이 있지만 모두 다 친한 게 아니잖은가. "내 친구"라고 부를 만한 그런 친구들이 있는 법이다. 일터에서도 많은 직원들과 함께 일하지만 "내 사람들"이라고 부를 만큼 정말 친하고 신뢰하고 의지가 되는 사람들이 있는 법이다. 예수님이 그렇게 당신을 불러 주신다면 얼마나 영광이겠는가! 얼마나 친밀하겠는가! 그리고 예수님은 그런 예수님의 사람들을 사랑하시되 끝까지 사랑하셨다.

고등학교 1학년 학생부 수련회 때였다. 전도사님이 한 가지 질문에 답을 써보라고 하셨다. "오늘이 내 인생의 마지막 날이라면 어떤 하루를 보내겠는가?" 그 질문에 대한 답을 써보라고 하셨다. 나는 내 통장에 있는 전 재산을 선교지에 헌금하고, 내가 모아놓은 찬양 테이프들을 찬양팀 후배들에게 주고, 부모님과 형들에게 "고맙다, 사랑한다, 미안하다"는 말을 하고, 마지막 순간에는 방에서 찬양하고 기도하며 주님을 만나겠다고 썼다. 그리고는 손을 들고 발표까지 했다. 칭찬받을 줄 알았다.

그런데 전도사님은 이렇게 말씀하셨다. "여러분, 요한 웨슬리는 똑같은 질문에 이렇게 답했다고 한다. '오늘이 내 인생의 마지막 날이라면 나는 어제와 같은 오늘을 살겠습니다.'" 정말 충격 그 자체였다! 왜인가? 그는 이미 하루하루를 인생의 마지막 날처럼 살고 있었다. 후회 없이 최선의 삶을 살아내고 있었던 것이다!

과연 우리는 그렇게 살고 있는가? 나는 암투병하는 환자들을 만나면 꼭 두 가지 권면을 한다. 첫 번째는 "질병을 고쳐 주소서"라고 기도하라는 것이고, 두 번째는 "오늘을 살게 하소서"라고 기도하라는 것이다. 물론 암환자는 간절히 낫기를 원하겠지만, 생사의 결정은 내가 내리는 것이 아니라 그분이 내리시는 것이기 때문이다.

그런데 암환자들 중에는 치유에만 목숨을 걸다가 마지막으로 주어진 소중한 시간을 다 허비하는 경우가 너무나 많다. 기도하면 나을 것 같다가 현실로 돌아와 보면 절망하게 된다. 그래서 의사를 만나 경과를 들으러 가기 전날에는 잠도 못 이루고 불안에 떤다. 그렇게 희망과 절망의 롤러코스터를 타다가 떠나는 분들을 많이 보았다.

그래서 어느 날부터 이건 안 되겠다는 생각이 들었다. 그래서 낫기를 위해서도 기도하지만, "낫게 해주시면 이렇게 살겠습니다. 살려 주시면 헌신하겠습니다"라는 기도는 하지 말라고 권면한다. 오늘 내게 시간이 주어져 있을 때, 내가 소원하는 그 삶을 살라는 것이다.

한번은 위암이 재발한 성도 집을 심방한 적이 있다. 회사에서도 교회에서도 존경받는 분이었는데 유독 아들과만 관계가 틀어져 있었다. 내가 간곡히 부탁했다. "아직 시간이 있을 때 꼭 아들과 화해하십시오." 몇 달 뒤 떠나셨는데, 아들과 화해하지 않으셨다. 장례식장에서 만난 아들의 얼굴은 화를 낼 수도 없고 슬퍼할 수도 없는 고통스러운 표정이었다.

인생의 시간은 마냥 주어지지 않는다. 100세까지 장수를 한들 내 사람들과 늘 다투고 미워하며 산다면 그 인생에 무슨 복이 있는가! 단명할지라도 아낌없이 사랑하고 나누고 섬기며 산다면 그 인생이 어찌 박복한 인생이겠는가! 하루 한 시간이라도 사랑하고 화해하고 용서하며 살아야 한다. 그것이 오늘을 인생의 마지막 날처럼 가장 소중하게 살아가는 지혜다.

인생의 계절을 알게 하소서
인생에는 계절이 있다. 모든 것이 새롭고 희망적이어서 꿈을 꾸며 준비하는 봄날이 있는가 하면, 뜨거운 태양 아래에서 열정을 갖고 땀을 흘리며 치열하게 도전하는 여름이 있는 법이고, 성숙의 때가 이르러 수고한 열매를 거두며 기뻐하고 나누고 감사하는 가을이 있고, 지난 한 해를 돌이켜보며 마무리하고 물러서서 겸손히 정리해야 하는 겨울이 있다.

우리는 계절마다 옷 입는 것도 달라지고 마음가짐도 달라진다. 항상 화창한 봄날이면 좋겠고 항상 결실이 풍성한 가을이면 좋겠지만 인생의 계절은 그렇지 않다. 모든 것에는 제철이 있다. 그래서 모든 프로 운동 종목들이 시즌이 되어야 열리고, 음식들도 제철 음식이 가장 맛있고 몸에도 좋은 법이다.

봄에는 꿈을 꾸고 준비해야 한다. 여름에는 힘들어도 치열하게 살아야 한다. 가을에는 결실을 나누는 여유도 가져야 한다. 겨울에는 상실감이 아니라 겸손함을 가져야 한다. 인생도 만물도 다 그렇다. 시절이 되어야 열매가 맺힌다. 시절이 아닐 때는 아무리 원해도, 아무리 노력해도 열매가 열리지 않는다. 그때는 열매가 없는 것이 아니다. 아직 때가 아닌 것이다.

나는 대학교에 들어가면서부터 교회에서 주일학교 교사를 했다. 8년간 정성껏 아이들을 위해 기도하고 말씀을 가르쳤다. 그런데 어느 해에는 정말 풍성한 부흥이 있었는가 하면, 어떤 해에는 아무리 애를 써도 결실이 없었다. 그때 알았다. 나의 노력 여부와 관계없이 하나님의 결실의 계절이 되어야만 열매가 맺힌다는 사실을 말이다.

다만 인생의 계절은 길이를 알 수 없다. 그래서 인생의 계절은 등산로의 계단과 비슷하다. 우리나라의 사계절과는 달리 인생의 계절은 그 길이가 얼마나 길지 짧을지 가늠할 수 없다. 만약에 지금 겨울 시즌을 보내고 있는데 이 추위가 얼마나 오래갈지 모른다면 정말 막막할 것이다. 한여름 치열한 삶이 언제 끝날지 보이지 않는다면 번아웃이 오고 말 것이다.

등산로의 계단을 보면 경사도에 따라서 계단이 길어지기도 하고 짧아지기도 한다. 그래서 내가 아무리 노력해도 늘 제자리걸음인 것 같고 그다음 시즌이 안 오는 것처럼 느껴지는 때가 있다. 그렇다고 해서 몇 단을 한꺼번에 오르겠다고 하면 엎어지기 일쑤다. 언젠가 그 계단이 끝나면 인생의 성장과 상승은 순식간에 이뤄져서 다음 계단으로 오르게 된다. 그러므로 우리는 현재라는 계단에서 낙심하거나 중단하지 말고 꾸준히 걸어가야 한다.

그런데 이렇게 인생의 계절을 살아갈 때 계절과 상관없이 중요한 요소들이 있다. "너는 말씀을 전파하라 때를 얻든지 못 얻든지 in season and out of season 항상 힘쓰라"(딤후 4:2). 운동선수들이 실력을 보여 주는 것은 시즌 때지만 실력을 준비하는 것은 비시즌 때다. 그러기에 시즌이든 비시즌이든 부르심과 사명에 집중하는 태도가 일관되게 중요하다.

따라서 아무리 지금 내 인생의 시즌이 힘들어도 포기하지 말아야 할 것들이 있다. 첫째, 하나님 한 분을 뜨겁게 사랑하는 예배자의 마음이 필요하다. 들판에서도 왕궁에서도 예배를 타협하지 않았던 다윗의 마음이 필요하다. 둘째, 내게 맡겨 주신 사람들을 내 몸처럼 사랑하는 마음이 필요하다. 인생 최고의 가치는 결국 한 영혼이기 때문이다.

사랑은 끝까지 가는 것이다

> "세상에 있는 자기 사람들을 사랑하시되 끝까지 사랑하시니라"
> 요 13:1.

"끝까지(헬라어, 에이스 텔로스)"는 "마지막 순간To the end"을 뜻한다. 그러면 끝까지 사랑한다는 것은 무엇일까? 세상 모든 것에는 유효기간이 있지 않은가. 맛있어서 오래 두고 먹고 싶은 음식일지라도 유효기간이 있고, 새로 산 전자제품도 바꿔야 할 때가 온다. 그뿐인가. 인생도 유한하고 인간의 모든 것이 유한하다.

그래서 결혼식마다 고백하는 "평생 사랑하겠다", "영원히 사랑하겠다"라는 말은 진심의 약속일지라도 유한한 인간에게는 불가능한 고백이 되고 만다. 왜냐하면 인간의 사랑 자체가 유효기간이 있기 때문이다. 사랑한 만큼 미워지고, 기대한 만큼 실망하고, 의지한 만큼 배신감을 느끼기 마련이다. 그것이 인간이다.

성도들이 인간의 유한성에 대해서 깨닫지 못하고 물어보면 난감할 때가 많다. 자녀가 말을 안 듣고 자꾸 속을 썩일 때 "언제까지 이 아이를 받아 줘야 하나요?"라고 묻는다. 남편 때문에 화가 나고 아내 때문에 고통스러울 때 "언제까지 이 사람을 기다려 줘야 하나요?"라고 묻는다. 과연 언제까지일까?

예수님은 어떻게 하셨는가? 끝까지 사랑하셨다. 시간의 마지막 엔딩 타임까지 사랑하셨다. 사실 성자 그리스도는 끝이 없으신 분이다. 영원하신 분이기 때문이다. 그러기에 예수님에게는 끝까지 사랑하는 것이 그다지 어려운 일이 아닐 수도 있었겠다는 생각이 문득 든다. 하지만 정말 그럴까? 그분이 끝까지 사랑하신다는 것은 시간이 끝날 때까지만 (우리는 그것도 힘들어하지만) 사랑하신다는 것이 아니라 영원의 끝까지 사랑하신다는 뜻이다. 당신을.

"새 계명을 너희에게 주노니 서로 사랑하라 내가 너희를 사랑한 것같이 너희도 서로 사랑하라"(요 13:34). 내가 어디까지 용납해 줘야 할까? 내가 언제까지 받아 줘야 할까? 예수님의 사랑으로 내가 그를 사랑할 수 있을 때까지가 아니겠는가.

오늘날 젊은이들은 비혼 선언을 하고 자유를 얻으려고 한다. 또한 시니어들은 황혼 이혼과 졸혼을 선택하고 자유를 얻으려고 한다. 하지만 예수님을 보라. 자신의 자유를 끝까지 사랑하는 데에 쏟아부으셨다. 그러므로 우리도 하나님께서 우리에게 맡기신 사람들을 중간에 포기하지 말고 끝까지 사랑해야 하지 않겠는가. 그것이 그리스도를 본받는 길이지 않겠는가.

사랑은 완성되기까지 가는 것이다

"끝까지(헬라어, 에이스 텔로스)"는 "그것의 완성까지To its completion"를 뜻하기도 한다. 예수님은 제자들과 무리들을 잠시 잠깐 사랑하지 않으셨고, 그들의 구원이 완성되기까지 사랑하셨다. 하나님의 형상으로 지음 받은 자들이 하나님의 구원받은 자녀들로 완성되기까지 예수님은 포기하지 않는 사랑을 하셨던 것이다.

김현승의 시 〈가을의 기도〉에 이런 소절이 나온다. "가을에는 사랑하게 하소서. 오직 한 사람을 택하게 하소서. 가장 아름다운 열매를 위하여 이 비옥한 시간을 가꾸게 하소서." 왜 시인은 가을에 사랑하게 해달라고 기도했을까? 결실의 계절에 인생에서 거둘 수 있는 최고의 결실은 돈도 성과도 명예도 아닌 사람이기 때문이다.

마치 아침부터 저녁까지 온종일 열심히 살았고, 많은 것을 이루었고, 많은 곳을 누볐을지라도 돌아갈 집이 있고 반겨 줄 가족이 있어야 인생이 완성되는 것과 같다. 1996년 톰 크루즈와 르네 젤위거가 주연했던 영화 〈제리 맥과이어〉에서 제리는 유능한 스포츠 에이전트였다. 그런 그가 하루아침에 회사에서 퇴출된 뒤 한 미식축구 선수를 담당하게 되는데, 우여곡절 끝에 그를 성장시켜서 그 선수가 포스트시즌에 터치다운을 하게 됨으로 대성공을 거두게 된다.

하지만 모두가 기뻐서 환호성을 지르는 한가운데를 제리는 조용히 빠져나온다. 그에게는 이 성공과 기쁨을 나눌 사람이 곁에 없었기 때문이다. 그래서 그는 사랑하던 도로시가 사는 시골 마을로 찾아간다. 그러고는 왜 왔느냐는 도로시에게 이렇게 고백한다. "당신이 나를 완성시켜 줍니다You complete me."

하나님의 구원의 완성도 사랑이다. 천국의 완성도 사랑이다. 사람이 세상 최고의 존재요, 가치요, 결실이요, 축복이다. 교회는 성과주의에 빠져서 교인 수와 헌금액과 건물 크기에 마음을 빼앗기면 안 된다. 교회의 사명은 사람이다! 한 영혼을 끝까지 사랑해서 그 한 영혼의 구원을 완성하는 것이다. 이것이 교회의 본질이고 신앙의 본질이다.

예수님은 끝까지 사랑하셨다. 시간이 끝나서 끝나는 인생이 아니라 완성되었기에 끝나는 인생을 사셨다. 그것이 예수님이 본으로 보여 주신 아름다운 인생이었다. 그렇다. 예수님은 시간이 종료될 지점에 느슨해지신 것이 아니라 마지막 질주last spurt를 하셨다. 레이스의 완성은 골인 지점이기 때문이다.

인생을 후회 없이 매 순간 최선으로 살아낸다는 것은 무엇일까? 그것은 내 곁에 있는 사람들, 나에게 주님이 맡겨 주신 가족과 동역자들을 사랑하되 끝까지 사랑하는 것이다. 최선을 다해 사랑하는 것이다. 주저함 없이 사랑하는 것이고 남김없이 사랑하는 것이다. 레이스가 끝나고 나면 더 뛰고 싶어도 뛸 수 없다. 인생이 끝나면 더 사랑하고 싶어도 사랑할 수 없다. 지금이 내 인생의 최선의 사랑을 가족과 이웃과 동역자들에게 쏟아 부을 수 있는 마지막 기회의 시간이다.

사랑은 최고를 주는 것이다

"끝까지(헬라어, 에이스 텔로스)"는 "최고의 정도까지To the utmost"라는 뜻이기도 하다. 인간이 다른 인간을 사랑하는 최고의 정도는 어디까지일까? 산상수훈에서 예수님은 이런 가르침을 주셨다. "너희가 너희를 사랑하는 자를 사랑하면 무슨 상이 있으리요 세리도 이같이 아니하느냐"(마 5:46). "너희 원수를 사랑하며 너희를 박해하는 자를 위하여 기도하라"(마 5:44).

예수님은 당신이 행하지 않으시는 것을 우리에게 명령하지 않으신다. 만약에 그렇지 않다면 예수님이 거짓말을 하시는 것이 되고 또한 우리가 불순종하게 만드시는 것이 된다. 그러면 예수님은 정말 원수를 사랑하셨는가? "주 여호와의 말씀이니라 내가 어찌 악인이 죽는 것을 조금인들 기뻐하랴 그가 돌이켜 그 길에서 떠나 사는 것을 어찌 기뻐하지 아니하겠느냐"(겔 18:23).

하나님은 이 말씀을 하실 때 진심이셨고, 예수님도 같은 마음이셨다. "저녁 잡수시던 자리에서 일어나 겉옷을 벗고 수건을 가져다가 허리에 두르시고 이에 대야에 물을 떠서 제자들의 발을 씻으시고 그 두르신 수건으로 닦기를 시작하여"(요 13:4-

5). 예수님은 가룟 유다의 발도 씻어 주셨고, 이제 곧 자신을 세 번 부인할 시몬의 발도 씻어 주셨다. 열두 제자가 하나같이 자신을 버리고 저주하고 떠날 것을 아시면서도 그들 모두의 발을 씻어 주셨다.

당시 유대 사회에서 손님들의 발을 씻는 일은 하인들이 하는 일이었다. 아니면 무리 중에 가장 어린 사람이 하는 일이었다. 그러나 예수님은 공생애 사역으로 누적된 피로에도 불구하고 제자들에게 발을 씻으라 하지 않으시고 자신이 직접 일어나 물을 떠다가 무릎을 꿇고 피곤해하는 제자들의 발을 정성껏 한 사람 한 사람 씻겨 주셨다.

창조주 하나님이 피조물의 발 앞에 무릎을 꿇으시다니! 창조주 그리스도께서 흙덩이들 앞에 엎드려 발을 씻겨 주시다니! 그분의 핏방울로 우리의 죄를 씻으시듯, 그분의 사랑이 제자들의 발을 씻어내고 계셨다. 이 놀라운 사랑을 받은 사람은 바뀌게 된다. 사람은 말로 바뀌지 않는다. 사람은 오직 사랑으로만 변화된다. 말로는 변하지 않던 남편이, 아내가, 자녀가 사랑을 받으면 변화된다. 최고의 사랑, 원수까지 사랑하는 그 사랑을 받으면 변화되고 만다.

주님의 사랑은 조건이 없고 계산이 없는 사랑이다. 끝까지 사랑하는 사랑이다. 사람들은 중간에 포기하고 자기감정에 따라 관계를 끊고 정죄하고 떠난다. 그러나 예수님은 우리가 떠나도, 우리가 배반해도 끝까지 사랑하신다. 유다를 향한 사랑도, 시몬을 향한 사랑도, 제자들을 향한 사랑도, 지금 당신을 향한 그 사랑도 끝까지 사랑하시는 사랑이다.

　오늘날 가족이 원수가 되는 경우가 얼마나 많은가. 천국이 되어야 할 가정이 지옥이 되는 경우도 또 얼마나 많은가. 서로 입바른 소리를 하고 잘잘못만 가린다면 가정은 평안할 수 없다. 원수까지도 사랑하신 주님의 사랑으로 서로를 사랑해야 한다. 자주 싸우는 부부를 상담할 때 종종 권면한다. 배우자나 가족이 화내고 따지면 맞서 싸우지 말고 "그래, 미안해. 힘들지"라고 말하고 그냥 안아 주라고 한다. 사랑이 아니면 어떻게 그 얼어붙은 마음을 녹이겠는가. 원수까지도 사랑할 수 있다면, 가족을 원수 삼지 말고 그냥 안아 주고 품어 주라.

　사랑은 "모든 것을 참으며 모든 것을 믿으며 모든 것을 바라며 모든 것을 견디느니라"(고전 13:7). 사랑은 끝까지 포기하지 않는다. 도저히 사랑할 수 없는 사람, 용서할 수 없는 사람, 이해할 수 없는 사람, 그 사람조차도 끝까지 사랑하라. 그것이 어떻게 가능한가? 우리가 사랑할 수 없을지라도 예수님의 끝까지 사랑하시는 사랑이 내 마음을 덮으시게 하면 된다.

가서 다시 사랑하라

"여호와께서 내게 이르시되 이스라엘 자손이 다른 신을 섬기고 건포도 과자를 즐길지라도 여호와가 그들을 사랑하나니 너는 또 가서 타인의 사랑을 받아 음녀가 된 그 여자를 사랑하라 하시기로"(호 3:1). 거룩하고 순결한 선지자에게 얼마나 충격적이고 가혹한 요구이신가! 그러나 음녀로 전락한 아내를 가서 다시 사랑하라는 주님의 명령은 진심이셨다.

생각해 보라. 이스라엘이 핏덩어리일 때 건지셔서 애굽이라는 인큐베이터에서 무럭무럭 자라게 도우시고, 종살이에서 해방시켜 광야로 인도하사 시내산에서 결혼 서약을 하신 하나님이시다. 그런데 결혼식을 하자마자 금송아지 우상을 만들었으니 이스라엘은 신혼 때 외도를 한 것이었다. 이 결혼은 결코 온전할 수 없었다. 그런데도 하나님은 신부를 내쫓지 않으셨다.

가나안 땅에 정착한 후에도 800년 동안 우상숭배와 도덕적 타락은 멈추지 않았고 오히려 더 심각해졌다. 그런데도 하나님은 그들에게 돌이키라고 간절히 외치고 계셨으니, 오히려 하나님이 측은해 보일 지경이다. 그리고 회초리를 드시면서도 다시 사랑할 것이라고 노래하시는 하나님을 보면, '하나님이 사랑에 미치셨구나!'라는 생각까지 드는 것이 호세아서의 말씀이다.

"내가 네게 장가 들어 영원히 살되 공의와 정의와 은총과 긍휼히 여김으로 네게 장가 들며 진실함으로 네게 장가 들리니 네가 여호와를 알리라"(호 2:19-20). 아니 어떻게 우상숭배라는 영적 외도와 음란에 빠진 백성을 이렇게까지 사랑한다고 콧노래를 부르실 수 있는가. 도대체 하나님의 사랑은 어떤 사랑인가?

호세아는 도저히 이해할 수 없는 하나님의 사랑을 표현하기 위해서 처음부터 말도 안 되는 결혼을 해야 했다. 하나님은 호세아가 음란한 아내를 얻어 음란한 자식들을 낳고 그들을 사랑하게 만드셨다. 무슨 사이비 종교도 아니고 하나님이 어떻게 이런 일을 시키실 수 있는가? 이 결혼은, 이 가정은 처음부터 역기능적이었고 비정상적이었다.

생각해 보라. 호세아가 건달이었다면 모르지만 그는 거룩한 선지자였다. 그런데 아내는 세상 남자들과의 사랑에 빠져서 사는 음란한 여자였다. 오늘날 우리가 가정에서 '도저히 그 인간을 참아 줄 수 없다!'고 생각하는 이유는 무엇인가? "내가 이렇게 헌신하는데, 너는 어떻게 그럴 수 있느냐!" 너무나 맞는 말이지만, 결국에는 조건적인 사랑이기 때문에 멈추는 것 아닌가!

하나님은 호세아에게 고멜을 진정으로 사랑하라고 말씀하셨다. 그냥 계약 관계라서가 아니고, 하나님의 명령으로 어쩔 수 없어서가 아니고, 진심으로 사랑하라는 말씀이었다. 진정성 있게 사랑하라는 말씀이었다. 요즘 별거하는 부부, 이혼하는 부부, 졸혼하는 부부들이 늘어나면서 목회자로서 어떻게 권면해야 할지 정말 난감하고 고민될 때가 많다.

그런데 보라. 예수님에게 이혼에 관한 질문을 하자 예수님은 "내가 너희에게 말하노니 누구든지 음행한 이유 외에 아내를 버리고 다른 데 장가 드는 자는 간음함이니라"(마 19:9)라고 말씀하셨다. 무슨 말씀인가? 예수님도 외도만큼은 이혼 사유로 인정하신다는 말씀이다. 배우자가 아닌 사람과 성관계를 하는 것은 도저히 용납할 수 없는 잘못이라는 뜻이다.

그런데 아는가! 우리에게는 그렇게 말씀하시면서 당신 자신은 외도한 아내를 버리지 못하겠다고 하신다. 우리가 우상숭배로 외도를 해도, 세상과 짝지어 살아도, 악을 물처럼 쏟으며 살아도, 하나님은 그렇게 하나님의 가슴을 후벼파고 고통스럽게 한 우리를 끝까지 포기할 수 없다고 하신다. 그래서 예수님이 십자가를 지셨다. 다시 우리를 사랑으로 품으시기 위해서.

"가서 너도 이와 같이 하라"(눅 10:37). 끝까지 사랑하고, 원수까지 사랑하고, 목숨을 내어주는 사랑을 하라. 하나님의 아름다운 피조만물을 파괴하고 하나님의 존귀한 형상을 망가뜨린 죄인들을 사랑하시되 끝까지 사랑하셨던 예수님처럼 사랑하라. 이 아가페의 사랑으로 사랑하면 품지 못할 이가 없고 함께하지 못할 이가 없다.

결국 사랑이 구원이다

"무엇보다도 뜨겁게 서로 사랑할지니 사랑은 허다한 죄를 덮느니라"(벧전 4:8). 사랑이 죄를 덮는다는 것은 죄를 없앤다는 의미 이전에 죄인을 용납해 준다는 의미다. 죄는 미워하되 죄인을 사랑하라. 예수님이 그렇게 하신 것처럼 말이다. 가족의 죄와 허물은 미워하되 가족을 미워하지 말고 사랑하라.

공동체 안에 부족한 사람, 실수한 사람, 죄 지은 사람이 있어서 공동체를 위태롭게 한다면 그 죄와 허물은 미워하되 그 지체를 미워하지 말고 건져내라. 나도 구원받은 죄인이고 모두가 구원받은 죄인 아닌가. 병원이 치료받는 환자들의 공동체인 것처럼 교회는 구원받은 죄인들의 공동체다. 서로 부족하다고, 문제가 있다고 손가락질할 것이 아니라, 서로의 회복을 위해서 진심으로 응원해 주어야 한다.

경기도의 한 중형교회가 내부 갈등으로 해체될 위기에 처하게 되었다. 몇몇 소그룹 리더들은 "책임은 저쪽에 있다"라며 서로를 비난했고, 부정적 감정이 교차하면서 기도모임조차 파행되는 상황이 벌어졌다. 하지만 그중에서 한 소그룹이 고린도전서 13장 말씀을 붙들고 "우리가 먼저 사과하자"는 결정을 내렸고 자신들의 실수와 미숙함, 말의 오해에 대해서 먼저 공식적으로 사과했다. 그리고 작은 모임을 열어서 차 한 잔을 나누며 "사랑이 먼저"라는 마음을 행동으로 보여 주었다고 한다.

그러자 그 첫걸음이 다른 리더들에게도 울림이 되었고, 전체 리더 모임이 다시 열리게 되었다고 한다. 분열 위기에 놓였던 공동체는 이 사건을 기점으로 회복되었고 이후 "화해 사역팀"이라는 이름으로 관계 회복을 돕는 리더 그룹이 탄생했다고 한다.

「사랑이 먼저다」라는 책에서 김병삼 목사는 이렇게 강조한다. "사랑이 없으면 아무것도 아닙니다. 하나님은 끝까지 사랑하셨고 먼저 사랑하셨습니다. 공동체를 살리는 길도, 가정을 다시 붙드는 힘도 '먼저, 변함없이, 끝까지' 사랑하는 것에 있습니다."

"우리가 사랑함은 그가 먼저 우리를 사랑하셨음이라" 요일 4:19.

"내가 확신하노니 사망이나 생명이나 천사들이나 권세자들이나 현재 일이나 장래 일이나 능력이나 높음이나 깊음이나 다른 어떤 피조물이라도 우리를 우리 주 그리스도 예수 안에 있는 하나님의 사랑에서 끊을 수 없으리라" 롬 8:38-39.

"내가 세상 끝날까지 너희와 항상 함께 있으리라" 마 28:20.

예수님은 시작도 과정도 끝도 사랑이시다. 십자가의 교리가 날 구원하신 것도 아니고, 십자가의 속죄 공식이 날 구원하신 것도 아니다. 십자가에서 물과 피를 다 쏟아서 생명까지 부어 주신 예수님의 그 사랑이 나를 구원하신 것이다. 사랑이 우리를 구원한다. 사랑이 당신의 가정을 구원한다. 사랑이 당신의 인생을 구원한다.

사랑에 빠져서 인생을 망쳤다고 생각하는 현대인들이여, 사랑 때문에 너무나 많은 것을 잃고 손해 봤다고 생각하는 부부들이여, 사랑에 현혹되어 결혼하거나 자식을 낳으면 완벽한 내 인생의 공든 탑이 허물어진다고 생각하는 젊은이들이여, 그 관점은 예수님의 십자가 사랑을 우스갯거리로 전락시키고, 하나님의 미친 사랑을 농담거리로 만드는 원수의 거짓말이다.

    예수님의 사랑을 본받으라. 바보 같은 사랑을 하고, 십자가 희생의 사랑을 하고, 끝까지 사랑하는 사랑을 하라. 사랑하라. 그리하여 당신의 인생을 진정 구원하라.

6장. 예수님의 사랑을 본받으라
나눔 질문

Q1 하나님께서 아들을 유월절 어린양으로 주시려는 것은 그분의 미친 사랑에서 나온 대담한 계획이었습니다. 나 역시 종종 사랑에 빠져서 너무 과도한 일을 하고, 무리한 헌신을 하고 있다는 생각이 들 때가 있는지 나눠봅시다. • 유월절 어린양이 되시다(요 13:1)

Q2 지금부터 24시간이 나에게 주어진 마지막 하루의 시간이라면, 어떻게 오늘 하루를 살고 싶습니까? 나는 무엇이 내 인생에서 가장 가치 있는 일이라고 생각하고 있는 것 같습니까? • 오늘이 내 인생의 마지막 날이라면 (요 13:1)

Q3 예수님은 마지막 시간인 것을 아시고 제자들을 끝까지 사랑하셨습니다. 나는 시간이 한정되어 있다고 느낄 때 삶의 집중력이 떨어지는 편입니까, 아니면 더 집중력이 발휘되는 편입니까? 나는 지금 인생의 어느 시즌을 살고 있다고 생각합니까? • 인생의 계절을 알게 하소서(요 13:1)

Q4 예수님은 끝까지 사랑하셨고, 사랑이 완성되기까지 사랑하셨습니다. 인간관계에서 쉽게 포기하거나 중단했던 영역이 있다면 무엇인지 나누고, 예수님의 사랑처럼 완성의 지점까지 가야 할 부분이 있다면 나눠 봅시다.
• 사랑은 완성되기까지 가는 것이다(요 13:1)

Q5 우리는 가장 가까이에 있는 가족, 직장 동료, 친구, 교회 지체에게서 가장 많이 허물을 보게 되고, 실망하게 되고, 미워하게 됩니다. 정말 사랑할 수 없을 때도 "가서 다시 사랑하라"고 하시는 주님의 음성을 들은 적이 있다면 나눠 봅시다. • 가서 다시 사랑하라(호 3:1)

"지혜 있는 자의 혀는 지식을 선히 베풀고
미련한 자의 입은 미련한 것을 쏟느니라"
잠 15:2

7장

예수님의 대화를 본받으라

마태복음 22장 15-22절

인생이 진퇴양난에 빠질 때

"이에 바리새인들이 가서 어떻게 하면 예수를 말의 올무에 걸리게 할까 상의하고"마 22:15.

인생이 벼랑 끝에 몰릴 때가 있다. 이럴 수도 없고 저럴 수도 없는 난처한 상황에 몰려서 길이 보이지 않을 때가 있다. 특히나 어려운 사람들과 어려운 대화를 나누면서 뭐라고 답변을 해야 할지 도무지 길이 보이지 않을 때가 있다.

그런데 이렇게 양 갈래 길에 서게 되는 것은 어찌 보면 인간 역사의 숙명이다. 역사의 갈래 길은 언제나 좌측과 우측으로 나눠지기 때문이다. 2017년 3월 10일, 대한민국 헌법재판소가 재판관 전원일치로 대통령 박근혜 탄핵 소추안을 인용했다. 그로부터 4일 뒤인 3월 14일에 나는 법조인들이 백여 명 모이는 모임에서 말씀을 전하기로 되어 있었다.

당시 온누리교회에 계신 변호사이셨던 장로님 한 분이 심히 우려를 표하셨다. 법조인들도 보수와 진보 양쪽으로 나뉘어져 있기 때문에 목사인 내가 어떤 정치적 견해를 드러내면 큰일 날 것이 뻔하였기 때문이다. 나는 하나님 앞에 기도했다. "하나님, 법조인들에게 그리고 양극화로 몸살을 앓는 대한민국을 향해 어떤 메시지를 전해야 할까요?"

그때 하나님께서 주신 말씀이 바로 예수님의 세금 논쟁 본문이었다. 우리나라의 정치적 양극화는 지금도 다르지 않고 오히려 예전보다 심각해졌다. 보수와 진보가 첨예하게 대립하여 어느 모임을 가든 불안불안하다. 가정에서는 부모 세대와 자녀 세대가 진영 논리로 싸우고, 교회에서마저 정치 이야기를 꺼내 서로를 적대시하는 일들이 급증하고 있다.

예수님도 지금 우리와 전혀 다르지 않은 정치적 상황에서 이 논쟁을 경험하셨다. 아니 이 논쟁은 우리와는 비교할 수 없이 심각한 정치 현실 가운데 일어났다. 예수님 사후 30년 만인 기원후 66년에 유대 독립전쟁이 발발했고 결국 로마 제국의 디도 장군이 밀고 들어와 예루살렘을 함락한 이후 유대인들은 2천 년간 나라 잃은 민족으로 살아야 했기 때문이다.

세금 논쟁이 일어난 시점은 예수님의 이스라엘 3년 투어가다 끝나고 대중의 지지도가 하늘을 찌를 때였다. 그러자 이를 시기한 종교지도자들이 예수님을 흔들기 위해 논쟁을 시작했다. 게다가 예수님이 마지막으로 예루살렘에 입성하시자 백성들은 예수님이 곧 왕이 되실 것이라는 기대감으로 폭발할 지경이었다.

바리새인들은 이 상황을 좌시할 수 없었다. 그대로 두면 그들의 사회적 주도권을 다 빼앗길 상황이었다. 그래서 그들은 종교인들이면서도 정치적인 이슈로 예수님을 몰아가기로 결정했다. 도저히 빠져나올 수 없는 말의 올무에 예수님을 걸려들게 하려는 음모였다.

거짓 칭찬은 감정적 뇌물이다

> "자기 제자들을 헤롯 당원들과 함께 예수께 보내어 말하되 선생님이여 우리가 아노니 당신은 참되시고 진리로 하나님의 도를 가르치시며 아무도 꺼리는 일이 없으시니 이는 사람을 외모로 보지 아니하심이니이다" 마 22:16.

바리새인들은 결정적인 덫을 놓기 위해 평소에 원수처럼 지내던 헤롯당원들과 손을 잡았다. 바리새파의 주류였던 샤마이 학파는 성지聖地, Holy land를 더럽힌 이방인 점령군이었던 로마 군대에 신앙적 의분을 가졌기에 가이사에게 세금 바치는 것을 반대했다. 이에 반해 헤롯당원들은 친로마 상류층들인지라 로마를 권력의 배후로 삼고 유대민족의 메시아 운동을 반대하는 납세 지지자들이었다! 그런데 어떻게 반로마 세력과 친로마 세력이 한배를 탔는가?

이것은 적과의 동침이었다. 마치 예수님을 십자가에 못 박을 때 원수였던 두 인물이 친해진 것과 같다. "헤롯이 그 군인들과 함께 예수를 업신여기며 희롱하고 빛난 옷을 입혀 빌라도에게 도로 보내니 헤롯과 빌라도가 전에는 원수였으나 당일에 서로 친구가 되니라"(눅 23:11-12). 바리새인들과 헤롯당원들이 공공의 적 예수 제거를 위해 반예수 정치연대를 맺은 것이다.

오늘날 사람들이 이해관계를 위해 얼마나 인맥 관리를 열심히 하는가. 그러나 순수하지 않고 정직하지 않은 인간관계는 마치 부실 공사로 세워진 다리와 같다. "스스로 속이지 말라 하나님은 업신여김을 받지 아니하시나니 사람이 무엇으로 심든지 그대로 거두리라"(갈 6:7). 성도들이여, 세상적인 인맥 관리에 열을 올리지 말고 진실한 믿음의 동역자들과의 관계를 소중히 여기라.

자, 어울리지 않는 두 패가 몰려오더니 평상시 적대시하던 예수님을 갑자기 띄워 주는 말을 한다. "당신은 참되고 진리로 도를 가르치고 아무도 꺼리지 않는다." 속으로는 칼을 갈면서 왜 이런 말을 했을까? "당신 평상시처럼 소신껏 말해라! 그리고 걸려들어라!" 이것이었다. 늘 적대하던 사람이 갑자기 칭찬할 때는 그 말을 절대 그대로 삼키면 안 된다.

거짓 칭찬은 물질적 뇌물이 아니라 감정적 뇌물이기 때문이다. 그 칭찬을 미끼로 심리적 방어라인을 무너뜨리려는 의도다. 사람이 칭찬에 익숙해지면 분별력을 상실한다. 그래서 인간관계에서는 섣부른 칭찬보다 애정 어린 조언을 주는 사람을 가까이해야 한다. 써도 약이 되는 말이 있고 달아도 독이 되는 말이 있는 법이다.

그러므로 당신의 인생에 분별력을 더하기 원한다면 칭찬이 아니라 진리 위에 인생을 세우라. 칭찬은 상대방이 내 마음에 돈봉투를 밀어 넣는 것과 같다. 돈봉투를 이유 없이, 대가 없이 자꾸 받으면 문제가 생긴다. 자신과 타인에 대한 관점에 왜곡 현상이 일어난다. 입에는 써도 영혼에는 달디단 약이 되는 하나님의 진리의 말씀을 양식으로 먹어야 하는 이유가 여기에 있다.

진리 안에서 자유하고 담대하라

듣는 이도 분별해야 하지만 말하는 이도 분별해야 한다. 거짓 칭찬은 남이 아니라 자신을 속이는 것이기 때문이다. 사람은 속여도 하나님은 속이지 못한다. 그래서 심은 그대로 거두게 된다. 결국 눈 가리고 아웅 하는 격이다. 우리가 눈을 가린다고 속으실 하나님이 아니시잖은가.

종교지도자들은 백성도 보이고 예수님도 보이는데 자신들

이 보이지 않았다. 자신들의 거짓됨과 부패함이 보이지 않았다. 우리는 인생을 살면서 많은 세상 지식을 얻으면서도 정작 자신의 실상에 대해서는 모르는 경우가 많다. 그래서 주님의 임재의 거울 앞에 자신을 세워야 한다. 그래야만 있는 모습 그대로 보게 되고 회개하게 되고 진실하게 되기 때문이다.

사실 그들의 말대로 예수님은 참되신 분, 진실하신 분이다. 하지만 문제는 대화 상대인 그들이 진실하지 않다는 점이다. 예수님이 말씀하셨던 것처럼(막 7:18-23), 인간은 거짓된 말과 표리부동한 행동이 문제가 아니라 내면이 거짓되고 악한 것이 근본 문제다. 거짓이 자신의 논리적인 틀이 된 사람들이 있다. 오늘날 법을 아는 사람들이 더 법을 교묘히 이용하지 않는가.

이들이 추구하는 것은 겉으로는 합리적인데 속으로는 진실함도 선함도 없다. 그리스도인 중에도 이런 프레임에 갇혀 있는 사람은, 신앙으로 자신의 거짓 입장을 합리화시킨다. 합리화 중에 가장 무서운 것이 영적인 합리화다. 피는 물보다 진하고, 이데올로기는 피보다 진하고, 종교적 신념은 이데올로기보다 진하다. 신앙을 내세워 자신을 합리화시키면 무슨 짓도 할 수 있다.

신앙생활을 할수록 자기 궤변에 빠지는 교인들을 보면 두렵다. 하나님을 앞세워 거짓의 칼을 휘두르기 때문이다. 그래서 내 논리에 하나님을 끼워 맞추는 것이 아니라 하나님의 뜻에 내 인격과 존재를 일치시키는 신앙이 되어야 한다. 하나님을 이용하는 자기중심적 종교인이 되면 샤머니즘의 길을 걷게 된다. 그래서 그런 바리새인들, 종교인들은 구원을 받을 수가 없다.

진리를 받아들이려면 정직해야 한다. 아니, 진리를 받아들인 사람은 정직해질 수밖에 없다. 진리와 거짓은 공존할 수가 없기 때문이다. 그래서 하나님의 진리가 내 안에 들어오면 내 안에 있는 거짓과 자기 합리화와 망상들은 빛 앞에 어둠이 사라지듯 사라지게 된다. "내 입의 말과 마음의 묵상이 주님 앞에 열납되기를 원하나이다"(시 19:14).

진리 안에서 자유하라. 그리고 진리 안에서 담대하라. 정답을 아는 사람은 담대하다. OX 퀴즈를 해보았는가? 정답을 아는 사람은 나 외에 모든 사람이 반대편에 설지라도 혼자서 정답에 설 수 있는 담대함이 있다. 세력을 규합하고 여론몰이를 하고 거짓 작업에 정당성을 부여하는 사람들은 왜 그러는가? 정답을 모르기 때문이다. 하나님의 진리가 그 안에 없기 때문이다.

세금을 낼 것인가, 말 것인가?

> "그러면 당신의 생각에는 어떠한지 우리에게 이르소서 가이사에게 세금을 바치는 것이 옳으니이까 옳지 아니하니이까 하니"
> 마 22:17.

로마 황제 가이사^{Caesar}에게 세금을 바치는 것이 옳은가, 그른가? 이 질문은 시한폭탄이었다. 당시 이스라엘은 로마의 식민 지배하에 무거운 과세에 시달리고 있었다. 인두세는 남자는 14세부터 여자는 12세부터 65세까지 전 국민이 내야 했고, 기타 각종 세금을 다 합하면 수입의 33%를 냈다. 당시 평균 연령이 45세였으니 죽을 때까지 세금을 내야 했다.

게다가 중간에 로마의 관리들이 강탈하고 유대인 세리들이 강탈하니 수입의 절반 이상이 사라져 버리기 일쑤였다. 백성들은 가난에 찌들어 살 수밖에 없었다. 이미 세금 문제로 여러 차례 폭동이 일어난 때였다. 언제 또 폭동이 일어나도 이상하지 않은 시기였던 것이다.

요즘 미국은 팁이 20%까지 오르면서 사회적인 문제가 되고 있다. 심지어 매장에서 먹지 않고 밖으로 들고 나가는 테이크아웃$^{Take-out}$ 주문을 해도 팁을 내라고 강권하는 분위기라서 소비자들의 불만이 이만저만이 아니다. 캐나다 밴쿠버에 살 때 브리티시컬럼비아^{BC} 주는 사회보장제도가 잘 되어 있는 만큼 기본 세금이 14%였다. 그래서 캐나다인들이 크게 장을 볼 때는 아예 미국 국경을 넘어가서 쇼핑을 하는 일들이 잦았다. 대한민국에서도 과세 정책이 변할 때마다 어떻게든 피해 가려고 사람들이 온갖 애를 쓰지 않는가.

따라서 이 질문은 애초에 정답이 없는 질문이었다. 어느 쪽으로 대답하든 덫에 걸리는 질문이었다. 세금은 통치자에게 내야 하는데, 그러면 "누가 우리를 통치하는가? 하나님인가, 가이사인가?"라는 문제가 대두되었다. 이 문제로 예수님을 저울 위에 올려놓고 어느 쪽으로 기울든 넘어지게 만들고 싶은 것이 저들의 의도였다.

만약에 예수님께서 "세금은 내야지!"라고 말씀하신다면, 그것은 유대법을 어기는 것이 된다. 하나님 한 분만이 이 백성을 다스리신다는 율법의 기조 말이다. 그렇게 되면 바리새파는 "예수는 친제국주의자다! 백성들이여, 꿈을 깨라. 그는 너희를 로마의 압제에서 구해낼 메시아가 아니다!"라고 외치며 예수님을 따르는 민심을 이반시킬 수 있을 것이었다.

하지만 만약에 예수님께서 "세금 내지 마라!"라고 말씀하신다면, 그것은 로마법을 어기는 것이 된다. 실정법상 로마제국의 황제가 다스리고 있기 때문이다. 그렇게 되면 헤롯당원들은 "예수는 반체제 선동가다! 그가 백성을 선동해서 민중봉기를 일으키려고 하는 것이다. 당국은 뭐 하는가? 이 사람을 잡아가지 않고!"라고 외치며 현장에서 그를 구속하게 만들 수 있을 것이었다.

예수님이 홀로 계신 것도 아니고, 지금 성전에서 한참 백성들을 모아 놓고 가르치고 계시는 중이 아니었는가. 그러니 어떻게 대답을 피해 가실 수 있겠는가. 그런데 어느 쪽으로 대답을 해도 오답이 되니, 이 상황에서 예수님은 어떻게 하실 참인가? 정치적으로 보자면 당연히 내야 하고, 종교적으로 보자면 근본적으로 낼 수 없는 상황이었다.

대답할 것인가, 분별할 것인가?

> "예수께서 그들의 악함을 아시고 이르시되 외식하는 자들아 어찌하여 나를 시험하느냐" 마 22:18

완벽한 공격 앞에 예수님은 서두르지 않으셨다. 간음하다 현장에서 잡힌 여인을 죽이려던 자들 앞에서 보여 주신 반응과 비슷했다. 보통 우리는 이런 상황에 처하면 당황하게 되고 서둘러 어쭙잖은 답변이라도 급조하려고 애를 쓴다. 그러나 이런 진퇴양난의 상황에서는 조급하게 대답하지 말라. 그보다 먼저 해야 할 것이 있기 때문이다.

이때 가장 먼저 해야 할 것은, 질문자의 의도를 파악하는 것이다. 모든 질문에는 의도가 있고 관점이 내포되어 있다. 시험을 볼 때도 지문을 잘 읽어야 하고, 전쟁을 할 때도 전시 상황부터 파악해야 한다. 사업을 할 때도 시장 상황을 봐야 하고, 독서를 할 때도 문맥을 파악해야 한다. 서두르면 시야가 좁아지고 여유를 가지면 전경을 볼 수 있는 넓은 시야가 열리게 된다.

하나님의 사람들이여, 순결과 지혜를 겸비하라. "보라 내가 너희를 보냄이 양을 이리 가운데로 보냄과 같도다 그러므로 너희는 뱀같이 지혜롭고 비둘기같이 순결하라"(마 10:16). 순결은 청결함이다. "마음이 청결한 자는 복이 있나니 그들이 하나님을 볼 것임이요"(마 5:8). 깨끗한 사람은 하나님을 볼 뿐 아니라 자신이 보이고 사람들이 보이기 마련이다.

좋은 의사는 표면적인 증상symptom만 보는 것이 아니라 질병 배후의 원인을 파악하고 치료한다. 좋은 상담가는 내담자의 이야기 너머에 있는 심리 패턴과 트라우마, 그리고 간절한 소망을 읽어낸다. 그런 점에서 얼마나 감사한가. 예수님은 우리가 알지 못하는 우리 내면의 무의식 세계까지도 알고 계시고 보고 계시니, 그분 앞에 드러나지 않을 것이 없다.

그러나 인생의 지식도 경험도 부족하면 그 너머의 깊이를 알기 어려울 때가 많다. 그래서 흔히 이런 사람들을 "나이브하다"라고 표현한다. 순박하다는 칭찬이 아니라 세상 물정 모른다는 부정적 뉘앙스다. 그래서 영국의 시인 윌리엄 블레이크William Blake는 순수함에는 무지의 순수가 있고 경험의 순수가 있음을 이야기했다.

무지의 순수는 무지하기에 순수한 것이다. 세상의 실상을 모르기에 마냥 즐겁고 행복한 것이다. 이런 무지의 순수는 세상이 얼마나 악한지를 경험하게 되면 한순간에 무너질 수 있다. 하지만 경험의 순수는 세상이 얼마나 악한지를 아는데도 순수함을 유지하는 것이다. 다만 인간은 그 누구라도 악을 경험하게 되면 온전히 선을 유지할 수 없다는 것이 문제다. 온 세상 가운데 악을 경험하고도 선을 유지할 수 있는 분은 오직 하나님 한 분뿐이다.

하나님께서 첫 사람에게 선악과를 따먹지 말라고 말씀하신 이유가 이것이다. 인간은 선과 악의 경계선을 넘어서서 그것을 분별하겠다고 하지만 그 뒤로 선을 유지할 인간이 없기 때문이다. 그러나 감사하게도 하나님은 악의 실체가 무엇인지, 악이 얼마나 어두운지 알고 계시면서도 선을 유지하고 계시고 선을 붙들고 계신다. 이것이 우리의 소망이다.

우리는 하나님의 선함과 진리 안에서 악을 분별하는 자리에 서야 한다. 눈을 가린다고 악이 사라지지 않고 순수함이 지켜지지 않는다. 예수님처럼 그 너머의 세계를 분별해야 한다. 예수님이 중풍병자에게 죄 사함을 선언하시자 서기관들은 속으로 신성모독이라고 말했다. 그러자 "예수께서 그 생각을 아시고 이르시되 너희가 어찌하여 마음에 악한 생각을 하느냐"(마 9:4)라고 말씀하셨다.

예수님이 안식일에 회당에서 오른손 마른 사람을 주목하시며 고치려고 하시자, 서기관과 바리새인들이 예수님을 고발할 증거를 잡으려고 노려보고 있었다. 그때였다. "예수께서 그들의 생각을 아시고 손 마른 사람에게 이르시되 일어나 한가운데 서라 하시니 그가 일어나 서거늘 예수께서 그들에게 이르시되 내가 너희에게 묻노니 안식일에 선을 행하는 것과 악을 행하는 것, 생명을 구하는 것과 죽이는 것, 어느 것이 옳으냐"(눅 6:8-9).

바로 이 세금 논쟁에서도 예수님은 그들의 속마음을 보고 계셨다. 그들의 사탕발림의 칭찬과 피할 수 없는 올무 앞에서도 예수님은 그들의 의중을 파악하고 계셨다. 그래서 마가복음의 대조 본문에서는 이렇게 기록한다. "우리가 바치리이까 말리이까 한대 예수께서 그 외식함을 아시고 이르시되 어찌하여 나를 시험하느냐"(막 12:15).

그러므로 예수님의 대화법에서 지혜를 배우라. 대답하기 전에 의중을 파악하라. 의중을 파악하기 전까지는 대답하지 말라. 어떻게 그런 지혜를 배우는가? 먼저 하나님 안에서 정결하고 정직하라. 그러면 그렇지 않은 것들이 걸러져서 보이게 되어 있다. 또한 성경에 등장하는 다양한 인간군상을 묵상하라. 지금 우리 주변에도 그대로 등장하는 사람들이기 때문이다.

대답할 권리와 침묵할 권리

> "세금 낼 돈을 내게 보이라 하시니 데나리온 하나를 가져왔거늘 예수께서 말씀하시되 이 형상과 이 글이 누구의 것이냐 이르되 가이사의 것이니이다"마 22:19-21.

예수님은 즉답을 하시기 전에 세금으로 내는 실물 동전을 가져오라고 하셨다. 그것은 로마에서 주조한 데나리온으로서 티베리우스 황제의 두상이 새겨져 있었고, "신성한 아우구스투스의 아들, 티베리우스 황제"라는 글귀가 적혀 있었다. 그러니 "이 형상과 이 글이 누구의 것이냐?"라는 질문에 저들은 "가이사의 것"이라고 답할 수밖에 없었다.

예수님은 전에도 간음하다 잡혀 온 여인을 돌로 쳐 죽이려는 성난 군중 앞에서 "죄 없는 자가 먼저 돌로 치라"는 한마디 말씀으로 저들이 스스로 돌아보게 만드사 상황을 반전시키지 않으셨는가. 이번에도 가장 민심을 자극할 수 있는 세금 이슈에 대한 질문에 예수님은 오히려 상황을 반전시키셔서 종교지도자들이 스스로 자문자답하도록 만드셨다!

세금을 내느냐 마느냐가 피해 갈 수 없는 질문이라고 생각했는데, 예수님은 이 상황을 반전시키셔서 질문자들이 피해 갈 수 없는 질문에 봉착하게 만드셨다. 예수님이 받은 질문은 상당히 거시적인 질문이었지만, 종교지도자들에게 던진 질문은 상당히 구체적인 질문이었다. 누구의 얼굴이고 글인지 묻는 말인데, 어떻게 답을 안 하겠는가. 애들도 아는 답을 말이다.

예수님은 세금 이슈에 마치 확대경을 갖다 대듯 문제의 핵심을 그들이 직접 보게 만드셨다. 우리는 때로 정치적 당위성, 종교적 당위성, 윤리적 당위성 때문에 사건의 실제성^{reality}을 놓칠 때가 많다. 그래서 당위성이 현실을 호도할 때가 많다. 윤리의식이 강한 사람들은 현실 감각이 떨어질 때가 많다. 우리는 영적인 사람이 되어야 하지만, 더불어 현실 감각을 갖춘 사람이 되어야 한다. 그래야 문제 파악 능력이 향상되고 영적 분별력도 더불어 좋아지기 때문이다.

    대답을 강요하는 사람에게 때로는 묵비권을 행사할 수 있다. 대답을 강요하는 사람에게 다급하게 답변을 하려고 하면 올무에 걸려들 확률이 높다. 당신의 답변은 당신이 신뢰하는 사람에게 주어야 한다. 당신을 공격하려는 사람에게는 주지 말라. 그리고 오히려 그들이 스스로 조급한 마음에 자신들의 입으로 답변하게 하라. 그러면 그들의 생각과 한계를 드러내게 된다.

"A 또는 B"가 아니라 "A 위에 B"다

> "이에 이르시되 그런즉 가이사의 것은 가이사에게, 하나님의 것은 하나님께 바치라 하시니" 마 22:21.

예수님은 저들의 대답을 이어가셨다. "가이사의 것이구나? 그러면 가이사에게 바치라." 아니 그렇다면 예수님께서 유대 율법의 기본 정신을 어기고 가이사의 통치를 인정하고 가이사에게 세금 바치는 것을 인정한다는 말인가? 그러나 예수님은 자신의 의견을 말씀하신 것이 아니라, 종교인들의 답변에 그대로 반응하셨을 뿐이었다. 그러니 종교인들 입장에서는 자신들이 말해 놓고 예수님께 항변할 수도 없는 상황이었다.

    하지만 누군가가 대화의 흐름을 인정하지 않고 예수가 결국에는 교묘하게 유대법을 부정하고 납세 의무를 지지했다고 주장할 수도 있는 상황이었다. 그러나 곧이어 엄청난 두 번째 반전이 일어났다. 왜냐하면 예수님께서 오늘 대화의 백미를 드러내셨기 때문이다. 그것은 무엇이었는가? "하나님의 것은 하나님께 바치라."

무슨 말씀인가? 은전이 황제의 것이면 황제에게 주되, 그 모든 물질조차도 하나님의 것이 아니냐는 말씀이었다. 너희는 "황제의 통치를 인정하냐, 마냐? 그것이 문제로다!"라는 이슈로 매일 싸우는데 그 대단하다는 로마 황제도 하나님이 허락하지 않으시면 통치하지 못한다. 결국에 황제도 제국도, 만물도 만민도 모두 하나님의 것이라는 말씀이다!

당신은 이 충격적인 예수님의 말씀이 이해되었는가? 질문자들은 "A 또는 B"로 접근했지만 예수님은 "A 위에 B"라고 대답하셨다. "가이사냐, 하나님이냐? 그것이 문제로다!"의 문제로 매일같이 머리 터지게 싸우는 사람들에게 "그것이 문제가 아니다. 가이사도 일시적일 뿐이다. 그 위에 하나님이 계시다! 이것을 아는 것이 정말 중요한 문제다!"라고 말씀하신 것이다.

우리 인생의 갈등과 고민은 무엇인가? 신앙인으로서 세상 속에 살면서 "세상인가, 하나님인가? 세상인가, 신앙인가?"라는 2D의 평면적인 구도 안에 갇혀 있으면 그 관점에서 벗어나지 못한다. 그러나 예수님은 3D의 입체적인 관점을 갖고 계시기 때문에 사람들이 전혀 상상하지 못했던 근본적인 답변을 해

주셨다.

우리는 왜 늘 두려워하는가? 늘 평면적인 관점에 갇혀 있기 때문이다. 말씀의 세계가 열리고 성령의 감동이 열려서 예수님의 관점이 열리고 예수님의 지혜의 언어가 열릴지어다! 예수님이 보셨던 이 입체적인 구도가 보이는 사람은 자유하다! 숲속에서 어디로 갈까 불안해하지 않는다. 숲 위에서 조망하고 있어서 길이 보이기 때문이다.

예수님이 보여 주신 제3의 길
세상 사람들은 모두가 편향적인 것에 목숨을 건다. "좌파냐, 우파냐? 진보냐, 보수냐? 체제 순응이냐, 체제 저항이냐?" 양단간에 틀에 가둬 놓고 대답하라고 강요한다. 그렇기 때문에 우리 삶은 운신의 폭이 좁고 영혼의 숨통이 조여온다. 아무리 봐도 길은 두 갈래밖에 없는데 어디를 가도 분쟁이요, 어디를 가도 실망이요, 어디를 가도 낭패일 뿐이다.

그런데도 왜 사람들은 좌에 목숨을 걸고 우에 목숨을 걸까? 그것은 정답을 찾고 싶은 마음 때문이다. 그러나 기억하라. 세상에서 정답을 찾아서 하나님의 뜻을 이루는 것이 아니다. 하나님이 주신 유일한 정답은 오직 예수 그리스도 한 분이심을 깨달으라. 그분을 인정하고 고백할 때 세상의 모든 정답이 열리게 되는 축복을 경험할 것이다.

예수님이 제3의 길을 보여 주지 않으셨는가! "좌와 우 위에 하나님이 계시다!" 좌나 우에 목숨을 걸지 말고 위에 계신 그분께 목숨을 걸라. 우리의 시민권은 땅이 아니라 하늘에 있지 않은가! "위의 것을 생각하고 땅의 것을 생각하지 말라"(골 3:2). 목회자도 법조인도 정치인도 사업가도 가정주부도 학생도 그리스도인이라면 제3의 관점, 예수님의 관점이 열려야 한다.

모세의 어머니 요게벳에게는 두 가지 선택밖에 없었다. 아이를 나일강에 버려 죽일 것인가, 아니면 숨기고 있다가 애굽군에게 발각돼 죽게 할 것인가? 우리가 자녀를 키울 때도 두 갈래 길밖에 보이지 않는다. 공부, 경쟁, 성공, 세상으로 내몰아도 죽게 생겼고, 엄마 품에 품고 종교 생활만 시켜도 죽게 생겼다.

그러나 요게벳이 기도하자 하나님은 제3의 길을 보여 주셨다. 그것은 공주가 나오는 나일강변에 아이를 두는 것이었다. 〈요게벳의 노래〉 가사를 보면 "정처 없이 강물에 흔들흔들 흘러 내려가는 그 상자를 보며"라고 읊는다. 그러나 틀린 표현이다. 요게벳은 공주가 볼 수 있게 갈대숲에 상자를 고정해 두었다. 그 자리는 폭풍의 눈 한가운데였다. 바로의 살해 명령을 바꿀 수 있는 것은 바로 일가뿐이었다. 기도하는 어미에게 하나님은 생명 길을 보여 주셨던 것이다.

바벨론에 포로로 잡혀갔던 다니엘은 정치인이 되지 않았는가. 그러나 여론몰이도 로비활동도 하지 않았다. 오히려 하나님께만 기도하니까 다른 정치인들에게 공공의 적이 되어 사자 굴에 들어가게 되었다. 하지만 다니엘에게는 "사자 굴에 들어

갈 것인가, 왕궁에 머물 것인가?"하는 것이 문제가 아니었다. 이 모든 것 위에서 하나님이 통치하심을 알았기 때문이다.

아이 사무엘도 어릴 적 성소에 바쳐졌으니 곱게 자랐는가? 절대 아니었다. 패역한 엘리 제사장이 문제였다. 그러나 성경은 "아이 사무엘이 엘리 앞에서 여호와를 섬길 때"(삼상 3:1)라고 말씀한다. 놀랍지 않은가? 사무엘은 성소에서 엘리의 심부름꾼일 뿐이었다. 그런데도 성경은 사무엘이 엘리를 섬겼지만 궁극적으로는 여호와를 섬겼던 것이라고 기록하고 있다.

직장 생활하는 성도 중에 "그리스도인인 내가 이 악한 상사 밑에서 계속 일을 해야 하나요? 그만두어야 하는 것 아닌가요?"라고 기도하는 분들이 있다. 하지만 사무엘도 부패한 제사장 엘리 밑에서 하나님을 섬겼다. 다윗도 악신에 휘둘리는 사울 왕 밑에서 하나님을 섬겼다. 친사울이냐, 반사울이냐로 고민하지 않았다.

하나님이 나를 이 자리에 두셨다면, 하나님이 나를 이 시대에 두셨다면, 이 애매하고 난감한 상황에서도 부르심의 자리에서 떠나지 말고 최선을 다해야 한다. 다만 "세상이냐, 하나님이냐? 그것이 문제로다!"라고 말하며 햄릿처럼 스스로 죽게 만드는 극단적인 길을 선택하면 안 된다. 오히려 이 모든 것 위에 하나님이 계심을 알고, 넓은 시야를 갖고 심호흡하며 하나님의 섭리의 때, 하나님의 역사 개입의 때를 기다릴 줄 아는 신앙을 가져야 한다.

우리의 인생도 마찬가지다. 자꾸 내면에서 원수가 거짓말로 질문한다. 그때 전경을 잘 조망하고 분별해서 답해야 한다. "사업에 성공하느냐 실패하느냐, 그것이 문제로다!" 맞는가? 아니다! 우리는 어떻게 답해야 하는가? "사업에 성공해도 하나님을 떠나면 소용없고, 사업에 실패해도 하나님 곁에 있다면 문제없다." 사업이 잘된 후에 영혼이 망하는 사람이 많고, 사업에 실패함으로 인해 영적 재기를 이루는 사람이 많기 때문이다.

"대학에 붙느냐 떨어지느냐, 그것이 문제로다!" 맞는가? 아니다. 우리는 어떻게 답해야 하는가? "대학에 붙어도 하나님과 멀어지면 낭패요, 대학에 떨어져도 하나님과 친밀해지면 더 좋은 길을 여실 것이다." 좋은 대학에 진학하고 신앙을 저버리는 자녀들이 많고, 큰 실패의 경험으로 인해 하나님의 살아계심을 경험하고 건강하게 승리하는 자녀들이 많기 때문이다.

리더들도 하나님 중심의 관점이 열려야 한다. "사람들이 나를 지지하느냐 반대하느냐, 그것이 문제로다!" 틀린 말이다. 지지파나 반대파가 당신의 인생을 좌우하는 것이 아니다. 하나님 한 분이 내 인생을 결정하신다. 예수님이 보셨던 입체 구도가 보이는 사람은 자유해져서 올무에 걸리지 않는다. 세상의 지뢰밭을 뛰어넘어 창공으로 비상하기 때문이다.

세상 모든 사람이 가는 길
언제나 세상은 두 갈래 길 위에 서 있다. 신앙적으로는 은혜와 진리, 사랑과 공의, 복음과 율법 사이에서 혼란스러워하는 이들이 많다. 통치 이념에서는 자율과 통제, 개인과 전체, 지방자치와 중앙집권 사이에서 끊임없는 진영 싸움이 벌어진다. 학문의 세계에서는 귀납법과 연역법, 사회학에서는 아래로부터의 접근과 위로부터의 접근, 인식론에서는 경험주의와 합리주의, 언어학에서는 기술 문법과 규범 문법으로 나누어진다.

교회의 구성원들을 보면 은혜파와 진리파로 갈라진다. 은혜파는 "어떻게 은혜의 하나님이 홍수 심판이나 지옥 심판 같은 끔찍한 징계를 내리실 수 있는가?"라고 질문하지만, 진리파는 "어떻게 공의의 하나님이 이 악한 세상과 악인들을 빨리 징계하지 않으시고 방관하실 수 있는가?"라고 질문한다. 은혜파는 내가 하나님보다 은혜로워서 문제고, 진리파는 내가 하나님보다 공의로워서 문제다. 그러나 양쪽 모두 어느 한쪽으로 기우는 편향성의 한계를 드러내고 만다.

사회를 다스리는 통치governance 방식에 있어서는 전체주의냐, 개인주의냐를 논하게 된다. 중앙집권으로 갈 것인가, 지방자치로 갈 것인가? 학교 같으면 교복을 입힐 것인가, 자율복을 입힐 것인가? 자녀 양육이나 직원 관리에 있어서는 통제냐, 자율이냐? 하지만 전체는 개인의 행복한 참여 없이 완성되기 어렵고, 개인은 전체의 평안 없이 존재하기 어렵지 않은가.

글쓰기와 학문의 영역에서는 귀납법과 연역법을 이야기한다. 귀납법은 많은 사례를 들어서 최후 결론을 내리고, 연역법은 먼저 결론을 언급하고 그에 해당하는 많은 사례를 든다. 귀납법이냐, 연역법이냐는 사례를 먼저 강조할 것인가, 결론부터 강조할 것인가의 차이일 뿐이고, 글을 쓰는 방식의 차이일 뿐이지 어느 쪽도 절대적으로 옳은 방법은 없다.

사회학sociology에서 말하는 두 가지 접근법도 생각해 보자. 우리나라 선교 역사를 보면 천주교가 먼저 포교되었음에도 왕과 관리들을 대상으로 하는 위로부터의 접근이었기 때문에 백성들에게까지 확산되지 못했다는 평가가 있고, 개신교는 아래로부터의 접근이었기 때문에 민초 가운데 넓고 깊게 뿌리를 내릴 수 있었다는 평가가 있다. 그러나 이 또한 역사적인 상황에 따라 최적의 접근법이 달라진다.

인식론의 두 가지 기둥인 경험주의Empiricism와 합리주의Rationalism를 보자. 합리주의는 이성적 판단을 한 후에 해당 사례들을 언급하기 때문에 논리적 흐름은 연역법과 같다. 반면 경험주의는 많은 사례들을 경험적으로 제시한 후에 그에 따른 결론에 이르기 때문에 논리적 흐름이 귀납법과 같다. 사람들이 자기주장을 할 때 이론과 실제 중에 어느 쪽을 먼저 말하느냐에 따라 이성적 판단이 먼저냐, 경험적 사례가 먼저냐가 달라질 뿐이다.

언어학에서는 기술 문법descriptive grammar과 규범 문법prescriptive grammar으로 나뉜다. 기술 문법은 언중言衆이 사용하는 언어를 그대로 기술해서 사전과 구문법에 올려 주는 방식이다.

그것이 기존에 없던 단어나 표현법이어도 언중이 사용하면 받아들인다. 반면에 규범 문법은 마치 표준어처럼 이미 정해져 있는 단어와 구문들을 규범으로 제시하고 그에 맞지 않는 표현들은 그르다고 판단하는 방식이다. 실제 사례들이 중요한가, 아니면 합리적 기준이 중요한가에 따라 나뉜다는 점에서, 경험주의와 합리주의의 차이와 같은 것이다.

미로의 어느 지점에서도 하늘은 열려 있다!
세상의 다양한 분야들을 이렇게 정리하자면 끝이 없을 것이다. 인생은 2D의 평면 위에서 오른쪽으로 갈 것인가, 왼쪽으로 갈 것인가의 선택에 갇혀 있다. 그러나 세상에 어느 한쪽 방향도 완벽한 것은 없다. 완벽한 이론도, 완벽한 방법론도 존재하지 않는다. 그래서 모든 사람은 이 양 갈래 길 위에서 고뇌한다. 학생도 학자도 기업인도 정치인도 종교인도 모두 마찬가지다.

그래서 우리 모두에게는 예수님의 3D 입체적 관점이 열려야 한다. 바리새인들이 지향하는 친민족 반제국으로 갈 것인가, 헤롯당원들이 지향하는 반민족 친제국으로 갈 것인가가 아니다. 그것은 저들이 예수님께 놓은 덫이 아니라 자신을 가둬 두고 있는 관점의 덫일 뿐이다. 예수님은 그 위에 하나님이 계시다는 사실을 알고 계셨고 보고 계셨다!

예수님의 입체적 관점이 열리면, 논문을 쓰는 학생의 논지 thesis 자체가 달라지고, 기업인의 시장을 해석하는 방식과 퍼플

오션(기존 경쟁이 치열한 레드오션과 미개척의 새로운 시장인 블루오션의 특징을 동시에 지닌 시장) 창출의 활로가 달라지고, 정치인의 시국을 통찰하는 시야와 대안 제시가 달라진다. 또한 전통적인 교회와 혁신적인 교회 사이에서 고민하던 목회자는 본질적인 교회를 통해 정통을 바탕으로 혁신을 이루는 제3의 길을 가게 될 것이다.

하나님의 사람들은 하나님의 관점이 열린 사람들이다. 세상 사람들과 똑같은 관점에 갇혀 있다면 똑같은 눈높이에 서 있는 것과 같다. 우리는 은혜의 창공을 비상하며 하나님이 천상에서 지상을 바라보시는 관점을 가져야 한다. 예수님의 관점이 열려야 한다. 지상에는 땅길과 바닷길밖에 없는 것 같지만 그 위에 언제나 하늘길이 열려 있지 않은가!

우리가 세상에 살면서 세상 사람들의 방식으로 이곳에 적응하고 성공하겠다고 하면, 결국에는 그들과 똑같은 전망대 prospect point에 서게 된다. 그리스도인의 특권이 무엇인가? 하늘에 속한 사람들이기에 하나님의 관점으로 세상을 볼 수 있다는 점이다. 그래서 하나님의 관점이 열리면, 답이 없어 보이는 답답한 현실 속에서도 놀라운 해답이 보이기 마련이다.

인생은 마치 미로 안에서 사는 것과 같다. 미로 안에서는 좌로 갈 것인가 우로 갈 것인가, 앞으로 갈 것인가 되돌아갈 것인가의 선택밖에 없다. 그러나 인생의 미로에 출구가 없다는 사실을 알게 되는 순간 모든 인간은 절망하게 된다. 다만 하나님을 믿는 사람들이라면 모두가 아는 한 가지 진실이 있다! 미로의 어느 지점에 서 있어도 하늘이 열려 있다는 사실이다.

이 관점이 열려 있는 사람은 결코 낙심하지 않는다. 결코 무너지지 않는다. 결코 절망하지 않는다. 어떤 공격을 당해도 승리할 수 있고, 어떤 질문을 받아도 대답할 수 있다. 위에서 내려다보시는 예수님의 넓은 시야가 그 사람에게 열려 있기 때문이다.

오직 예수! 오직 예수! 오직 예수!
"가이사의 것은 가이사에게, 하나님의 것은 하나님께!"라는 예수님의 말씀을 제대로 이해하지 못한 사람이 있다면, 예나 지금이나 예수님을 친제국주의자로 오해할 것이다. 하지만 예수님은 궁극적으로 로마황제를 인정하신 게 아니라, 잠시만 로마황제를 인정해 주셨을 뿐이었다.

하나님이 허락하지 않으시면 세상의 어떤 권력도 그 자리에 있을 수 없다. 그러므로 예수님은 로마 권력 아래에서 황제를 받아들이신 것이 아니라, 로마 권력 위에서 그를 한시적으로 용인하고 계신 것이었다. 예수님이 세상 권세에 굴복하고 계셨던 것이 아니라, 세상 권세가 예수님 아래에 굴복해 있는 상황이었던 것이다.

"그들이 이 말씀을 듣고 놀랍게 여겨 예수를 떠나가니라"(마 22:22). 사람들은 예수님의 답변에 충격을 받고 떠나갔다.

전혀 예상하지 못한 대답이었기 때문이다. 온 우주만물을 다스리시는 분이 아니었다면 그런 답변은 불가능했으리라.

하나님의 사람들이여, 예수님의 관점이 당신에게 있는가? 아니면 편향된 관점에 붙잡혀 있는가? 대한민국의 정치 양극화의 현실을 보며 안타까울 때가 많다. 나라도 건강하게 지켜야 하고 국민 개개인도 존중해야 한다. 어떻게 양쪽을 다 붙잡을 것인가? 인간의 제한된 지혜와 능력으로는 불가능하다. 오직 이 모든 것을 섭리하시는 하나님만이 하실 수 있는 일이다.

예수님을 보라. 이혼 문제에 관해서는 하나님이 하나 되게 하신 것을 사람이 나눌 수 없다는 매우 보수적인 입장이셨다. 그러나 안식일 준수에 관해서는 사람이 안식일보다 중요하다는 매우 자유롭고 진보적인 입장이셨다. 우리는 진보적인가 보수적인가를 넘어 성경적인 사람들이 되어야 하고, 예수님이 가지셨던 하나님 나라의 관점 위에 서야만 건강해질 수 있다.

이 나라 대한민국의 역사를 하나님이 붙들고 계심을 신뢰하자. "오직 예수! 오직 예수! 오직 예수!" 오직 예수 그리스도 한 분이다. 그분 외에는 구원이 없고 그분 외에는 생명이 없다. 교회는 정치 논쟁을 하지 않는다. 교회는 오직 복음 증거를 할 뿐이다. 복음만이 세상을 변화시킬 수 있다. 성도들이여, 천성문 앞에 서는 그날까지 오직 예수님만 붙잡는 성도가 되자. 세상의 구원은 정치 이념에 있는 것이 아니라 오직 예수 그리스도의 이름에 있기 때문이다.

7장. 예수님의 대화를 본받으라
나눔 질문

Q1 진퇴양난에 빠져서 이럴 수도 없고 저럴 수도 없었던 적이 있었다면, 또는 인간관계에서 이 사람 편을 들 수도 없고 저 사람 편을 들 수도 없어 난처한 적이 있었다면, 그때 어떻게 처신하고 어떻게 해결했는지 나눠 봅시다. • 인생이 진퇴양난에 빠질 때(마 22:15)

Q2 바리새인들은 예수님을 잡기 위해서 평소에 대립각을 세우던 헤롯당원들과 손을 잡았습니다. 나는 나를 도와줄 사람들과 인간관계를 맺는지, 아니면 삶과 신앙과 비전을 나눌 수 있는 사람들과 교제하는지 돌이켜보고 이야기를 나눠 봅시다. • 거짓 칭찬은 감정적 뇌물이다(마 22:15-16)

Q3 예수님은 진리 안에서 자유하고 담대하셨지만, 종교지도자들은 갈수록 자기 합리화와 궤변에 빠졌습니다. 점차 종교인으로 변질되어 가는 것을 주의하고 진실된 신자로 살아가려면 어떻게 해야 할지 나눠 봅시다. • 진리 안에서 자유하고 담대하라(마 22:21)

Q4 예수님은 사람들이 바라보는 "가이사냐, 하나님이냐?"라는 대립 구도를 벗어나 "가이사 위에 하나님이 계시다!"라는 입체적 구도로 세상을 바라보셨습니다. 곤란한 세상사에 빠져 있을 때 예수님의 관점, 예수님의 시야를 확보하려면 어떻게 해야 할지 나눠 봅시다. •"A 또는 B"가 아니라 "A 위에 B"다(마 22:21)

Q5 예수님의 대화는 언제나 사람들을 하나님께로 인도하는 데 있었습니다. 공동체 안에서 불필요한 논쟁이나 자기주장을 넘어서, 사람들을 하나님께로 인도하는 대화를 하기 위해서는 어떤 노력이 필요한지 함께 나눠 봅시다. •오직 예수! 오직 예수! 오직 예수!(마 22:22)

"서로 친절하게 하며 불쌍히 여기며 서로 용서하기를
하나님이 그리스도 안에서 너희를 용서하심과 같이 하라"
엡 4:32

8장

예수님의 용서를 본받으라

누가복음 23장 33-35절

왜 참혹한 십자가여야 했는가?

> "해골이라 하는 곳에 이르러 거기서 예수를 십자가에 못 박고 두 행악자도 그렇게 하니 하나는 우편에, 하나는 좌편에 있더라"
> 눅 23:33.

성금요일에 예수님은 십자가에 달리셨다. 자기 땅에 오셨지만 자기 백성은 예수님을 영접하지 아니하고 거부했다. 십자가 처형이 이뤄진 장소는 히브리어로는 골고다, "처형의 언덕"이었는데, 헬라어로는 "해골"^{Skull}이라는 뜻이었고, 라틴어로는 "갈보리^{Calvary}"였다. 지형이 해골 같은 모양이었기 때문일 수도 있고, 수많은 죄수가 처형받은 언덕이기 때문일 수도 있다.

예수님은 저주의 언덕에서 저주의 나무에 달려 죽으셨다. "나무에 달린 자는 하나님께 저주를 받았음이니라"(신 21:23). 지상에서 최초로 저주받은 자는 인간을 범죄케 만든 뱀 아닌가(창 3:14)! 하나님이 사랑하시는 존재는 저주하지 말라고 하지 않으셨는가(민 22:12)! 하나님께 불순종한 자에게 임하는 저주가 어떻게 전적으로 순종하신 주님께 임하였는가(신 28:15)!

"그러므로 예수도 자기 피로써 백성을 거룩하게 하려고 성문 밖에서 고난을 받으셨느니라"(히 13:12). 예수님은 마치 구약시대에 부정한 자를 영문 밖으로 내보내는 것처럼, 성문 밖으로 쫓겨나 처형을 당하셨다. 문밖에 서 있는 부정한 자들을 문안으로 들어오게 하시기 위해서 당신 자신이 직접 문밖으로 걸어 나가셨던 것이다.

예수님이 죄인이라는 사실을 증명이라도 하려는 듯, 좌우에 두 행악자를 못 박았다. 예수님은 우리를 속죄하러 오셨는데 놀랍게도 인간들은 그런 주님을 정죄했다. 왜인가? 우리는 죄를 해결하기보다 죄를 가리는 데 더 급급했기 때문이다. 우리는 종종 우리 죄를 가리기 위해 역으로 타인을 정죄하며 자기 의라는 반사이익을 얻으려 하고, 심지어 하나님도 정죄하며 의로운 고지에 서려고 한다. "왜 선악과는 만들어서 세상을 이렇게 고통스럽게 만드셨는가?"

그러면 예수님은 죄인이 되신 것을 억울해하셨는가? 예수님은 죄인인 우리를 구원하시기 위해 기꺼이 죄인이 되어 주셨다. 성경통독을 하는 분들에게 이런 질문을 받는다. "왜 굳이 그렇게 참혹한 죄인의 형상으로 죽으셔야 했는가?" 이것은 이런 질문과 같다. "왜 굳이 불뱀에 죽어가는 사람들을 살려내기 위해 놋뱀을 장대에 달아서 보게 하셨는가? 비둘기 같은 좋은 형상을 달아서 보여 주실 수도 있지 않았는가?"

왜였는가? 예수님은 죄인을 구원하기 위해 죄인이 되셨고, 죄악이라는 뱀독에 중독된 사람들을 살리기 위해 친히 놋뱀처럼 나무 위에 달리신 분이다. "모세가 광야에서 뱀을 든 것같이 인자도 들려야 하리니 이는 그를 믿는 자마다 영생을 얻게 하려 하심이니라"(요 3:14-15). 예수님은 죄인의 수술대 위에 대신 오르는 것을 마다하지 않으셨고, 죄인의 처형장 가운데 본인이 직접 서는 것을 거절하지 않으셨던 것이다.

제가 대가를 치르겠습니다

> "이에 예수께서 이르시되 아버지 저들을 사하여 주옵소서 자기들이 하는 것을 알지 못함이니이다 하시더라" 눅 23:34.

예수님께서 십자가에서 하신 일곱 가지 말씀, 가상칠언架上七言 가운데 가장 처음 하신 말씀이 이 말씀이다. 자신을 정죄하고 모욕하고 저주하고 죽이는 자들을 용서해 달라고 아버지께 기도하셨다. 어떻게 그럴 수 있는가? 도대체 용서란 무엇인가?

이렇게 말도 안 되는 죄악을 그냥 덮어 주고 봐주는 것이 용서인가?

용서容恕의 용容은 "수용하다", 서恕는 "같은 마음"이라는 뜻이다. 놀랍게도 용서의 한자 풀이는 지극히 성경적이다. 용서는 단순히 잘못을 덮어 주는 것이 아니라 상대방의 입장과 마음을 같이하는 것이기 때문이다. 예수님은 죄인인 우리의 입장이 되어 주셨다. 스스로 죄인이 되셨다는 점에서 그렇고, 존귀한 하나님 자녀의 신분을 회복해 주셨다는 점에서도 그렇다.

더 나아가 예수님의 용서는 단순히 죄를 봐주는 정도를 넘어, 잘못을 저지른 상대가 치러야 하는 대가를 대신 치르시는 것이었다. 생각해 보라. 멀쩡하게 주차한 차를 접촉사고 낸 사람이 있다면 당신은 어떻게 하겠는가? 몇 년 전에 다른 차가 내 차를 접촉사고 낸 적이 있었다. 카센터에 갔더니 직원이 "이참에 앞 범퍼 전체를 싹 가세요"라고 했다. 내가 "그럴 수는 없습니다"라고 했더니, 직원은 "원래 다 그렇게 하는 거예요"라고 말했다. 그러나 도저히 그럴 수는 없었다.

접촉사고 낸 사람을 때로는 넓은 아량으로 그냥 봐주고 용서해 줄 수도 있다. 하지만 만약 망가진 차에 대한 수리비를 내가 내야 한다면 어떻겠는가? 그것도 내 차 수리비도 아니고 사고를 낸 그 사람의 차 수리비를 내가 물어 줘야 한다면 말이다. 세상에 누가 그렇게까지 해줄 사람이 있겠는가.

인간이 죄를 지었다. 아름다운 세상을 망쳐 놓았고 존귀한 하나님의 형상도 더럽혀 놓았다. 하나님은 천지만물의 주인이신데 그 정도는 눈감아 주실 수 있다고 생각하는가? 그런데 그 죄를 지은 내가 죽어야 하는데 오히려 하나님이 대신 그분의 생명을 내주셔야 한다면 하나님은 과연 어떠실까? 이것은 상상이 불가능한 일이다. 하나님이 왜 그런 선택을 하셔야 하는가?

예수님이 십자가에 달리자마자 하나님께 용서를 구하셨다는 사실을 기억하자. 세 개의 못에 온몸의 하중을 실으셔야 했고 가시면류관을 쓰신 얼굴은 피범벅이었다. 게다가 후대의 화가들은 옷을 걸쳐 놓았지만 당시 십자가형에 달리는 죄수는 옷이 모두 벗겨졌다. 고통과 수치의 극한에서 예수님은 아버지께 외치셨다. "제가 대가를 치르고 있지 않습니까! 저들에게 죄를 돌리지 마시고 용서해 주셔야 합니다! 저들은 자신들이 무엇을 하는지도 모르잖습니까."

내가 너희를 사랑하였노라

십자가의 대속代贖, redemption은 단순한 용서가 아니었다. 끝까지 용서하시고 또 용서하시려는 하나님의 사랑의 정점이었다. 에덴동산에서부터 하나님의 용서는 이미 시작되었다. 인간이 선악과를 따먹자마자 하나님은 "여자의 후손"으로 오실 예수님을 통해 우리 죄를 사하시고 구원하실 계획을 발표하셨기 때문이다(창 3:15).

죄 많은 백성들의 죄를 어떻게든 씻어내시겠다고 수없이 양과 염소의 피를 흘리시면서 저들을 용서하시는 레위기를 보면, 용서에 대해 하나님은 거의 강박적이시다. 이렇게까지 하나님이 피 흘림에 집착하신 이유는, 그들이 죄 사함을 받지 못하면 거룩하신 하나님이 그들과 동행하실 수 없기 때문이었다. 하나님은 우리의 죄를 용서하시기 위해 어떤 희생도 감수하실 참이었다.

그뿐인가. 이스라엘 역사를 보면, 하나님은 시작부터 용서하기로 이미 마음을 먹으신 분이었다. 시내산에서 혼인 서약을 하자마자 우상숭배라는 외도를 한 백성인데도 모세가 중보기도하자 그들을 용서해 주시고는, 그들과 함께 지낼 신혼집인 성막Holy Tent을 세울 수 있게 해주셨다. 게다가 왕정 역사에서 최악의 왕이었던 아합이 잠시 회개하자 기다렸다는 듯이 용서해 주셨다(왕상 21:29).

고대 중근동의 역사에서 가장 잔인하기로 악명이 높았던 앗수르 제국의 죄에 대해서 하나님이 진노하신 적이 있었다. 그러나 요나가 앗수르 제국의 수도 니느웨에서 하나님의 심판을 선언한 뒤 왕에서부터 모든 백성이 회개하자 하나님은 선지자가 무색하게 심판을 거둬 버리셨다. "하나님이 그들이 행한 것 곧 그 악한 길에서 돌이켜 떠난 것을 보시고 하나님이 뜻을 돌이키사 그들에게 내리리라고 말씀하신 재앙을 내리지 아니하시니라"(욘 3:10).

결국에 기원전 722년 북이스라엘은 우상숭배와 타락으로 앗수르 제국에게 망하고, 기원전 586년에 남유다도 우상숭배와 타락으로 바벨론 제국에게 망했다. 그 절망적인 상황에서도 하나님은 안타깝게 부르짖으셨다. "주 여호와의 말씀이니라 내가 어찌 악인이 죽는 것을 조금인들 기뻐하랴 그가 돌이켜 그 길에서 떠나 사는 것을 어찌 기뻐하지 아니하겠느냐"(겔 18:23).

사람들은 성경을 부분적으로만 보고 하나님을 오해한다. 구약의 하나님은 무서운 심판의 하나님이시고, 신약의 예수님은 자비로운 용서의 하나님이라고 생각한다. 과연 그런가? 하나님은 세상에 온통 죄악이 가득한 때에(창 6:5) 에녹과 그의 아들 므두셀라("그가 죽으면 심판이 임하리라")를 통해 경고하시고도, 죄인들이 돌아오기를 하염없이 기다려 주셨다! 예언대로 므두셀라가 향년 969세로 죽던 해가 바로 노아가 600세 되어 홍수심판이 내린 해였다. 하나님은 "혼난다! 혼난다!" 말씀하시고 거의 1천 년을 기다려 주셨던 것이다.

그뿐인가. 기원전 15세기에 출애굽했던 이스라엘 백성은 시내산 앞에서도 우상숭배를 했고, 사사시대에도 우상숭배를 했고, 왕정시대에도 우상숭배를 했다. 하나님이 거룩한 나라를 세우라고 특명을 주셨는데도 가나안 땅을 주신 것을 특혜로만 여기고 영적 안일과 교만에 빠져 있었다. 결국 남유다가 기원전 6세기에 무너지기까지 하나님은 또 다른 1천 년을 기다려 주셨던 것이다.

"여호와께서 이르시되 내가 너희를 사랑하였노라 하나 너희는 이르기를 주께서 어떻게 우리를 사랑하셨나이까 하는도다"(말 1:2). 사실 예수님의 십자가 용서는 하나님의 끝없는 사랑이었다. 모든 것을 희생하는 사랑, 당신의 생명까지 내어주시는 사랑이었다.

예수님의 십자가의 진심

> "내가 그리스도와 함께 십자가에 못 박혔나니 그런즉 이제는 내가 사는 것이 아니요 오직 내 안에 그리스도께서 사시는 것이라 이제 내가 육체 가운데 사는 것은 나를 사랑하사 나를 위하여 자기 자신을 버리신 하나님의 아들을 믿는 믿음 안에서 사는 것이라"갈 2:20.

성자 예수님의 마음도 성부 하나님의 마음과 다르지 않으셨다. 십자가는 예수님의 생애에서 한순간의 사건이었지만, 예수님이 지속적으로 보여 주신 사랑의 단면이었을 뿐이다. 그렇다고 십자가 속죄의 의미를 축소시키려는 것은 아니다. 오히려 정반대로 예수님이 매일 매 순간 사람들에게 보여 주셨던 마음이 십자가에서의 진심과 같은 크기였음을 알아야 한다는 뜻이다.

생각해 보라. 어부 시몬을 부르실 때 예수님은 정성을 다하셨다. 시몬은 생계형 가장이었기 때문에 쉽게 갈릴리를 떠날 수 없는 사람인 것을 아셨다. 동생 안드레를 통해서 처음 그의 미래를 말씀해 주셨고(요 1:42), 그의 장모가 아플 때 친히 심방해서 고쳐 주셨으며(눅 4:38-39), 많은 물고기를 낚는 기적을 통해 그를 제자로 부르셨다(눅 5:1-11). 그때 이미 예수님은 그가 주님을 세 번이나 부인하며 배신할 것을 아셨지만, 시몬을 위한 십자가를 지기로 결단하셨던 것이다.

세리 마태를 부르실 때도 예수님 주변에 몰려들어 환호하던 무리들이 일순간 싸늘해졌던 것을 아는가. 세리의 집에서 예수님이 왁자지껄 떠들며 잔치를 벌이실 때 바리새인들만 화가 났던 것이 아니었다. 그러면 예수님은 먹기를 탐하고 포도주를 즐겨하시기에 아무 생각이 없으셨을까? 예수님은 존귀한 하나님의 사람으로 거듭날 마태를 위해 그날 십자가를 기꺼이 지셨던 것이다. 그를 위해 받는 비난과 모욕과 정죄의 십자가를 주님은 부끄러워하지 않으셨다.

예수님이 이방인의 땅이었던 데가볼리 지역에 가셨을 때 거라사에서 만난 광인狂人을 기억하는가. 그는 한두 마리도 아닌 군대 규모의 귀신이 들린 자였다. 이방인 지역에서도 포기한 문제아를 살려내느라 2천 마리의 돼지 떼를 희생시키신 예수님은 주인에게 엄청난 재산 피해를 입힌 범죄자가 되어 있었다. 예수님은 모두가 포기한 한 인생을 건져내시기 위해서 그날도 원망과 비난과 거절의 십자가를 마다하지 않고 지셨다.

지금도 성경통독을 할 때마다 나오는 질문이 있다. "왜 예수님은 돼지 떼 2천 마리가 바다에 들어가 몰사하게 만드셨나요? 왜 주인에게 엄청난 피해를 입히셨나요? 그러지 않고도 고치실 수 있지 않았나요?" 다 합리적인 이야기다. 그러나 예수님께서 망가진 하나님의 형상 한 사람을 살려내시는 일에 있어서 그 어떤 것도 아까워하지 않으셨다는 점에는 잘 주목하지 않는다. 당신의 생명까지 내어주실 분이 무엇이 아까우셨겠는가!

간음 현장에서 잡혀 와 성전 앞에 던져진 여인을 위해서 "너희 중에 죄 없는 자가 먼저 돌로 치라!"(요 8:7)라고 말씀하실 때도 예수님은 그녀를 위해 기꺼이 돌을 맞을 각오가 되어 있으셨다. 예수님은 이 땅에서 사셨던 매 순간 십자가의 진정성을 가슴에 품고 계셨던 것이다. 예수님은 온 인류를 위한 속죄라는 대의 때문에 십자가를 지신 것이 아니다. 예수님은 망가진 나 한 사람을 살려내고자 기꺼이 십자가를 지신 것이다. 이것이 예수님의 십자가의 진심이다.

모든 것을 내어주시다

"그들이 그의 옷을 나눠 제비 뽑을새 백성은 서서 구경하는데 관리들은 비웃어 이르되 저가 남을 구원하였으니 만일 하나님이 택하신 자 그리스도이면 자신도 구원할지어다 하고"눅 23:34-35.

예수님은 모든 것을 내어주셨다. 그분의 생명도, 그분의 영광도, 그분의 옷까지 내어주셨다. 예수님을 십자가에 못 박은 로마 군병들은 예수님의 옷을 제비 뽑아 가져갔다. 당시 십자가에서 죽는 사형수의 옷은 처형을 집행한 군병들의 몫이었다. "내 겉옷을 나누며 속옷을 제비 뽑나이다"(시 22:18). 다윗의 예언적 시편이 응답되는 순간이었다.

백성들은 대단한 볼거리가 생긴 듯이 구경을 하고 있었다. 관리들은 남은 구원하더니 자기 자신은 구원하지 못한다며 비웃고 손가락질하고 조롱하고 있었다. 생전에 예수님이 병자들을 치유하시고 가난한 자들을 먹이시고 귀신 들린 자들을 자유케 하시고 죽은 자들까지 살려내시지 않았는가. 그런데 정작 자신은 구원하지 못하는 신세가 된 것을 조롱하는 것이었다.

캐나다에서 이민교회 목회를 할 때 보면, 자녀들에게 좀 더 좋은 교육 환경을 주고 싶어서 이민 오시는 성도들이 많았다. 그 대신 한국에서는 좋은 대학 나와 좋은 직장에 다녔지만, 캐나다에 와서는 세탁소에서 일하고 마트에서 일하고 공사현장에서 일하는 수고와 수모를 감수해야 했다. 그렇게 해서라도 자녀들을 키워 좋은 대학에 보내면 그것으로 만족했다.

하지만 그렇게 키워 준 자녀들이 때로는 가슴을 아프게 할 때가 있다. "아빠는 왜 영어 발음이 그래? 엄마는 왜 영어를 못해?" 북미의 경제나 정치사회 상황을 잘 모르고 부모가 말하면, "아빠 엄마는 왜 그렇게 무식한 소리를 해. 창피해"라고 한다. 북미 이민자들뿐이겠는가. 이 땅의 수많은 부모가 자식의 안위를 위해 자신의 안위를 희생하여 사는데, 과연 자녀들은 그것을 아는가?

1490년 독일에 가난한 두 젊은 화가 지망생이 있었다. 알브레히트 뒤러와 프란츠 나인스타인이다. 두 사람은 가난해서 미술 공부와 생계를 병행할 수 없었다. 그래서 나인스타인은 뒤러에게 먼저 공부하라고 하고 자신이 돈을 벌겠다고 했다. 뒤러는 결국 유명한 화가가 되었고 이제는 친구에게 기회를 줄 때가 되었다고 생각했다. 그런데 집에 돌아와 보니 친구 나인스타인이 두 손을 모으고 기도하고 있었다.

"하나님, 저는 이미 고달픈 노동으로 인해 손이 너무 굳어져서 그림을 그릴 수가 없습니다. 하지만 저 대신 제 친구 뒤러가 뛰어난 화가가 되었으니 저는 그것으로 더 이상 바랄 것 없이 감사합니다." 그 순간 뒤러는 종이를 꺼내 친구의 기도하는 손을 그렸는데, 이것이 그 유명한 〈기도하는 손〉이라는 작품이다.

용서란 무엇인가? 용서란 자신을 구원하기보다 상대를 구원하는 선택이다. 부모가 자식을 구원하는 길을 선택하고, 스승이 제자를 구원하는 길을 선택하고, 사랑하는 사람이 사랑하는 이를 구원하는 길을 선택하는 것, 그것이 참된 용서다. 용서는 그렇게 구원을 위해 나의 모든 것을 내어주는 헌신이다.

인간이 어떤 존재인지 안다면

"그 때에 베드로가 나아와 이르되 주여 형제가 내게 죄를 범하면 몇 번이나 용서하여 주리이까 일곱 번까지 하오리이까 예수께서 이르시되 네게 이르노니 일곱 번뿐 아니라 일곱 번을 일흔 번까지라도 할지니라" 마 18:21-22.

베드로가 예수님에게 이렇게 질문했던 이유는 무엇이었을까? 다른 제자들 중에 감히 보스 기질의 베드로를 열받게 한 사람이 있었던 것일까? 아니면 예수님 주위에 모인 무리들 중에 무례하게 구는 사람들이 있었던 것일까? 그러나 베드로는 나름 상남자로서 자신은 그런 사람을 일곱 번씩이나 용서해 줄 마음이 있다는 것을 내심 자랑하고 싶었던 것 같다.

그러나 예수님은 베드로에게 그것 같고는 안 된다고 일침을 놓으셨다. 그것보다 70배는 더 용서해야 한다고 말씀하셨다. 다시 말하자면, 제한을 두지 말고 끝까지 용서하고 받아 줄 마음을 가져야만 진정한 용서라고 말씀하신 것이다.

그러면서 드셨던 예화가 있다. 1만 달란트(1만×5억 원=5조 원)를 빚진 자가 있는데 주인이 그를 용서해 주었다는 것이다. 정말 평생을 갚아도 갚을 수 없는 거액이었고 엄청난 은혜였다. 그런데 그가 자신에게 1백 데나리온(1백×5만 원=5백만 원)을 빚진 친구를 감옥에 처넣는다면, 주인이 그를 불러다 "이 나쁜 녀석! 내가 너를 불쌍히 여겼는데 너도 친구를 불쌍히 여겨야 하지 않느냐!" 하며 감옥에 넣을 것이라는 이야기였다.

그러면서 예수님이 결론적으로 주신 말씀이 충격이다. "너희가 각각 마음으로부터 형제를 용서하지 아니하면 나의 하늘 아버지께서도 너희에게 이와 같이 하시리라"(마 18:35). 그렇다면 누군가를 용서하지 못하는 사람은 하나님께 용서받지 못하고 천국에도 들어가지 못한다는 말씀인가? 믿음 구원인 줄 알았는데, 행위 구원이었는가? 이런 절박한 질문을 하게 된다.

성도들 가운데 신앙이 좋은데도 "도저히 내가 그 인간은 용서 못 하겠다"는 분들이 있다. 주님이 우리를 용서해 주신 것과 같이 우리도 용서하라고 하시니, 도저히 그렇게는 못 하겠다는 것이다. 그러면 우리는 어떻게 해야 할까?

첫째, 먼저 정직한 인간 이해가 필요하다. 종종 성도님들을 상담하다 보면 가장 가까운 사람에게 실망해서 "어떻게 그 사람이 나에게 이럴 수 있나요?"라고 말하는 경우가 있다. 그러면 나는 반문한다. "어떻게 내가 인간으로서 이럴 수가 있지 싶을 정도로 자신에게 실망하고 절망해 본 적이 없으신가? 내가 한심한 죄인이라는 사실을 깨닫지 못하셨는가?"

인간은 모두가 죄인이다. 그리고 우리는 가장 가까이에 있는 사람들에게 배신감과 실망감을 느낀다. 배신은 길 가다 마주친 사람에게 당하는 것이 아니라 친밀한 사람, 신뢰하는 사람에게 당하는 것이기 때문이다. 그래서 그럴 때 너무 놀라지 말라. 내 부모도 죄인이요, 내 남편과 아내도 죄인이요, 자식들도 죄인이다.

아이들도 마찬가지다. 평소에는 천사같이 예쁘지만, 자기 뜻대로 안 된다고 울며 떼쓰거나, 친구의 장난감을 뺏겠다고 할퀴고 달려들 때 얼굴을 보면 그들도 다 죄인이다. 죄인이 아닌 인간이 없다. 나라고 별 수 있는가? 내가 세상 죄인들 중에서 최악의 죄인이다. 죄인이 죄인을 보면서 뭐 그렇게 놀라는가. 굴뚝 청소하는 사람이 동료 얼굴 보고 놀라는 격이다.

사실 인간에게 용서란 사치스러운 용어이고 불가능한 개념이다. 사랑하는 가족도, 친한 직장 동료도, 교회 지체들도 서로가 서로에게 피해자이면서 가해자이기 때문이다. 나도 누군가에게 상처를 주며 살아오지 않았는가. 무서워서 먼저 소리를 지르기도 하고, 거절이 두려워서 먼저 거절하기도 하고, 피해자가 되기 싫어서 가해자가 되기도 하지 않았는가. 정직한 인간 이해가 있다면, 죄의 굴레에 묶여 있는 상대를 보면서 긍휼한 마음이 드는 것이 정상이다.

우리는 모두 죄인이라는 사실, 모두 망가진 존재여서 종종 역기능적으로 작동된다는 사실을 인정하라. 그리고 우리 모두에게 하나님의 사랑과 용서와 은혜가 필요하다는 사실을 인정하라. 그래야만 참된 치유와 회복과 평화가 우리의 가정과 교회와 공동체에 임하게 된다. 그러므로 인간에게 용서란 노력의 문제가 아니라 인정의 문제가 아니겠는가.

용서라는 말이 무색해지다

둘째, 우리 모두에게는 예수님의 용서가 절실히 필요하다. 예수님이 베드로에게만 용서에 관한 충격적인 말씀을 하신 것이 아니다. 주기도문에서 어떻게 가르쳐 주셨는가? "우리가 우리에게 죄 지은 자를 사하여 준 것같이 우리 죄를 사하여 주시옵고"(마 6:12)라고 기도하라고 가르쳐 주셨다. 예수님은 두 번이나 명확하게 남의 죄를 용서해 주어야만 내 죄도 용서받을 수 있다고 말씀하셨던 것이다.

왜 그럴까? 마태복음 18장의 비유에서 본 것처럼, 정말 하나님께 용서받는 경험을 한 사람들은 이웃을 용서하지 않을 수 없기 때문이다. 그래서 이웃을 용서하지 못하는 순간 내게 주신 하나님의 용서의 은혜가 무의미해지고 효력이 정지되어 버린다는 것이다. 아니, 어떻게 그럴 수가 있는가?

용서란 나를 선택하는 것이 아니라 너를 선택하는 것이다. 나를 배신한 너를, 나를 실망시킨 너를, 나에게 피해를 입힌 너를 선택하는 것이다. 요한복음 21장을 보면 예수님이 디베랴(갈릴리) 호수로 베드로를 찾아가셨다. 밤새 고생한 제자들에게 숯불을 피워 주시고 떡과 물고기를 먹여 주신 후에 베드로에게 질문하셨다. "시몬아, 너 나를 사랑하지?"

그러니 베드로가 뭐라고 대답하겠는가? "네. 제가 주님을 사랑하는 것을 주님도 아시잖아요"라고 머리를 긁적이며 말했을 것이다. 어렸을 때는 이것이 베드로의 사랑 고백이라고 생각했다. 그런데 나이가 들고 한 사람을 사랑하여 26년을 함께 살면서 두 자녀를 사랑하며 살아 보니, 이것은 베드로의 사랑 고백이 아니라 예수님의 사랑 고백이었다는 것을 알게 되었다.

생각해 보라. 배신한 애인을 찾아가서 "너 나 사랑하잖아?"라고 묻는다면 그것이 무슨 뜻인가? "나는 너 아직 포기하지 못해. 나는 아직도 너를 사랑해. 너도 나 사랑하는 거 내가 알고 있어." 마치 이런 고백과 같은 것이다. 세 번씩이나 예수님을 철저하게 저주하며 배신했던 베드로가 다시 일어나기를 원하셔서 예수님은 세 번이나 사랑 고백을 하셨던 것이다.

내가 아닌 너를 선택하는 사랑 앞에서 용서라는 말은 사실 무색해지고 만다. 왜냐하면 사랑하면 미안하다는 말이 필요 없어지고, 용서한다는 말도 필요 없어지기 때문이다. 예수님은 "이 나쁜 녀석아! 세 번이나 부인하더니 이제는 부활한 나를 보고도 도망가냐! 그래도 용서해 줄 테니 정신 차려라!" 그러지 않으셨다.

"너 이렇게 도망 다녀도 속으로는 나를 사랑하잖니? 나도 너를 사랑한단다. 그거면 됐다." 예수님은 위축되어 있는 시몬의 영혼을 그렇게 품어 주신 것이다. 그렇다. 사랑은 품어 주는 것이고 용납하는 것이고 끌어안는 것이다. 그러면 용서와 용납은 자연히 뒤따라오는 것이다.

용서는 이기적인 선택이다?

"내 영혼을 소생시키시고 자기 이름을 위하여 의의 길로 인도하시는도다"(시 23:3). 시편 23편의 모든 구절을 좋아하지만, 오랫동안 이해되지 않던 표현이 있었다. "자기 이름을 위하여"라는 구절이다. 하나님께서 우리를 긍휼히 여기시고 선하고 의로운 길로 인도하시는 것은 우리를 위한 것이 아니라 그분을 위한 것인가?

이것이 예수님의 용서의 놀라운 점이다. 십자가의 용서는 인간을 위한 선택인 줄 알았는데 사실 하나님 자신을 위한 선택이었다. 아니, 온 우주의 지존자이신 하나님께서 어떻게 자신보다 죄인들을 더 중요하게 여기실 수 있단 말인가! 그러나 나를 포기한다면 그것은 그분께 감당할 수 없는 슬픔과 고통이 되실 것이기에 사랑의 하나님은 십자가의 용서를 선택하실 수밖에 없으셨다!

이것이 우리 인간에게도 그대로 적용되는 용서의 개념이다. 용서하기를 거부하는 사람은 미움과 분노에 빠져서 고통스럽게 살게 되지만, 기꺼이 용서하는 사람은 마음에 평안과 자유를 얻게 된다. 종종 성도들이 이혼 소송에 휘말리는 경우가 있는데, 나는 가능한 한 소송을 하지 말고 해결하라고 권면한다. 너무나 많은 분들이 장기간의 피 말리는 소송 가운데 마음의 병에 걸리기 때문이다.

결국 용서란 타인을 위한 선택이면서 동시에 자기 자신을 위한 선택이 된다. 즉, 용서란 나보다 상대를 우선시하여 선택함으로써 역설적으로 자기 자신을 선택하게 만드는 길이다. 그렇게 예수님은 용서의 십자가에서 죽으시고 다시 살아나신 것이다. 우리도 용서의 십자가를 통과하면 놀라운 평안과 승리의 부활을 맛보게 될 것이다!

예수님의 용서가 그분 자신을 위한 것이었던 것처럼, 우리의 용서도 우리 자신을 위한 선택임을 알아야 한다. 자신을 사랑할 줄 아는 사람은 용서를 선택한다. 용서를 선택함으로 자신의 마음에는 평안을 주고 나의 가정과 교회, 일터와 세상에 평화로운 공동체를 세우는 축복을 얻게 된다. 그렇게 용서란 이타적이면서도 동시에 자신을 이롭게 하는 것이다.

"노하기를 더디 하는 것이 사람의 슬기요 허물을 용서하는 것이 자기의 영광이니라"(잠 19:11). 갑자기 끼어드는 차를 용인해 주고, 일상에 지쳐 짜증 내는 아내를 안아 주고, 밖에서는 매너남이면서 집에서는 무심해지는 남편을 품어 주고, 인간적인 욕심에 눈이 멀어 배신한 동업자 친구를 용서해 주고, 자질구레한 것까지 조바심 내고 집착하는 못난 나 자신을 용서해 주라.

내 안에 남아있는 악감정의 잿더미들을 쓸어내는 작업을 하라. 그것이 바로 용서다. 하나님께서 당신의 영광을 위해 용서를 선택하셨다면, 당신도 당신의 영광을 위해 용서를 선택할 수 있다. 이것이 지혜자의 길이다.

자신을 구원할 수 있는가?

용서하라. 천국은 주님께 용서받은 사람들과 그래서 용서를 베푼 사람들이 들어가는 곳이다. 낙원에 대해 성경이 어떻게 묘사하는가? "그 때에 이리가 어린 양과 함께 살며 표범이 어린 염소와 함께 누우며 송아지와 어린 사자와 살진 짐승이 함께 있어 어린아이에게 끌리며"(사 11:6). 천국은 도저히 평화공존할 수 없는 존재들이 공존하는 세상이다.

그들도 죄인이고 나도 죄인이기에 용서를 하려면 용서를 뛰어넘는 사랑을 해야 한다. 예수님처럼 그냥 불쌍히 여겨야 한다. 마치 철봉에 매달려 올라가지도 못하고 밑에서 달달 떨고 있는 사람처럼 용서하지도 미워하지도 못하고 있지 말라. 그냥 확 올라가야 하는 것처럼 그냥 확 끌어안는 사랑을 해야 한다.

부모는 자식과 싸워도 할아버지 할머니는 손주와 싸우지 못한다. 그저 불쌍해 보이기 때문이다. 우리가 원수를 위해 기도하면 하나님이 그런 마음을 주신다. 그것이 하나님의 마음이기 때문이다. 사랑하고 용서하라. 그러면 천국이 임한다. 그러나 미워하고 분노하면, 지옥 불구덩이가 되고 만다. 잘난 자기 의를 지키는 것 외에는 남는 것이 아무것도 없다.

십자가의 예수님을 향해 반복되는 조롱은 이것이었다. "남은 구원했는데 자신은 구원할 수 없는가?" 종교 지도자들도 이렇게 조롱했고(마 27:41-43), 지나가는 백성들도 이렇게 조롱했고(마 27:39-40), 로마 군인들도 이렇게 조롱했다(눅 23:36-37). 이것은 너무나 비열한 말이면서 동시에 구원의 대상자들이 구원자에게 할 수 없는 말이었다.

생각해 보라. 소방관들이 목숨을 바쳐 불길에 들어가 시민들을 구출해 내다가 죽었는데 남은 구원하더니 자기는 죽었다고 조롱할 수 있겠는가! 군인들이 목숨을 바쳐 전쟁에서 싸워 나라를 지켜냈는데 국민은 살린다고 하면서 자신들은 죽었다고 조롱할 수 있겠는가! 하나님의 아들이 목숨을 바쳐 구원해 주셨는데 그 누가 어찌 비웃을 수 있겠는가.

예수님이 십자가를 지실 때 그 위에 죄패가 걸려 있었다. "유대인의 왕"이었다. 왕이시기에 죄인이 되셔야 했던 분이 바로 예수님이시다. 무슨 말인가? 하늘에 계셔야 할 분이 인간을 포기할 수 없어서 땅으로 내려오셨기 때문에 죄인이 되실 수밖에 없었던 것이다.

그래서 자식을 키우는 부모들이 말하지 않는가. "그래 내가 죄인이다." 부모가 된다는 것은 죄인이 되는 것이다. 자식은 자기 인생이 조금만 힘들어지면 부모를 원망한다. "왜 날 태어나게 해서 내 인생을 이렇게 힘들게 하느냐!" 그러면 부모는 가슴앓이를 한다. 그러면서도 자식의 마음이 조금이라도 상할까 봐 아무런 말도 못 한다.

나는 청년들에게 종종 말한다. "부모를 원망하지 마라. 그것처럼 못나고 미숙한 인생이 없다. 원망할 수 있는 부모님이 살아계신 것에 감사해야 한다."세상에 나가서 직장 상사에게 맘대로 성질내겠는가? 친구들에게라도 그렇게 화내겠는가? 부모니까, 나를 사랑하기 때문에 다 받아 준다는 것을 아니까 자기 힘든 거 다 쏟아 놓는 것이다. 그렇게 자식은 부모 가슴에 대못을 박아도 부모는 자식을 살려 보겠다고 가슴에 십자가 대못이 박히며 사는 것이다.

그러므로 나를 위해 가슴에 많은 못이 박혀 살아가고 계시는 부모님께 이제는 사랑한다고 감사하다고 진심으로 고백하라. 아직 천국 문이 열려있을 때 내가 죄인임을 인정하고 예수님의 구원이 필요하고 하나님의 용서가 필요하다고 고백해야 하는 것처럼, 아직 기회의 시간이 열려있을 때 부모에게 가족에게 고백하라.

십자가 주변의 모든 이들이 예수님에게 "자신을 구원하라!"고 외쳐댔다. 스스로 구원할 수 없는 자들을 구원하시기 위해 자신을 내어주신 분에게 말이다. 세상은 온통 구원을 갈망한다. 액션 영화든, 재난 영화든, 로맨스 영화든, 심지어 막장 드라마까지 모두가 우리를 구해 줄 구원자를 간절히 기다리는 이야기다.

인간은 구원자를 간절히 원하지만 외부에서 얻을 수 없으면 스스로라도 구원해 보려고 발버둥을 치게 된다. 그러나 예수님은 자기 구원이 필요 없으신 분이시며, 이미 영원한 승리와 영광 가운데 거하시는 하나님이 아니신가. 그럼에도 사람들은 그것을 알지 못하였다. "그는 곤욕과 심문을 당하고 끌려 갔으나 그 세대 중에 누가 생각하기를 그가 살아 있는 자들의 땅에서 끊어짐은 마땅히 형벌 받을 내 백성의 허물 때문이라 하였으리요"(사 53:8).

시골에서 아들을 정성껏 키운 한 어머니가 있었다. 아들이 어릴 때 큰 차 사고가 나서 아버지는 죽고 어머니는 앞을 보지 못하는 장애인이 되었다. 아들은 어머니의 사랑을 먹고 자랐지만 늘 어머니가 창피했다. 어머니가 학교에라도 나타나면 숨기 일쑤였다. 그러던 아들이 서울의 명문대에 들어갔고 인생이 성공하여 모두가 부러워하는 삶을 살게 되었다. 그 아들은 세월이 지나도 연락이 없었고 고향에 내려오지도 않았다.

어느 날 어머니는 아들이 너무 그리워서 정성껏 음식들을 만들어 서울 아들 집을 물어물어 찾아갔다. 초인종을 누르자 아이들이 나왔다. "아빠, 앞 못 보는 할머니가 문 앞에 있어." 그러자 아들은 대문을 열고 소리 질렀다. "이런, 거지잖아! 당장 가세요! 아니면 경찰을 부를 테니!" 어머니는 아무 말 못하고 자리를 뜨면서도 아들의 목소리를 들을 수 있어서 기뻐했다.

아들은 오랜만에 고향 동창들의 모임에 갔다. 늦게 모임이 끝나고 서울로 올라오려다가 문득 고향집이 궁금해졌다. 집에 가보니 어머니가 쓰러져 있었다. 그리고 어머니 손에는 편지가 있었다. "아들아, 네가 차 사고로 두 눈을 잃었을 때 어미는 고민하지 않고 내 눈을 너에게 주었단다. 미안하다. 어미가 눈 없는 병신이 되어 네가 어릴 적부터 상처가 너무 많았지. 하지만 네가 이렇게 성공하여 행복한 가정을 이뤘으니 더 이상 바랄 게 없구나. 아들아. 사랑하는 내 아들아." 아들은 어머니를 끌어안고 참회의 눈물을 흘렸다.

얼마 전에 아버님이 돌아가셨다. 아버님이 떠나시기 전 종종 뵙고 맛있는 밥을 사드렸던 시간이 지금은 참 감사하다. 기회의 시간은 한정되어 있기 때문이다. 그러나 어머님을 생각하면 더 죄송한 마음이 많이 든다. 19년 전 돌아가신 어머님께는 제대로 사랑과 감사의 마음을 전하지 못했다는 생각 때문이다.

늘 가족에 대해 불만이 많았던 대학생 시절에 어머니와 삼형제가 거실에서 대화를 나누다가 내가 대뜸 이런 말을 했다. "우리 가족은 다 흩어져서 살아야 해. 만나면 매번 싸우니까. 서로를 불행하게 하면서 왜 같이 살아야 하지?" 그때 "내가 죄인이구나" 말씀하시면서 하염없이 흐느껴 우시던 어머니의 모습을 잊을 수가 없다.

그리고 19년 전 내가 밴쿠버에서 사역할 때 어머님은 떠나셨다. 그 소식을 접하고 하루 종일 바닥에 주저앉아 아무것도 못 했던 기억이 난다. 사실 어머니의 그 희생의 사랑이 아니었다면, 아버지의 인생도 세 아들의 인생도 구원받지 못했을 것이다. 늘 자신의 생명보다 자식들의 생명을 생각하셨던 어머니, 어머니는 평생에 내가 가장 사랑하고 존경하는 분이었다.

예수님은 십자가 위에서 자신을 구원하실 마음이 없으셨다. 오로지 당신과 나를 구원하실 마음밖에 없으셨다. 왜냐하면 예수님은 하나님 아버지께서 다시 살려내시겠지만, 죄악과 사망의 늪에서 뒹굴며 사는 우리는 누가 구원하겠는가? 우리는 스스로를 구원할 아무런 능력도 없고 소망도 없는 존재들이 아닌가.

그러므로 "자신을 구원할 수 있는가?"라는 질문은 예수님에게 던질 질문이 아니라 우리 자신에게 해야 할 질문이다. 예수님은 우리를 구원하시고자 그분을 십자가에 못 박은 우리를 끝까지 용서하셨다. 그 용서하심이 없었다면 우리는 구원받지 못했을 것이다. 용서가 없다면 우리의 가정은 구원받을 수 없고 우리의 공동체는 구원받을 수 없다. 예수님처럼 용서하라. 그것이 자신을 구원할 수 없는 우리가 서로를 구원하는 유일한 길이 될 것이다.

8장. 예수님의 용서를 본받으라

나눔 질문

Q1 하나님의 아들이 십자가와 같은 참혹한 죽음을 당하셔야 했다는 것을 불편해하는 사람들이 있습니다. 사랑하고 헌신하는 삶을 살다가 예수님과 같은 상황이 되는 것에 대해 어려운 마음이 들 때가 있다면 나눠 봅시다.
• 왜 참혹한 십자가여야 했는가?(눅 23:33)

Q2 용서의 본질은 잘못을 덮어 주는 것이 아니라 상대방의 입장과 마음을 같이하는 것입니다. 가정과 일터에서 상대의 입장을 이해하지 못해 용서하지 못했던 경험이 있었다면 나눠 봅시다. • 제가 대가를 치르겠습니다 (눅 23:34)

Q3 '도저히 용서 못 하겠다'는 마음이 들 때, 예수님은 우리가 어떤 용서를 받았는지 먼저 기억하라고 말씀하십니다. 내가 여전히 붙잡고 있는 미움이나 풀지 못한 관계가 있다면 어떤 깨달음과 결단이 필요한지 나눠 봅시다. • 인간이 어떤 존재인지 안다면(마 18:21-35)

Q4 하나님의 용서가 하나님 자신을 위한 선택이었던 것처럼, 용서가 결국 나 자신에게도 평강과 승리를 주는 선택이었음을 깨닫거나 경험한 적이 있다면 나눠 봅시다. • 용서는 이기적인 선택이다?(시 23:3; 잠 19:11)

Q5 오늘날 자신을 희생하는 사람들(부모님이나 이타적인 사람들)을 자기 앞 가림도 못하는 사람, 자기 인생을 구원하지 못하는 사람으로 바라본 적은 없는지, 나는 그런 인생을 살지 않겠다고 생각한 적은 없는지 나눠 봅시다. • 자신을 구원할 수 있는가?(눅 23:36-37)

"누가 이 세상의 재물을 가지고 형제의 궁핍함을 보고도
도와 줄 마음을 닫으면 하나님의 사랑이 어찌 그 속에 거하겠느냐"
요일 3:17

9장

예수님의 나눔을 본받으라

사도행전 20장 35절

너희는 나를 본받으라

"범사에 여러분에게 모본을 보여준 바와 같이"행 20:35.

바울은 놀라운 주장을 하고 있다. "내가 그리스도인의 모범이다"라고 말하고 있기 때문이다. 사도 바울은 빌립보 성도들에게도 말했다. "형제들아 너희는 함께 나를 본받으라"(빌 3:17). 얼마나 자신감 넘치는 말인가? 오늘날 목회자들 중에서 성도들에게 자신을 모범으로 따라서 살면 된다고 자신 있게 말할 사람이 얼마나 있을까?

또한 바울은 데살로니가 성도들에게도 "또 너희는 많은 환난 가운데서 성령의 기쁨으로 말씀을 받아 우리와 주를 본받은 자가 되었으니"(살전 1:6)라고 말했다. 이번에는 자신과 주 예수 그리스도를 동급으로 놓고 말했다. 어떻게 이렇게 말할 수 있었는가? 바울이 주님을 본받는 삶을 살았기에, 성도들은 바울을 본받음으로 곧 주님을 본받는 삶을 살 수 있었던 것이다.

바울은 3차 선교여행을 마쳐가는 시기에 다시금 "모범"에 대한 이야기를 꺼냈다. 이번에는 예루살렘으로 가는 길에 밀레도에서 에베소 장로들을 만나 일종의 고별설교를 하며 했던 말이다. 에베소 교회는 자신의 전체 선교 사역에서 가장 심혈을 기울여 거의 3년간 제자양육을 했던 곳이 아닌가. 그들에게 자신이 어떻게 섬김의 리더십을 보였는지 말하고 있었다.

사실 오늘날 목회자들을 포함해서 대부분의 지도자들은 가르침과 삶이 분리되어 있는 것이 현실이다. 특별히 정치 지도자들은 그들의 인성과는 별개로 실력만 있고 경제만 살려낼 수 있으면 지도자로 뽑히는 시대가 되었다. 그러나 이런 능력과 인격의 분리 현상이 사회를 혼란케 하고 특별히 교회 공동체를 병들게 하고 있다.

교육학에서 말하는 최악의 교육은 "나처럼 되지 말라"는 교육이다. 아빠 엄마가 그렇게 말하면 자녀들은 매우 혼란스러워한다. 반면에 최선의 교육은 삶으로 보여 주는 교육이다. 아이에게는 공부하라고 소리치고, 부모는 TV 보거나 게임을 하고 있으면 아이는 혼란스러워한다. 그러나 부모와 아이가 함께 책을 읽고 토론하는 가정은 혼란스럽지 않다.

사도 바울은 텐트 메이커Tent maker(자비량 선교사)였다. 그래서 이렇게 말했다. "내가 아무의 은이나 금이나 의복을 탐하지 아니하였고 여러분이 아는 바와 같이 이 손으로 나와 내 동행들이 쓰는 것을 충당하여"(행 20:33-34). 낮에는 복음을 전하거나 제자를 양육하고, 밤에는 텐트를 만들어 생활비와 사역비를 충당했다.

오늘날 우리는 왜 일하는가? 목사가 목자라는 정체성이 아니라 직업으로 전락한다면 슬픈 일이 아닐 수 없다. 그리스도인도 사명자가 아니라 자아실현을 위해 사는 인생으로 축소된다면 안타까운 일이다. 현대인들은 개인 자산에 대한 집착이 매우 강하다. 그러다 보니 '내가 땀 흘려 수고해서 얻은 것을 왜 다른 사람들에게 나누어 주어야 하는가'라고 생각한다.

그래서 신앙이 좋은 줄 알았는데 자신의 가진 것을 나누는 것 자체를 매우 꺼리는 교인들도 보게 된다. 종교화된 중세 가톨릭교회에 종교개혁을 일으킨 마르틴 루터Martin Luther는 세 가지 회심을 이야기했다. 마음의 회심, 정신의 회심과 더불어 돈지갑의 회심이었다.

예수님이 말씀하시지 않았는가. "오직 너희를 위하여 보물을 하늘에 쌓아 두라 … 네 보물 있는 그 곳에는 네 마음도 있느니라 … 너희가 하나님과 재물을 겸하여 섬기지 못하느니라"(마 6:20, 21, 24). 복음이 흘러가는 곳에 자원하는 헌신과 물질이 흘러가게 된다. 그렇게 될 때 진정한 축복의 통로가 되는 그리스도인의 삶을 체험하고 체득하게 된다.

책임을 함께 나누다

바울은 에베소 장로들에게 자신이 본을 보인 것처럼 "같이 수고"(행 20:35)하자고 권면한다. 교회는 유기체적인 공동체다. 또한 교회는 예수 그리스도의 몸이다. 그러므로 세상의 조직들과 달리 교회는 조직체organization가 아니라 유기체organism다. 살아 있는 생명체와 같은 공동체인 것이다.

"각각 자기 일을 돌볼뿐더러 또한 각각 다른 사람들의 일을 돌보아 나의 기쁨을 충만하게 하라 너희 안에 이 마음을 품으라 곧 그리스도 예수의 마음이니"(빌 2:4-5). 그래서 바울이 빌립보 성도들에게 자기 일에 책임감을 가질 뿐 아니라 지체들의 일을 돌보아 주는 삶을 사는 것이 예수 그리스도의 마음을 품는 삶이라고 말한 것이다.

그러나 오늘날 교회는 어떠한가? 시대적인 분위기 때문에 신앙의 개인주의가 팽배해져 가고 있다. 사회경제적인 수준이 높은 지역일수록 개인주의는 더 심해서 목회자의 가정 심방도 원하지 않는다는 이야기들이 들린다. 그래서 매주 소그룹(순예배, 구역예배, 셀모임 등)을 가정에서 하는 것을 거부하는 교인들도 많아지고 있다.

그런데 1516교회를 개척하며 미국의 최근 부흥하는 교회들을 조사했는데 놀라운 공통점을 한 가지 발견했다. 그것은 가정에서 소그룹을 한다는 점이었다. 자신의 가정을 열어 성도들을 초대하고 떡을 떼고 말씀과 함께 삶을 나누는 소그룹을 한다. 교회에 은혜가 충만하게 흘러넘치면 닫혀있던 마음의 문들이 열리고 성도들이 가족과 같은 공동체가 되는 것이 사실이다.

오늘날 사람들이 예배는 드려도 교회에 정식으로 등록하는 것을 두려워하거나 사역에 동참하는 리더십이 되는 것을 꺼리는 이유가 있다. 가족이 된다는 것은 서로 가까워진다는 것이고, 가까워진다는 것은 그만큼 상처받기 쉬워진다는 뜻이기 때문이다. 교회를 사랑하고 성도들을 사랑하기 때문에 상처를 입어야 하다니 너무나 슬픈 현실이다.

예배는 드려도 등록은 안 하려고 하고, 등록은 했어도 소그룹에는 동참하지 않으려고 한다. 교회는 다녀도 봉사를 하거나 사역을 하지는 않으려고 한다. 요즘은 아예 임직을 받는 것조차 부담스러워하는 이들도 있다. 그러다 보니 일하는 사람들에게 일이 더 몰리고, 헌신하는 사람들에게 헌신이 계속 강요되는 악순환이 일어난다. 결국에는 소수의 사람들만 헌신하다가 탈진$^{burn-out}$되어 나가떨어지는 슬픈 공동체로 전락하게 된다.

그래서 「새신자가 묻다」에서도 소개한 것처럼, 1516교회를 개척하며 하나님의 인도하심에 따라 순원들이 함께 순인도자를 돌아가면서 하게 된 것은 정말 "신의 한 수"라고밖에 생각되지 않는다. 기존 교회에서는 한 번 순장이 되면 20년 넘게 혼자 많은 짐을 지다가 탈진하는 경우를 많이 보았기 때문이다. 순장이 순원들을 목양적으로 돌보면서도, 순예배는 모든 순원이 맡아서 인도하게 되니 모두가 주인의식을 갖게 되는 기러기들의 V자 편대 같은 소그룹이 되어가고 있다. 얼마나 하나님께 감사한지 모른다.

"한 사람이면 패하겠거니와 두 사람이면 맞설 수 있나니 세 겹 줄은 쉽게 끊어지지 아니하느니라"(전 4:12). 어떻게 보면 나눔은 소유의 나눔만 있는 것이 아니다. 책임을 함께 지는 것 sharing responsibilities은 신뢰의 공동체를 세우는 길이고, 수평적인 소통의 공동체를 세우는 길이고, 서로를 돌보는 사랑의 공동체를 세우는 길이다.

예수님이 보여 주신 섬김의 리더십

"약한 사람들을 돕고"행 20:35.

예수님은 이 땅에 오셔서 약한 사람들을 도우셨다. 가난한 자들을 먹이셨고, 병든 자들을 고치셨고, 소외된 자들을 품으셨고, 귀신 들린 자들을 자유케 하셨다. 물론 예수님은 백부장이나 회당장 같은 지도자들도 도와주셨다. 예수님은 남녀노소 누구도 차별하지 않으셨다. 사실 정직하게 보자면, 주권자이신 예수님 앞에 모든 사람들은 약자 아닌가. 그러나 스스로 강한 척하는 종교지도자들과 자존심 강한 유대인들은 주님의 도움의 손길 자체를 뿌리치지 않았는가.

사도 바울은 특별히 에베소 장로들에게 왜 섬김의 리더십을 강조했을까? 에베소는 로마제국의 5대 도시 중 하나였고 아시아 최대 도시였으며 인구 50만의 거대도시였다. 당대에 제국 내에서 에베소의 위상은 최고의 위치였고 그들의 경제적 부유함과 자부심은 하늘을 찔렀다. 바울의 선교로 인해 에베소의 상징이자 고대 7대 불가사의 중 하나인 아데미(아르테미스 여신) 신전의 사업이 위기를 맞자 에베소인들의 자존심이 상하게 된 사건도 일어났다(행 19:21-41).

바울이 예상한 대로 에베소 교회 공동체는 나름의 어려움을 드러내기 시작했다. 바울은 아들과 같은 동역자 디모데에게 에베소 목회를 맡겼는데, 디모데는 에베소 교회 목회로 인해 많은 스트레스를 받아서 위장병까지 생겼다. "이제부터는 물만 마시지 말고 네 위장과 자주 나는 병을 위하여는 포도주를 조금씩 쓰라"(딤전 5:23).

교회 규모도 크고 교인 수도 많고 연로한 장로들도 많은 에베소 교회를 맡아서 목회를 해야 했던 연소한 디모데는 자주 마음이 위축되었다. 그래서 바울은 디모데에게 하나님이 주신 마음은 두려워하는 마음이 아니라고 권면했고(딤후 1:7) 두려움으로 인해 디모데의 목회적 장점이 드러나지 않는 것을 안타까워했다(딤후 1:6).

교회는 멤버십이 분명한 폐쇄적인(?) 공동체인 만큼 기득권층이 금방 형성된다. 1516교회를 시작할 때 온누리교회에서 25년간 사역했음에도 누구에게도 같이 가자고 콜링하지 않고 제로 베이스에서 시작한 이유가 이것이었다. 처음에 사역팀들을 잘 세워 두고 시작하면 개척교회에는 엄청난 힘이 된다. 하지만 이들이 어쩔 수 없이 후에는 개국공신이 되고 만다.

그리고 교회는 성장할수록 새가족들이 들어오는데 담임목사가 사역자들보다 새가족들에게 더 애정과 관심을 쏟다 보면, 기존의 사역자들은 "헌신은 우리가 했는데 사랑은 저들이 받는다"는 섭섭한 마음을 갖게 된다. 그러면서 초대교회에 있었던 유대인 교인들 대 이방인 교인들 간의 대립 같은 현상이 일어나기 시작한다.

전에 요셉 청년부를 섬길 때, 순장 모임 시간에 한 새신자가 자기 순장을 따라온 적이 있었다. 나는 임원들과 앉아 있다가 새신자를 보고 무의식적으로 일어나 웃으며 다가가서 "어떻게 순장모임까지 왔어요? 와, 정말 훌륭해요. 환영해요!"라고 맞이하고는 자리로 돌아왔다. 그랬더니 청년 부대표가 씁쓸한 표정으로 내게 말했다. "목사님, 저희도 새신자를 볼 때처럼 그렇게 봐주시면 안 되나요?" 그래서 나는 말했다. "얘들아, 너희는 내 양이 아니라 동역자들이잖니." 그랬더니 부대표가 말했다. "네, 그렇죠. 그러나 저희도 목사님의 양이고 싶어요."

그렇다. 직분자가 되고 사역자가 되어도 여전히 양이 아닌

가. 그래서 돌봄이 필요하다. 그렇기 때문에 맡은 사역은 계속 늘어나는데 예배의 은혜도 없고 목회적 돌봄도 없고 성도 간의 가족 같은 교제도 없으면, 사역자들이 받는 보상은 권력 획득과 헤게모니(지배 계급이 피지배 계급을 지배하는 힘) 장악밖에 남지 않게 되는 경우가 많다. 그리고 나면 교회는 사회 조직과 다를 바 없이 세력 확장 및 이해관계로 갈등하고 상처받고 분열되는 비극들이 벌어지게 된다.

그러면 에베소 교회처럼 사회경제적으로 수준이 높은 지역의 교회들만 이런 문제가 발생할까? 그렇지 않다. 고린도 교회는 정반대로 교인들 가운데 학벌 재벌 문벌이 없는 교회였다. 전반적으로 사회적 하층민들이 주류를 이루었다. 하지만 그러다 보니 교회 안에 들어와서 자기 증명을 하고 싶어 하는 이들이 많았다. 내가 누구에게 세례를 받았는가(고전 1:11-17), 내가 어떤 목회자에게 배웠는가(고전 3:3-9), 내게 무슨 은사가 있는가(고전 12-14장)를 가지고 자기 존재감을 드러내려 하고 파당을 만들고 분열을 일삼았다.

그러므로 사회경제적인 배경이 좋은 지역이냐, 안 좋은 지역이냐는 교회의 분열 문제를 해결하는 데에 근본적인 차이점을 가져오지 못한다. 인간의 자기본위自己本位에서 나오는 이기심과 분파주의는 인간의 뿌리 깊은 죄성에 근거하기 때문이다.

다만 우리가 정말 그리스도를 닮은 성품과 인생이 되기를 원한다면, 직분자가 되고, 사역자가 되고, 신앙 연차가 오래될

지라도 기꺼이 섬기고 기꺼이 나누고 기꺼이 희생하고 헌신하는 사람이 되어야 한다. 바울은 디모데에게 "경건을 이익의 재료로 생각하는 자들의 다툼"(딤전 6:5, 개역한글)을 주의하라는 권면을 준 적이 있다.

인간 사회는 어쩔 수 없이 기득권既得權이라는 것이 발생한다. 시간이 갈수록 먼저 온 사람과 나중에 온 사람이 나뉘고, 리더와 팔로워가 나뉘고, 기신자와 새신자가 나뉘기 때문이다. 하지만 하나님 나라는 인간 사회의 일반법칙을 뛰어넘는다. 그러려면 복음이 모든 이들에게 개방성openness을 갖는 것처럼, 교회가 권리와 권력, 소통과 의사결정 과정에서 획기적인 개방성을 가져야 한다.

교회가 계속해서 복음을 전하고, 새신자가 계속 몰려오고, 새로운 순장들과 리더들이 계속 세워지고, 새로운 교회를 개척하고 흩어져야 하는 이유가 여기에 있다. (물론 이런 과정은 인위적이고 조작적으로 이뤄지는 것이 아니라 하나님의 은혜와 성령의 역사를 통해 이뤄져야 한다) 교회는 문화적으로 보면 상당히 온건하고 보수적인 공동체의 성격을 지니지만, 복음은 영적으로 보면 매우 혁신적이고 진보적인 공동체를 지향하기 때문이다.

주는 것이 받는 것보다 복이 있다

"또 주 예수께서 친히 말씀하신 바 주는 것이 받는 것보다 복이

> 있다 하심을 기억하여야 할지니라"행 20:35.

1516교회는 시작과 더불어 토요남성모임(줄여서 "토남모")을 시작했다. 교회는 숫자적으로 볼 때 여성들이 주류가 되고 남성들이 비주류가 되는 경우가 많다. 그래서 형제들이 소속감을 갖고 마음을 터놓고 이야기를 나눌 수 있는 공간을 만들기 위해 토남모를 시작했다. 그리고 수료자들은 오카야마에 있는 리버사이드교회를 매년 방문하고 있다.

오카야마 리버사이드교회의 담임인 마키 목사는 지금도 연구 과제인 분이다. 동경에서 공부하고 고향 오카야마에 와서 복지사업과 담임목회를 하고 있는 분인데, 일본인이 이렇게 목회와 사업을 열정적으로 한다는 것도 놀랍지만, 더 놀라운 점은 그가 세운 공동체다. 교회의 옛 부지에 공동생활 합숙소를 세우고, 어려운 신학생들, 가난한 가정들, 역기능적인 가정의 청소년들, 비행 청소년들을 모아서 재우고 먹이고 함께 예배하는 삶의 터전을 제공하고 있기 때문이다. 개인주의가 강한 일본에서 어떻게 이런 나눔의 삶을 살고 있는 것일까!

처음 방문했을 때, 주일 오전에 예배를 드리고 오후에 성도들과 질의응답 시간을 가졌다. 그런데 목사님의 주일설교 녹취를 하시는 집사님이 예상치 못한 질문을 하셨다. "주는 것이 받는 것보다 복이 있다고 마키 목사님이 목회철학으로 많이 강조하시는데 이게 어떻게 예수님이 직접 하신 말씀이라고 확신할 수 있나요? 사복음서를 다 찾아보았지만 이 말씀은 어디에서도 발견할 수 없었습니다." 마키 목사님이 조금 난감해하시는 것 같았다.

그래서 그 성도에게 답변을 드렸다. "예수께서 행하신 일이 이 외에도 많으니 만일 낱낱이 기록된다면 이 세상이라도 이 기록된 책을 두기에 부족할 줄 아노라"(요 21:25)는 말씀을 먼저 인용했다. 그렇다. 사복음서에도 그리고 신약성경 전체를 다 합쳐도 예수님의 놀라운 말씀과 행적을 다 기록하지 못하였다고 요한 사도가 이미 말하지 않았는가.

그러고는 그분께 질문했다. "사복음서가 예수님의 실제 삶과 죽음을 다루고 있다고 믿나요?" 물론 제자로서 예수님과 동행했던 사람들이 복음서를 기록한 것이 맞다. 마태와 요한의 경우에는 그렇다. 하지만 마가와 누가는 예수님과 직접 동행했던 사람들도 아니잖은가? 그런데도 그들의 기록을 우리가 믿는 것은 그들이 사도들에게 직접 들은 내용을 기록했다고 믿기 때문이다.

그리고 이런 내용은 직접 동행했던 마태와 요한의 내용과 다르지 않고 예수님을 직접 목격했던 초대교회 성도들의 검증에도 전혀 문제가 되지 않았다. 그러기에 우리가 이 문서에 대한 신뢰를 갖는 것이다. 그렇다면 사도 바울도 마가와 누가처럼 예수님과 직접 동행하지는 않았지만 사도들에게 직접 들은 예수님의 말씀을 증거했다는 것을 신뢰할 수 있는 것이다.

또한 예수님은 "주는 것이 받는 것보다 복이 있다"라는 말씀과 같은 맥락의 말씀들을 하셨다. "주라 그리하면 너희에게 줄 것이니 곧 후히 되어 누르고 흔들어 넘치도록 하여 너희에게 안겨 주리라"(눅 6:38). 아낌없이 주는 자를 하나님이 복되게 하실 것이라는 동일한 말씀이다. 그러므로 바울이 예수님의 말씀이라고 고백한 사도행전 20장 35절은 예수님의 공생애 가르침과 그대로 일치하는 말씀이다.

예수님은 우리에게 말씀하신다. 먼저 베푸는 사람이 되라. 먼저 사랑을 베풀고, 먼저 용서해 주고, 먼저 손을 내밀고, 먼저 인사를 나누고, 먼저 다가가는 사람이 되라. 그런 사람이 "누가 날 알아줄까? 누가 날 반겨 줄까? 누가 나를 도와줄까?" 하며 웅크리고 있는 사람보다 낫다. 그리고 기꺼이 나누어 주는 사람에게는 하나님께서 기꺼이 채워 주신다고 말씀하셨다. 그런 사람은 결코 혼자 복을 차지하는 고인 물이 되지 않을 것이기 때문이다.

사회적 약자들을 도우라

"약한 사람들을 돕고" 행 20:35

바울이 이야기한 약한 사람들은 누구인가? 신앙적으로 믿음이 약한 사람, 경제적으로 재정이 약한 사람, 육체적으로 건강이 약한 사람, 내면적으로 마음이 약한 사람이 모두 해당된다. 그런데 세상 사람들은 약자를 돕기는커녕 이용하려고 든다. 기본적으로 인생을 경쟁이라는 패러다임으로 바라보고 약자는 가장 먼저 제쳐야 할 사람들이라고 생각하기 때문이다.

그리스도인들도 세상적인 관점으로 인생과 신앙을 해석하는 경우가 많다. 경쟁에서 이겨 우수한 성적을 받고 좋은 대학에 가고 좋은 직장에 가서 또 다른 경쟁들에서 이겨 높은 지위에 오르고 능력과 재력과 권력을 얻어 하나님께 영광을 돌린다고 생각한다. 과연 그런가? 하나님은 경쟁에서 이기라고 말씀하신 적이 없다. 오히려 하나님의 부르심을 따라 살라고 말씀하신다.

그리고 세상 사람들과 같이 살지 말고 "하나님의 선하시고 기뻐하시고 온전하신 뜻"을 따라 살라고 말씀하신다(롬 12:2). 레위기 19장에서는 경제적 약자를 위해 논밭의 이삭과 과수원의 열매를 나눠 주라고 하시고(9-10절), 사회적 약자를 억압하지 말고 관용을 베풀라고 하시고(13절), 신체적 약자를 조롱하거나 이용하지 말라고 하셨다(14절). 왜인가? 강자와 약자 모두의 인생을 감찰하시는 하나님께서 이 모든 것을 보고 계시기 때문이다.

우리는 사회적 약자들을 짓밟고 이용하고 올라서서 세상을 변화시키겠다고 외치는 모순적인 삶을 살고 있지는 않은가. 하나님은 인생의 모든 지점과 과정에서 사회적 약자들을 외면하지 말라고 말씀하셨다. 목표를 위해서 과정을 합리화시키거나 방법을 합리화시키면 이미 그 목표를 이루려는 사람 자체가 변질되어 버린다는 점을 기억해야 할 것이다.

최근 미국 캘리포니아주에서 많은 이들이 타주로 이동해 나간다는 이야기를 들었다. 캘리포니아는 친환경적이고 기후가 쾌적하여 사람들이 살기 좋은 지역이다. 그런데 이제는 빈부의 격차가 갈수록 심해지고 마약과 범죄가 급증하고 있다. 좋은 동네에서 노숙자homeless가 발견되면 옆 동네로 옮겨 버리는 경우도 많다고 들었다. 그러나 유대인들은 오늘날에도 자신이 사는 동네에 걸인이 사는 것을 수치로 여긴다. 그래서 그가 인간다운 삶을 살 수 있도록 모든 지원을 아끼지 않는다. 율법을 지키려고 하는 유대인들도 이렇게 사는데 우리는 약자들을 어떻게 돕고 있는가?

프랜시스 챈 목사는 캘리포니아에서 코너스톤 교회를 5천 명이 넘는 교회로 급성장시켰지만, 모든 기득권을 내려놓고 마약 중독자들이 많은 샌프란시스코 지역으로 들어가 소그룹과 중독자들을 돌보는 삶을 살았다. 그의 저서 「크레이지 러브」는 2008년에 뉴욕타임스 베스트셀러가 되며 많은 이들을 감동시켰다. 그는 형식적인 종교인으로 사는 것이 아니라 하나님의 미친 사랑에 빠져 그 사랑으로 세상을 사랑하며 살 것을 설파했고 스스로 그 길을 가고 있다.

그가 한번은 장기 복역을 마치고 나온 출소자를 만난 적이 있다. 그는 챈 목사에게 말했다. "저는 집도 없고 돈도 없고 가족도 떠났고 아무것도 없습니다. 저를 도와주십시오." 챈 목사는 잠시 고민한 뒤 그를 자신의 차에 태웠다. 차를 몰고 집으로 가면서 아내에게 전화를 걸었다. 그러자 아내는 챈 목사에게 말했다. "당신 괜찮겠어요? 나와 아이들은 괜찮아요. 그분을 집에 모시고 오세요."

예수님은 세리와 창기와 죄인들의 친구가 되어 주셨다. 그들이 가장 도움이 필요한 사람들이라고 하셨다. 그러나 오늘날 교회는 조금만 화려하게 입은 사람이 나타나도, 조금만 세속적으로 말하는 사람이 나타나도, 왜 저런 사람이 교회에 왔느냐는 시선으로 쳐다본다. 그러는 우리가 과연 우리의 시간과 재능, 물질과 행복을 얼마나 나눌 수 있을까?

오른손이 하는 것을 왼손이 모르게
"너는 구제할 때에 오른손이 하는 것을 왼손이 모르게 하여"(마 6:3). 한때는 이 말씀을 보면서 예수님이 과장법을 사용하신다고 생각했다. 어떻게 자기 오른손이 한 것을 왼손이 모를 수 있는가? 그 정도로 조용히 티 내지 말고 구제하라는 말씀이 아니겠는가 싶었다. 그런데 언제부턴가 나눔의 삶을 실천하면서 이 말씀의 의미를 조금씩 깨닫게 되었다.

대학생 때부터 시작한 번역을 계속하다 보니 25권의 책을 번역하게 되었다. 그런데 참으로 하나님은 번역료가 나오는 날을 정확하게 알고 계셨다. 그 시점만 되면 마음에 감동을 주셨던 것이다. "이번에는 선교사님을 도와드리면 좋겠다." "이번에는 학비를 못 내고 있는 부서 선생님을 도와드리면 좋겠다." 그렇게 25번 가운데 20번은 하나님이 고스란히 가져가셨다.

워낙에 무지했고 멍청했던 나에게 삶의 의욕을 주시고 비전과 열정을 주셔서 공부하게 되었기 때문에, 이 지혜는 나의 지혜가 아니었다. 그것은 원래부터 주님의 것이었기에, 주님께서 주님의 것을 가져가시겠다고 하는데 아무 할 말이 없었다. 오히려 그런 나눔을 하면서 스스로 우쭐대면 성령님께서 기뻐하지 않으셨다. 그렇게 나눔의 훈련을 하게 만드셨다.

그러다 보니 결혼하면서 아내와 약속했다. 십일조 외에 또 다른 십일조는 선교구제 헌금으로 따로 모아두기로 했다. 늘 재정이 빠듯한 목회자로 살다 보니, 도와드리고 싶은 선교사님이나 사역자, 어려움 가운데 있는 성도들이 있어도 "기도하겠습니다"라는 말 외에는 할 것이 없었기 때문이다. 그리고 속으로는 나는 재정이 없으니까 어쩔 수 없다고 합리화했다. 그래서 늘 누군가를 돕고, 누군가와 나눌 준비를 하기 시작했다.

한번은 온누리교회에서 사역할 때 한 순에서 전화가 왔다. 순원 한 사람이 고아원 출신 청년을 돕고 있었다. 그런데 이 청년이 불치병으로 큰 수술을 하게 되어 재정이 필요했다. 이 이야기를 순에서 나누었더니 다른 순원이 자신의 다음 달 십일조를 그 청년에게 주겠다고 했단다. 그러자 다른 순원이 십일조는 그렇게 전용하면 안 된다고 했고, 서로 의견들이 달라서 결론이 나지 않았다고 했다. 그래서 순원 한 사람이 내 생각이 어떤지 연락한 것이었다.

그래서 십일조는 하나님께 드리는 것이 맞다고 얘기했다. 누군가를 돕고 싶은 마음은 좋은 것이지만, 하나님의 것을 마음대로 바꿔서 사용하는 것은 조심해야 한다고 말했다. 하지만 그 청년은 도움이 필요하니, 그 수술비는 내가 내겠다고 했다. 우리 가정은 늘 준비가 되어 있었기 때문이다.

종종 어려운 선교사나 목회자를 만날 때가 있다. 그럴 때는 항상 헌금을 한다. 그러면 그분들이 너무나 미안해하며 "목사님께 어떻게 헌금을 받나요?"라고 하신다. 그럴 때마다 나는 "제가 드리는 게 아니라 하나님이 주시는 거예요. 저도 하나님이 주시지 않으면 못 하죠"라고 말한다. 그리고 농담처럼 말할 때도 있다. "나중에 제가 힘들어지면 그때 도와주시면 돼요."

그렇게 도움을 드린 세월이 쌓이다 보니, 요즘은 오랜만에 만난 선교사나 목회자에게 "그때 도와주신 것을 잊을 수 없습니다"라는 말을 가끔 듣게 된다. 그런데 기억력이 부족한 것인지 나는 잘 기억이 나질 않는다. 그래서 알게 되었다. 내가 처음 내 물질을 나누기 시작했을 때는 스스로 기특해서 어쩔 줄을 몰라 했었다. 그리고 기억도 곧잘 했다. 그러나 나눔이 삶이 되고 나서부터는 오른손이 한 것을 왼손이 기억할 수 없다는 사실을 알게 되었다.

재소자在所者, prisoner들이 어떻게 1516교회 이름을 알고 편지로 영치금을 요청할 때가 종종 있다. 그러면 어떤 분들은 "이 사람들은 수십 교회에 똑같은 편지를 보내서 돈을 모으는 사람들입니다"라고 말한다. 하지만 그렇게 돈 몇 푼씩을 모은들 얼마나 되겠는가. 게다가 그 교회들도 똑같은 생각을 하고 아무 도움을 안 줄 수도 있지 않은가.

은혜를 바라며 도움을 요청하는 사람을 어떻게 외면하겠는가. 그래서 그런 분들에게는 늘 소액이라도 영치금을 보낸다. "네게 구하는 자에게 주며 네게 꾸고자 하는 자에게 거절하지 말라"(마 5:42). 그런데 한번은 재소자 한 분이 소문을 내는 바람에 그 교도소의 모든 분이 편지를 보내는 통에 안타깝게도 더는 도와드리지 못한 적도 있다.

양재온누리교회에 있을 때 출소자 한 분이 찾아온 적이 있었다. 큰 덩치에 굳은 표정을 한 붉은 얼굴의 남자분이었는데 추운 초겨울에 얇은 점퍼를 입고 있었다. 그분은 주변을 두리번거리면서 말했다. "목사님, 영치금을 두 번이나 보내 주셔서 정말 감사했습니다. 이 은혜 잊지 않고 살겠습니다."

그런데 그분은 잠시 앉아서 말씀 나누자고 하는데도 서둘러 떠나셨다. 자신과 같은 사람을 오래 만나면 마치 내게 누가 될 것이라는 그런 표정이었다. 그분을 붙잡아 두지 못했던 것이 오랫동안 후회가 된다. 그분의 위축되고 얼어붙은 마음을 녹여 주었어야 했는데 말이다. 나는 돈 얼마를 보낸 것 말고 그분을 위해서 아무것도 한 것이 없었다.

네게 한 가지 부족한 것이 있다

"예수께서 그를 보시고 사랑하사 이르시되 네게 아직도 한 가지 부족한 것이 있으니 가서 네게 있는 것을 다 팔아 가난한 자들에게 주라 그리하면 하늘에서 보화가 네게 있으리라 그리고 와서 나를 따르라 하시니" 막 10:21.

예수님은 부자 청년 관원에게 충격적인 한마디를 하셨다. 종교적 활동에서도 완벽했고, 계명의 말씀을 준수하는 것에도 완벽했고, 어려운 시대에 사회적 지위까지 얻은 삶의 성실함도 완벽했다. 그는 자신의 완벽한 이미지를 완성시켜 줄 마지막 조각을 찾고 싶었다. 그런데 예수님은 그에게 전혀 예상하지 못한 말씀을 하셨다.

그것은 그가 쌓아 올린 99개의 조각들을 내려놓는 것이었다. 그것을 가난한 사람들을 위해서 다 나눠 주는 것이었다. 자신은 99개 위에 1개만 더 올리면 된다고 생각했는데, 예수님은 정반대의 이야기를 하셨던 것이다. 오늘날 우리는 성공적인 인생을 살고 싶어서 신앙생활을 하고 있지 않은가? 그렇다면 우리나 부자 청년 관원이나 다를 바가 없다. 예수님은 당신에게도 동일한 대답을 하실 것이다. "네게 아직도 한 가지 부족한 것이 있다."

빅토르 위고의 작품 「레미제라블Les Miserables」(불쌍한 사람들)을 보면, 자베르 형사는 굶고 있는 조카들을 위해 빵 한 조각을 훔친 장발장을 잡아서 감옥에 넣는 것이 정의라고 생각한다. 하지만 주교는 장발장이 은식기와 은촛대를 훔쳤다는 것을 알면서도 그냥 내어주지 않았던가. 왜였을까? 인생을 살면서 그 누구에게도 은혜라는 것을 경험해 보지 못한 사람에게 그냥 속아 주는 것, 그것도 주는 것이기 때문이다. (그렇다고 보이스피싱 같은 사기범에게 속아 주라는 말은 결코 아니다) 그렇게 해서라도 그 사람에게 은혜를 베풀어 주면, 그게 쌓여서 어느 날 그도 하나님의 은혜를 깨닫고 그 은혜를 나누는 사람이 되지 않겠는가.

예수님은 열두 제자를 각 고을로 파송하시면서 말씀하셨다. "병든 자를 고치며 죽은 자를 살리며 나병환자를 깨끗하게 하며 귀신을 쫓아내되 너희가 거저 받았으니 거저 주라"(마 10:8). 사실 우리가 누리는 것이 다 내 노력의 결과물인가? 아니면 다 하나님께 거저 받은 것들인가? 거저 받았다면 거저 주라.

사실 내 인생도 다 돌보기 힘들 때가 많다. 그럴 때는 '내 앞가림이나 해야지 내가 누구를 돕겠는가'라는 생각이 든다. 하지만 그럴 때도 누군가를 조금이라도 도우라. 도움을 주는 인생이 되었다는 사실 자체가 큰 감사가 되고 영혼에 힘이 될 것이다. 그러나 내 인생은 너무 힘들어서 누굴 도와줄 처지가 못 된다고 주저앉으면 인생은 갈수록 더 힘들어지게 된다.

다윗이 왕의 사위요 최고의 장수에서 추락하여 인적도 드문 아둘람("피난처") 굴에서 은둔 생활을 하지 않았는가. 그런데도 다윗은 찾아오는 "환난 당한 모든 자와 빚진 모든 자와 마음이 원통한 자"(삼상 22:2)들을 다 받아 주었다. 하나님이 다윗을 고난의 광야에서 기적처럼 보호하시고 반전의 승리를 주신 것은, 그가 그 처지에서도 기꺼이 베풀고 나누고 섬겼기 때문이다.

또한 아말렉 사람들이 가족과 재산을 다 탈취했을 때, 아말렉과의 전쟁에 참전한 400인들 중 일부는 뒤처져 참전하지 못한 200인에게는 전리품을 나눠 줄 수 없다고 주장했다. 고대에서 목숨 걸고 전투에 나간 사람들이 전리품을 취하는 것은 일종의 '생명 수당'이었다. 그러기에 이들의 요구는 정당했다. 그런데도 성경은 이들을 "악한 자와 불량배들"(삼상 30:22)이라고 말한다.

하나님의 마음은 달랐기 때문이다. 하나님은 그들이 10년간 동고동락했던 공동체와 함께 승리의 기쁨을 나누기를 원하셨다. "다윗이 이르되 나의 형제들아 여호와께서 우리를 보호하시고 우리를 치러 온 그 군대를 우리 손에 넘기셨은즉 그가 우리에게 주신 것을 너희가 이같이 못하리라"(삼상 30:23). 하나님이 주신 승리도 물질도 모두 함께 나누는 것이 합당하다는 말이었다.

이제는 개인주의 시대여서 다윗 시대의 공동체 정신이 흐려진 것일까? 아니면 하나님이 우리에게 베푸신 은혜에 대한 감각이 흐려진 탓일까? 하나님은 선하시고 관대하신 분이다. 하나님은 우리가 그분의 성품을 닮기 원하신다. 2025년 인류는 역사의 어느 시점보다 풍요로운 시대에 서 있다. 이 시대의 문제는 더 이상 결핍의 문제가 아니라 나눔의 문제임을 알아야 한다.

우리는 하나님이 맡겨 주신 것을 마땅히 나눠야 하는 청지기들이다. 우리 각자는 학생일 수도 있고, 회사원일 수도 있고, 가게의 주인일 수도 있고, 회사의 대표일 수도 있고, 많은 지식의 소유자일 수도 있고, 탁월한 예술 감각의 소유자일 수도 있고, 교회의 지도자일 수도 있지만, 그 어떤 자리에 있을지라도 그보다 우선되는 정체성은 '청지기의 정체성'이다.

우리는 우리의 건강과 재능, 노력과 소유에 대해서 철저히 내가 주인이요 소유주라고 생각하는 시대적 사상에 젖어 있다. 내 것을 왜 하나님께 헌금해야 하고 이웃에게 나눠 줘야 하는가 반문한다. 그러나 이 모든 것은 그분이 내게 맡겨 두신 축복 아닌가. 그러기에 내가 마지막으로 해야 할 한 가지는, 죽는 날 어쩔 수 없이 그분께 내게 있는 모든 것을 돌려 드리는 것이 아니라 오늘 여기 내게 맡겨 주신 공동체와 사람들에게 나누는 삶을 사는 것이다.

주님 더 닮기 원합니다

"흩어 구제하여도 더욱 부하게 되는 일이 있나니 과도히 아껴도 가난하게 될 뿐이니라"(잠 11:24). 하나님의 부요하심을 경험하라. 성실한 삶을 살고 규모 있는 삶을 살라. 그것은 내 배만 채우기 위한 삶이 아니라, 축복의 통로가 되기 위한 준비의 삶이다. 언제든 하나님이 내게 맡기시는 사명을 감당하기 위해, 내게 보내시는 사람들을 섬기기 위해 준비하는 삶이다.

이 시대를 보라. 사람들이 과소비가 심각하다. 명품에 과소비하며 플렉스Flex하는 삶이 멋진가? 진짜 자신이 명품 인생이 되는 길은 나눔의 삶을 사는 것이다. 미국 사회가 매우 물질만능주의 사회처럼 보이지만, 내가 캐나다에서 목회할 때 참 부끄러웠던 적이 있다. 전 세계 다양한 민족들이 와서 사는 다문화 도시 밴쿠버에서 시청의 관계자를 만났는데 이런 말을 들었다. "밴쿠버에 사는 이민자 공동체 중에서 가장 기부를 안 하는 이들이 한국인들입니다."

작년 10월 1516교회 리더들과 미국 교회를 탐방했을 때 노스캐롤라이나주 서밋교회Summit Church에 방문한 적이 있다. 서밋교회는 2050년까지 1,000개 교회 개척의 비전이 있었다. 그것이 가능한 것은, 신앙이 깊은 사업가들과 자산가들이 앤젤기부자Angel Donor들이 되어 주기 때문이었다.

우리 인생이 끝나면 한 줌 흙으로 돌아가는데도 유산 싸움에 깨지는 가정들이 교회 안팎으로 얼마나 많은지 모른다. 내

평생의 피와 땀과 눈물을 흘려 영혼을 살리고, 노력과 헌신을 다해 예배를 살리는 일에 헌신한다면 얼마나 복된 삶인가!

나는 한국교회 성도들이 기꺼이 플로잉flowing 하는 삶의 기쁨을 경험하게 되기 원한다. 플로잉이 교회의 성숙한 크리스천 문화가 되기를 바란다. 그러나 교회에서 사업 투자자를 모으거나 과도하게 돈을 요구하는 일은 삼가야 한다. 다만 하나님이 기뻐하시는 선한 일에 기꺼이 물질을 나누는 축복의 통로가 되는 삶을 살라.

성산 장기려 박사는 1911년 평안북도 용천에서 태어나 경성의학전문학교를 수석으로 졸업했고 아시아 최고 외과의사라는 명성을 가진 분이었다. 6·25 전쟁 중에 가족과 헤어져 홀로 월남하게 되었고, 부산에 정착하면서 피난민들을 긍휼히 여겨 1952년 부산 복음병원을 설립하고 가난하고 소외된 이들을 위해 무료 진료를 해주었다.

그는 돈이 없는 환자들에게는 수술비도 병원비도 받지 않았다. 결국에는 원무과장이 찾아와 장기려 박사에게 하소연했다. "원장님, 가난한 환자들을 불쌍히 여기는 마음은 이해합니다만 이렇게 하시면 병원 문을 닫아야 합니다. 재정적으로 너무 어렵습니다." 그러자 이번에는 퇴원할 때가 되었는데도 병원비를 못 내고 있는 환자들을 몰래 불러서 말했다. "저녁에 뒷문을 열어 놓을 테니 가세요." "아니, 선생님! 그래도 도망가라니요." "아니, 괜찮아요. 병원비는 나중에 농사지어서 수입이 생기면 보내시면 됩니다. 조용히 떠나세요."

한번은 병원 정문을 나서는데 한 걸인이 도움을 청했다. 그러자 장기려 박사는 지갑을 열었다. 그러고는 지갑에서 돈을 찾다가 한 장을 주었다. 그런데 나중에 이 걸인이 경찰에게 붙잡혀 박사님 앞에 끌려왔다. 수표를 바꾸려고 은행에 갔는데 걸인이 받은 것이라고 하기에는 너무나 큰 액수였기 때문이다. 박사님은 말했다. "제가 드린 것이 맞습니다. 현금을 드리려고 했는데 없어서 수표를 드렸을 뿐입니다. 이제는 아무 죄 없는 분을 놓아 주세요."

평생 복음병원 옥상의 옥탑방에서 살며 환자들과 빈자들을 위해 일생을 바쳤던 분이었다. 1979년 그의 박애정신과 의료봉사운동에 대한 공로를 인정하여 아시아의 노벨상이라고 불리는 막사이사이상이 수여되었을 때 그는 이렇게 소감을 말했다. "너무 뜻밖의 일입니다. 별로 한 일도 없는 사람에게 이 같은 영광을 주다니 사회봉사를 잘하라는 격려로 알고 앞으로 불우한 환자들을 위해 더욱 열심히 일하겠습니다."

그때 한 기자가 장기려 박사를 인터뷰하며 감동적인 질문을 했다. "선생님은 정말 예수님을 닮은 성자이십니다. 어떻게 그렇게 사실 수 있나요?" 그러자 장기려 박사는 고개를 숙이고 눈물을 글썽이며 말했다. "저는 감히 예수님의 발끝도 따라가지 못할 자입니다. 우리 주님은 머리 둘 곳도 없으셨는데 저는 너무나 편안히 잘 수 있는 집까지 있으니, 우리 주님 뵈올 날이다가오는데 무슨 낯으로 그분의 얼굴을 뵈올지 너무나 부끄럽습니다."

9장. 예수님의 나눔을 본받으라
나눔 질문

Q1 나는 마르틴 루터가 말했던 돈지갑의 회심이 어느 정도 된 사람이라고 생각하는지 나눠 봅시다. • 너희는 나를 본받으라(행 20:35)

Q2 나눔은 단순히 물질적 소유를 나누는 것을 넘어 서로의 짐을 함께 지며 책임을 나누는 것입니다. 나는 교회 안에서 예배만 드리는 신앙생활을 하는지, 아니면 함께 소그룹에 참여하여 삶을 나누고 사역에 동참하며 교회 섬김의 책임을 나누고 있는지 나눠 봅시다. • 책임을 함께 나누다(행 20:35; 빌 2:4)

Q3 교회 공동체는 권력과 기득권의 논리로 운영되는 것이 아니라, 복음처럼 개방성과 환대의 정신으로 세워져야 합니다. 새가족이나 초신자가 우리 소그룹에 들어왔을 때 그들에게 더 신경을 써 주고 때로는 분순도 해야 하는 것이 부담스럽지는 않습니까? 우리 공동체가 더 개방적이고 포용적인 공동체가 되려면 어떤 노력이 필요하다고 생각합니까? • 예수님이 보여 주신 섬김의 리더십(행 20:35)

Q4 예수님은 나의 오른손이 한 일을 왼손이 모를 정도로 나눔의 삶을 살아가라고 말씀하셨습니다. 나와 가정은 나눔의 삶을 어떻게 실천하고 있습니까? • 사회적 약자들을 도우라(행 20:35)

Q5 하나님이 우리에게 맡겨 주신 것(재정 물건 은사 시간 등)을 플로잉flowing 하는 것은 축복의 통로가 되는 삶입니다. 플로잉이 성숙한 크리스천 문화로 자리 잡으려면 어떤 실천과 노력이 필요하다고 생각합니까? • 주님 더 닮기 원합니다(잠 11:24)

"여호와를 경외하는 것은 지혜의 훈계라
겸손은 존귀의 길잡이니라"
잠 15:33

10장
예수님의 겸손을 본받으라

빌립보서 2장 6-11절

사람이 그리스도의 마음을 가질 수 있는가?

"너희 안에 이 마음을 품으라 곧 그리스도 예수의 마음이니"빌 2:5.

우리는 예수님의 말씀에 순종하고 예수님의 모범을 따르려 한다. 하지만 예수님의 마음을 품는다는 것이 무엇인지 아는가? "나의 자녀들아 너희 속에 그리스도의 형상을 이루기까지 다시 너희를 위하여 해산하는 수고를 하노니"(갈 4:19). 예수 그리스도를 본받고 닮아간다는 것은 종교생활이나 외적 행실 이전에 예수님의 마음을 품어야 가능한 것이다.

그러나 우리가 예수님을 닮아가려고 노력할지라도 어떻게 예수님의 마음 자체를 가질 수 있다는 것인가? 그래서 사도 바울은 "누가 주의 마음을 알아서 주를 가르치겠느냐"(고전 2:16) 라고 말했다. 감히 사람이 주님의 마음을 안다고 말할 수 없다는 것이다. 그렇게 주장할 수 있는 사람이 있다면 주님까지도 가르치겠다고 들지 않겠느냐는 것이다.

그렇다. 그분과 나는 전혀 다른 수준의 존재다. 비교할 수도 없고 범접할 수도 없는 수준의 차이가 존재한다. 그러나 사도 바울은 반전의 고백을 한다. "그러나 우리가 그리스도의 마음을 가졌느니라"(고전 2:16). 아니 방금까지 그것은 불가능한 것이라고 말해 놓고, 어떻게 갑자기 이렇게 반전의 고백을 할 수 있는가?

바울 사도는 두 가지를 이야기한다. 첫째, 우리가 예수 그리스도의 십자가 복음을 깨우쳤기 때문이다(고전 1:21-24). 둘째, 우리는 성령의 내주하심으로 신령한 사람들이 되었기 때문이다(고전 2:12-13). 이 비천하고 죄 많은 인간이 예수 그리스도를 통해서 하나님의 자녀가 되었고 성령님을 통해 그분의 마음을 알게 되었으며 품게 되었다.

그렇다면 바울이 말한 그리스도의 마음은 무엇일까? "내가 예수 그리스도의 심장으로 너희 무리를 얼마나 사모하는지 하나님이 내 증인이시니라"(빌 1:8). 바울이 빌립보서 1장에서 "사랑의 마음"이라고 말했다면, 빌립보서 2장에서는 "겸손의 마음"이라고 말했다. 그렇다면 예수 그리스도 안에서 발견되는 마음은 자녀들을 사랑하기 때문에 눈높이를 맞추기 위해 스스로 낮아지는 마음이다.

사랑하면 먼저 다가가게 되고, 사랑하면 먼저 필요를 채워 주고 싶고, 사랑하면 누가 시키지 않아도 그의 행복과 안녕을 위해 최선을 다하게 되기 때문이다. 사랑하면 말릴 사람이 없다. 사랑하면 상상할 수 없는 일들을 하게 된다. 그것은 천지만물을 만드신 창조주에게도 다르지 않았다. 왜냐하면 이 사랑이 그분에게서 온 것이기 때문이다.

그래서 성경은 우리에게 "이 마음을 품으라"고 말씀한다. 자기본위가 강한 우리에게 겸손은 가장 어려운 단어가 아닐까 싶다. 그런데도 예수님의 마음을 모방하라는 것도 아니고 비슷하게 가져 보라는 것도 아니고 바로 그 동일한 마음을 품으라고 하신다. 이것은 그리스도의 십자가를 통과해야만 알 수 있고, 성령의 충만함 가운데 거해야만 알 수 있는 마음이다.

겸손은 내면적 위치선정이다

> "그는 근본 하나님의 본체시나 하나님과 동등됨을 취할 것으로 여기지 아니하시고" 빌 2:6.

근본이 하나님의 본체nature이신 분, 하나님과 동등하신 분이 그것을 내려놓으셨다. 어떻게 영원하고 완전한 신성을 가지신 성자께서 인간이 되실 수 있었는가? "말씀이 육신이 되어 우리

가운데 거하시매 우리가 그의 영광을 보니 아버지의 독생자의 영광이요 은혜와 진리가 충만하더라"(요 1:14). 영원한 성자께서 인간이 되신 것은 태초에 계신 말씀이 스스로 피조물의 형상을 입으신 사건이었다! 그것은 죄 가운데 버려진 우리 가운데 거하고자 하심이었다!

예수님은 겸손의 왕으로 이 땅에 오셨다. 하늘 영광 보좌를 버리고 낮고 어두운 땅에 오실 때 거기서도 더 낮은 구유에 오셨다. 구유(헬라어, 파트네)는 동사 "파쏘(뿌리다)"에서 온 단어로서, 가축들의 먹이를 뿌려 주는 먹이통이라는 뜻이다. 자신의 생명을 사람들에게 생명의 양식으로 주시기 위해 오신 분, 그분이 바로 예수 그리스도이시다.

겸손은 자세를 낮추는 것 이전에 마음을 낮추는 것이다. 자신을 과대하게 평가하지 않고 사람들을 존중하여 높여 주는 마음이다. 그래서 겸손은 내면적 위치선정positioning이다. 좋은 운동선수가 되는 요건 중 하나가 위치선정에 대한 감각이라고 한다. 적절한 위치선정은 적합한 역할 수행에 필수적이기 때문이다.

그래서 어느 공간 안에 들어갈 때 자신이 어디에 위치해야 할지를 아는 사람이 지혜로운 사람이다. 예수님은 청함을 받은 사람이 높은 자리에 스스로 앉는 것을 보시고 "혼인 잔치에 청함을 받았을 때에 높은 자리에 앉지 말라"(눅 14:8)고 하시며 잔치의 상좌를 좋아하는 사람들의 교만을 지적하셨다. 그리고 낮은 자리로 가는 것이 지혜로운 선택이라고 말씀하셨다.

결혼식장에 갔을 때도 그렇다. 신랑이 서야 할 위치가 있고 신부가 서야 할 위치가 있다. 양가 부모님이 앉아야 할 자리가 있고 가족석이 있고 하객석이 있다. 그리고 주례자의 자리가 있고 도우미들이 있어야 할 자리가 있다. 예식장 도우미들은 신랑, 신부 및 주례자의 근처에 위치해 있어야 하는데, 그것은 언제든지 진행을 돕기 위한 역할 때문이다.

그런데 어떤 경우에는 전혀 그렇지 않을 때가 있다. 결혼식 주례를 하다 보면 의외의 사람들이 결혼식을 망치는 경우가 있다. 한번은 식장 도우미가 예식 전에 내게 예식을 20분 안에 끝내라고 다그쳤다. '무작정 길게 하는 목사들에게 몇 번 어려움을 겪었나 보다' 속으로 생각했다. 그러면서 결코 늘어지게 하지 않겠다고 잘 안심을 시켰다. 그런데 정작 예식이 시작했는데 그 도우미가 사라져 버렸다. 시작 전에 장갑과 코사지도 챙겨 주지 않고, 중간에 결혼서약문을 낭독할 때까지도 사라져서 필요한 마이크조차 주지 않아 한참 기다려야 했던 적이 있다.

예식장 도우미는 결혼식을 돕는 전문 인력이다. 그들의 도움 없이는 결혼식이 물 흐르듯 흘러갈 수 없다. 우리는 인생의 어느 위치에 서 있는가? 그리고 그 위치에서 어떤 역할을 하고 있는가? 도우미인데 주인공이 되어 있지는 않은가? 주님을 빛나게 해드려야 하는데 내가 주름잡으며 살고 있지는 않은가?

오히려 내가 해야 할 그 역할을 주님이 해주시지 않았는가!

왕의 잠행인 것을 알고 있는가?
예수님은 하나님과 동등하신 분인데 어떻게 그분의 기득권을 내려놓으실 수 있었는가? 당연히 사랑 때문에 겸손의 자리로 내려오셨지만, 다른 한편으로 보면 그분의 엄청난 자신감 때문이었다. 왜냐하면 그분이 그렇게 자신을 낮추신다고 해도 하나님의 아들이신 그분의 신분이나 영광이 변하는 것이 아님을 아셨기 때문이다.

가령, 왕이 잠행潛行, secret visit을 하기 위해 평민복을 입고 백성들 가운데 들어갔다고 생각해 보라. 그런데 누군가 길에서 만난 사람이 그가 왕이라는 사실을 모르고 "당신 누구야?"라고 물으며 몰라본다고 화를 내겠는가? 낙심하겠는가? 잠행을 하는 이유는, 백성들의 어려운 현실을 살피기 위함이 아닌가. 그 역할을 수행하기 위해 낮은 위치선정을 하는 것이다.

그런 점에서 예수님의 낮아지심은 성자이신 그분의 존재 본질에서 나온 것이며 자녀들을 사랑하시는 그분의 내적 본질에서 나온 것이다. 자신감이 없는 사람은 결코 낮아지지 못한다. 겸손이 아니라 굴욕이라고 생각하기 때문이다. 백성을 더 귀하게 여기는 마음이 왕의 잠행이라는 겸손을 가능케 하는데, 자신이 더 중요한 인물이라면 어떻게 겸손한 위치선정이 가능하겠는가.

굴욕humiliation과 겸손humility의 차이는 무엇인가? 가령 이런 것이다. 내가 원래 거지라서 거지 옷을 입고 있으면 그것은 겸손이 아니라 비참함이고 굴욕이다. 그러나 왕이 백성을 살피려고 거지 옷을 입었다면 그것은 겸손이요 사랑이다. 당신이 가족에게조차 자존심을 내세운다면, 그것은 자존심이 강한 것이 아니라 자신감이 없는 것이고 자존감이 낮은 것이다.

자신감이 있는 사람은 포장이 중요하지 않지만 자신감이 없는 사람은 포장이 중요하다. 자존감이 없는 사람은 좋은 집, 좋은 차, 자식의 성공으로 자신을 치장해야 살맛이 난다. 그러나 그런 것을 잃고 남편의 명퇴, 자녀의 방황, 빈둥지 증후군, 건강의 악화 등을 경험하게 되면, 인생이 전혀 맥을 못 추게 되고 신앙심도 어디론가 증발해 버린다. 나에게 남은 것이 없다고 느껴질 때 '나는 누구인가?' 생각된다면 외적인 요소들이 나를 형성해 왔던 것이다.

그러나 성자 그리스도는 영원한 신분이 보장되어 있는 분이지만, 우리 인간은 그분께 위임받은 인생을 살아가는 상대적 존재에 불과하지 않은가? 어찌 우리가 그분의 자존감에서 나오는 겸손을 닮을 수 있는가? 그런데 과연 그럴까? 왕만 잠행하는 것이 아니라, 어사들도 암행을 한다. 암행어사가 평민이나 걸인으로 위장하고 다니는 것도 백성들의 삶을 살피기 위함이다.

그래서 암행어사들은 그들의 여정에서 사람들에게 대접을

받지 못한다고 서러워하지 않는다. 오히려 아무도 그들을 알아보지 못하기를 바란다. 그래야만 왕이 맡겨 준 사명을 제대로 감당할 수 있기 때문이다. 예수님은 하나님이 맡겨 주신 사명을 완수하기 위해 스스로 "성자Son of God"이시면서 "인자Son of man"라고 부르셨다. 그런데 왕이 아니라 왕의 전령인 우리가 자신을 드러내고 싶어 하거나 높임을 받고 싶어 한다면, 우리는 왕께서 맡겨 주신 사명에 집중하고 있는 것이 아니라 우리 자신에 집중하고 있는 우를 범하는 것이다.

교회는 기꺼이 종이 되려고 하는가?

> "오히려 자기를 비워 종의 형체를 가지사 사람들과 같이 되셨고"빌 2:7.

예수님은 신의 본체nature이신 분이 기꺼이 종의 형체nature가 되셨다. 그래서 계시록에서는 유다 지파의 사자Lion of Judah로 왕이심을 드러내셨지만(계 5:5) 지상에서는 어린양으로 자신을 낮추셨다. 구약에서는 그리스도께서 여호와의 군대장관으로 등장하시기도 했지만(수 5:13-15), 이 땅에서는 가난한 목수의 아들로 자신을 낮추셨다.

진짜 사랑의 마음을 가지면 모양은 어떻든 상관이 없다. 사랑은 철저히 나를 비워 사랑의 대상에게 맞추는 것이기 때문이다. 사도 바울이 율법주의자들에게 사도권도 없는 가짜 사도라는 비난을 받으면서도 위축되지 않고 자신의 영광을 구하지 않을 수 있었던 것도, 그가 예수 그리스도의 마음을 품고 있었기 때문이었다.

> "유대인들에게 내가 유대인과 같이 된 것은 유대인들을 얻고자 함이요 율법 아래에 있는 자들에게는 내가 율법 아래에 있지 아니하나 율법 아래에 있는 자 같이 된 것은 율법 아래에 있는 자들을 얻고자 함이요 … 약한 자들에게 내가 약한 자와 같이 된 것은 약한 자들을 얻고자 함이요 내가 여러 사람에게 여러 모습이 된 것은 아무쪼록 몇 사람이라도 구원하고자 함이니" 고전 9:20, 22.

사도 바울의 선교 원칙을 보여 주는 말씀이다. 어떻게 보면 대상에 따라 모습을 달리하는 것은 카멜레온과 같은 위장僞裝, disguise이라고 말할지 모른다. 하지만 복음의 본질 때문에 문화적 개방성openness이 가능해졌을 뿐이다. 한 영혼을 구원하기 위해서는 어떤 문화적인 옷으로도 갈아입을 수 있기 때문이다.

그런 면에서 오늘날 교회가 문화적 폐쇄성closedness을 갖게 된 것은 너무나 안타까운 일이 아닐 수 없다. 한 영혼을 살리기 위해서 교회 전체가 그 사람에게 맞출 수 있어야 하지 않는가. 오히려 새신자들이나 미신자들Yet-Christians이 교회 문화에 무조건 맞춰야 한다는 식의 고집불통 태도는 예수님의 마음을 전혀 이해하지 못하는, 안일하고 교만한 마음이다.

한번은 카이스트에서 천체물리학을 전공하는 대학생을 만난 적이 있다. 신실하게 교회를 다니던 자녀가 2년간 교회를 나가지 않으니 부모로서는 얼마나 걱정이 되었겠는가. 그 학생과 2시간 동안 진화론과 창조론에 대한 진지한 대화를 나누었다. 내가 진화론이 갖고 있는 생물학적, 지질학적, 우주론적 한계점에 대해서 이야기하니까 그 학생은 학계에서도 알고 있는 사실이라고 인정했다.

그리고 사실 본인은 하나님을 믿는다고 이야기하며, 교회 청년부에서 이런 대화 자체를 터부시하는 것이 힘들어서 떠날 수밖에 없었다고 했다. 자신이 청년부 선배들에게 진화론에 대해서 질문을 하니까 "너는 교회 다니는 애가 어떻게 진화론을 믿을 수 있니!"라며 벽을 세우더라는 것이었다. 자신은 진화론을 믿어서 교회를 떠난 것이 아니라 그들의 마음이 닫혀 있기 때문에 교회를 떠난 것이라고 했다. 너무나 안타깝고 미안했다.

우리가 자녀들을 키울 때 얼마나 많은 변신을 하는가. 때로 엄마는 아이들에게 요리사, 간호사, 선생님, 친구, 상담가가 되어 준다. 때로 아빠는 아이들에게 운전사, 친구, 놀이터, 엔터테이너, 여행 가이드, 짐꾼이 되어 준다. 부모로 산다는 것이 때로는 종살이 같다는 생각이 들 때가 있다. 하지만 뭐든지 역할을 바꿀 수 있는 것은 아이들을 사랑하기 때문이요 아이들에게 우리의 사랑을 경험시켜 주고 싶기 때문이다. 그렇다면 과연 교회는 이런 사랑의 종살이를 기꺼이 할 마음이 있는가?

어디까지 낮아질 수 있는가?

> "사람의 모양으로 나타나사 자기를 낮추시고 죽기까지 복종하셨으니 곧 십자가에 죽으심이라" 빌 2:8.

예수님은 낮아지고 더 낮아지셨다. 천상에서 지상으로, 지상에서도 더 낮은 구유통으로, 거기서 더 낮은 십자가 형틀로, 그리고 가장 낮은 음부에까지 내려가셨다(벧전 3:19). 그렇게까지 하신 것은 아버지의 뜻을 이루고자 하는 순종이었고, 잃어버린 한 영혼을 건지기 위한 사랑의 헌신이었다. 예수님은 진정 지옥의 구덩이에 떨어지고 있는 우리를 건지시기 위해 거기까지 내려가셔서 우리를 불구덩이에서 건져내셨다!

「종의 마음」에 나오는 일화가 있다. 데이빗 케이프David Cape는 남아프리카공화국에서 규모 있는 백인 교회를 목회하는 담임목사였다. 어느 날 그는 성령님의 인도하심을 받아 나무 십자가와 물통을 지고 전국을 도보로 순례하게 된다. 그가 수많은 사람들의 발을 씻기고 기도해 주면서 놀라운 치유와 변화의 기적들이 곳곳에서 일어나게 된다.

그러다가 한 진실한 청년을 조력자로 삼아 동행하게 된다.

청년은 이 감동적인 사역의 일부분이 되고 싶었다. 그런데 어느 날 밤 청년이 케이프 목사에게 고백했다. "목사님, 제가 스스로 섬기겠다고 나설 때는 좋았습니다. 하지만 정말 사람들이 나를 종처럼 대하기 시작하자 저는 참을 수가 없었습니다." 이것이 우리의 정직한 모습이다.

우리는 낮아져서 섬기는 존재가 되기 위해 부름을 받았다. 부모가 자식을 섬기는 것이요, 목사가 교회를 섬기는 것이요, 선생님이 학생들을 섬기는 것이요, 대통령이 국민을 섬기는 것이다. 그것이 마땅하다. 그것을 하겠다고 스스로 나섰지만, 정말 자식이 부모를 식모처럼 대하거나, 목사를 관리인처럼 대하거나, 선생님을 고용인처럼 하대하거나, 대통령을 우습게 여기고 대하면, 우리는 참지 못한다. 그러나 예수님은 낮아지셨다. 그 역할로 부르신 하나님의 뜻에 복종하셨다. 어디까지 복종하셨는가? 십자가에 죽기까지.

성도들이여, 여기에 자유가 있다. 완전한 헌신에 자유가 있고, 온전한 겸손에 자유가 있다. 빌립보서에서 사도 바울은 "이는 내게 사는 것이 그리스도니 죽는 것도 유익함이라"(빌 1:21)라는 놀라운 자유함을 보여 주었다. 최고의 지성인이요 종교인이었던 그가 복음을 위해 죄수의 신분으로까지 낮아진 그때, 그리스도의 사랑과 복음을 위해 낮아지는 것에 놀라운 자유가 있음을 몸소 체험하고 깨달은 것이다.

우리는 어디까지 사랑할 수 있는가? 어디까지 낮아질 수 있는가? 나 자신을 십자가에 내어주기까지 아내를 사랑하고 남편을 사랑하고 부모와 자녀를 사랑하고 이웃을 사랑하라. 그러면 자유해진다. 나 자신을 주장하는 마음이 남아있는 한, "내가 왜 종이 되어야 하는가? 내가 왜 십자가를 져야 하는가?"라는 의문은 사슬처럼 우리 영혼을 얽어맨다. 그리고 우리의 설익은 헌신은 사랑하는 이들을 구원하지도 못하고 우리의 사명도 완수하지 못하게 만든다.

예수님은 인간인가, 하나님인가?

> "이러므로 하나님이 그를 지극히 높여 모든 이름 위에 뛰어난 이름을 주사 하늘에 있는 자들과 땅에 있는 자들과 땅 아래에 있는 자들로 모든 무릎을 예수의 이름에 꿇게 하시고 모든 입으로 예수 그리스도를 주라 시인하여 하나님 아버지께 영광을 돌리게 하셨느니라" 빌 2:9-11.

성자 예수 그리스도는 100% 하나님이시고 100% 인간이시다. 예수는 성자의 지상에서의 이름이고, 그리스도는 성자의 천상에서의 이름이다. 영지주의자들이 주장한 가현설처럼, 신이 인간인 척 가짜로 현현하신 것이 아니었다. 성자께서 실제로 인간이 되신 이유는, 그래야만 인간과 신의 가교가 열리고 천상과 지상의 만남이 가능하기 때문이었다.

그런데 어떤 사람들은 예수님의 신성을 인정하기 힘들어 한다. 성자를 성부 하나님보다 낮은 존재라고 생각한다. 그래서 예수님이 실제로 성부보다 낮은 존재이고 피조된 존재이기 때문에 당연히 순종하셨어야 한다고 생각한다. 과연 성자는 성부와 동일 본질인가, 아니면 종속적 존재인가? 이것은 기독교 역사에서 매우 중요한 교리적 이슈였다.

아리우스와 아타나시우스 논쟁도 이 때문에 일어났다. 아리우스는 성자는 성부보다 낮은 존재이고 성부에 의해 피조된 존재이기에 영원한 존재가 아니라고 주장했다. 그러나 아타나시우스는 이에 대해서 아주 중요한 신학적 반박을 하였고, 이로써 성자는 성부와 성령과 더불어 삼위일체Trinity 하나님이심을 논증하게 된다.

예수님은 "나와 아버지는 하나이니라"(요 10:30)라고 말씀 하셨다가 신성모독으로 죽임을 당할 뻔하셨다. 실제로 예수님이 십자가를 지신 이유도 예수님의 신성을 인정할 수 없었던 유대 지도자들 때문이었다. 그러므로 우리가 신앙이 있다 하면서도 예수님의 신성을 믿지 못한다면, 우리도 예수님을 다시금 십자가에 못 박는 이들이 된다는 점을 알아야 한다.

그러면 325년 니케아 신조를 이끌어 낸 아타나시우스의 반박은 무엇이었는가? 첫째, 피조물은 다른 피조물을 구원할 수 없고 오직 하나님만이 구원자가 되실 수 있다. 둘째, 하나님 외에 다른 피조물을 경배하는 것은 우상숭배인데, 하나님은 예수님에게 모든 이름 위에 뛰어난 이름을 주시고, 만민과 만물이 경배하게 하신다(계 5:11-13). 그러므로 유일한 구원이 되시고(요 14:6) 만민의 경배를 받으시는 그리스도는 하나님이시다!

그렇다. 예수 그리스도는 모든 이름 위에 뛰어난 이름이시요, 모든 무릎이 그 앞에 꿇고 경배할 분이시요, 모든 입이 그분을 주^{Lord}라고 고백할 분이시다. 주라는 고백은 놀라운 고백이다. 구약시대에는 "여호와"를 "주(아도나이)"라고 고백했고, 신약시대에는 황제를 "주(퀴리오스)"라고 고백했기 때문이다. 예수 그리스도는 모든 인간계와 자연계와 영계의 존재들 위에 계시는 하나님이시다! 그런 분이 인간이 되시고 십자가를 지셨다는 것은 인간이 이해하기도 어렵고 받아들이기도 어려운 겸손이었다.

그러면 왜 그 길을 선택하셨는가? 그 길 외에는 우리가 살 길이 없기 때문이었다. 상상해 보라. 개미들이 독극물이 있어서 다 죽게 될 위기에 처했는데, 인간이 스스로 개미가 되어 대신 죽고 그들을 살려낼 수 있다면, 과연 그런 일을 할 인간이 있겠는가! 그런 희생과 겸비하심과 낮아지심을 하나님의 아들께서 우리를 위해 선택하셨다.

하나님이 만드신 영적인 순리

빌립보서 2장 9절은 "이러므로^{Therefore}"라고 시작한다. 예수님의 겸비하심 이후에 하나님의 존귀케 하심이 어떻게 "이러므로"로 연결되는가? "그러나"로 연결되어야 하지 않는가? 세상에서는 스스로 겸비하고 낮아지는 이를 더 조롱하고 쉽게 생각하고 우습게 여기는 일들이 많지 않은가. 그러나 하나님은 반전의 하나님이 아니신가!

그리스도의 겸손과 존귀의 과정을 보면서 깨닫게 된다. 하나님의 아들이 천상에서 지상으로까지 겸비humility하셨는데 인간들은 그분을 비하humiliation했다. 하지만 하나님은 결국 그분을 영광의 자리로 고양elevation시키셨다. 우리도 마찬가지다. 우리가 가정에서나 교회에서 겸비하여 섬기면 오히려 악한 이들은 우리를 비하한다. 하지만 주를 위해 스스로 겸비한 사람은 주께서 친히 높여 주실 것이다.

당신이 내려놓으면 하나님께서 일으키신다. "사람의 마음의 교만은 멸망의 선봉이요 겸손은 존귀의 길잡이니라"(잠 18:12). 내가 잘못하여서 낮아지는 것은 회개의 길이지만, 하나님이 맡겨 주신 영혼 살리는 사명을 위해 겸비하는 것은 영광의 길이 될 것이다. 이것은 하나님이 만들어 놓으신 영적인 흐름이기 때문이다. 그러므로 반전이면서도 하나님의 순리인 것이다.

그런데 인간은 본능적으로 위로 계속해서 올라가려고 한다. 내가 한 알의 썩어지는 밀알이 되어서 땅에 떨어지는 정도가 아니라 땅 아래 묻히고 썩어지는 것을 원하지 않는다. 그러나 그 자리까지 가야 가정에서도 자녀들의 생명을 살릴 수 있고 세상에서도 수많은 영혼을 살릴 수 있다. 이 예수님의 마음은 누구도 미워하지 않고 누구도 어렵지 않고 누구라도 품을 수 있는 마음이다.

그리스도인이 가야 할 길이 여기에 있다. "무릇 자기를 높이는 자는 낮아지고 자기를 낮추는 자는 높아지리라"(눅 14:11). 세상 사람들은 모두가 피라미드의 꼭짓점으로 올라가려고 한다. 예수님을 따르던 제자들도 예루살렘에 올라가면 높은 벼슬자리에 앉게 될 줄 알고 서로 누가 크냐는 문제로 논쟁까지 벌였다.

하지만 예수님은 제자들에게 전혀 다른 삶을 말씀하셨다. "너희 중에 누구든지 크고자 하는 자는 너희를 섬기는 자가 되고 너희 중에 누구든지 으뜸이 되고자 하는 자는 너희의 종이 되어야 하리라 인자가 온 것은 섬김을 받으려 함이 아니라 도리어 섬기려 하고 자기 목숨을 많은 사람의 대속물로 주려 함이니라"(마 20:26-28).

세상이 당신에게 세뇌하는 메시지에 속지 말라. "당신의 능력을 보여 달라." "2등은 기억하지 않는다." "최고가 되라." 그러나 당신이 그 자리에 오르기 위해 무수히 많은 사람을 절망시키고 분노하게 하고 눈물 흘리게 만들면, 당신의 그 높은 자리는 결코 평안할 수 없게 된다. 얻게 된다 할지라도 당신의 권력은 영원할 수 없고 당신의 지위도 계속될 수 없다.

우리는 가정에서나 직장에서, 교회에서나 세상에서 예수 그리스도의 겸손을 실천해야 할 사람들이다. 우리는 경쟁을 위해 살지 않고 부르심을 위해 산다. 경쟁을 위해 사는 사람들은 높아지려고 하지만, 부르심을 위해 사는 사람들은 낮아지려고 한다. 존재의 무게중심을 낮춰야 영혼을 살리고 시대를 살리는 부르심을 온전히 감당할 수 있기 때문이다.

주장하는 부모가 되지 말고 섬기는 부모가 되라. 군림하는 사장이 되지 말고 섬기는 사장이 되라. 독재적인 목회자가 되지 말고 섬기는 목회자가 되라. 이기적인 순장이 되지 말고 섬기는 순장이 되라. 주도권 싸움을 하는 직분자가 되지 말고 기꺼이 섬기는 직분자가 되라. 이 사회가 억울함과 분노의 악순환이 아니라 사랑과 섬김의 선순환이 일어나는 사회가 되기를 바란다.

예수님의 겸손과 우리의 겸손

"예수님의 겸손을 본받으라"는 제목을 정해 놓고 한참을 들여다 보니 이상하다는 생각이 들었다. 왜냐하면 예수님의 겸손과 우리의 겸손은 근본적으로 다르기 때문이다. 예수님의 겸손은 하나님과 동등하신 분이 자신을 낮추신 것이다. 그러나 인간의 겸손은 하나님의 통치 아래에서 당연히 낮은 자이기에 가져야 할 겸손 아닌가!

그러므로 예수님은 스스로 낮아지신 것이고 인간은 스스

로 낮은 것을 깨달아야 하는 것이다. 그래서 우리에게 겸손이란 선천적으로 타고난 기질도 아니고 후천적으로 학습해서 예의 바르게 행동하는 것도 아니다. 겸손은 하나님의 임재 의식이며, 만물의 창조주요 역사의 주관자요 천국의 완성자이신 하나님을 인정하는 정직함이다.

그런데도 우리는 겸손이 잘 안 된다. 예수님의 제자 중에도 야고보와 요한은 "우레의 아들"이라는 별명이 있었는데(막 3:17), 자기 일행을 받아 주지 않는 사마리아 마을에 불을 내려 심판하자고 말했다가 예수님께 혼난 적이 있다(눅 9:54-55). 오히려 예수님은 가만히 계신데 예수님의 제자들이 호가호위狐假虎威했다. 호랑이 앞에서 여우가 잘난 척하는 식이었다.

예수님은 어떤 냉대와 멸시와 조롱을 당해도 흔들리지 않으셨다. 그분이 하나님의 아들이시라는 사실은 변하지 않기 때문이다. 반면 우리는 우리 자신이 누구인지 잘 모르기 때문에 흔들린다. 그래서 어떤 지위나 직함이나 권세와 재력으로 자신을 추켜세우고 싶어 한다. 그러나 그것은 진정한 영광이 아니라 거짓 영광일 뿐임을 알아야 한다.

동산에서 뱀이 하와에게 했던 미혹이 이런 것 아닌가. "너희가 그것을 먹는 날에는 너희 눈이 밝아져 하나님과 같이 되어 선악을 알 줄 하나님이 아심이니라"(창 3:5). 그들은 이미 하나님의 형상으로 지어진 존귀한 존재인데도, 마치 열등한 존재로 창조된 것처럼 속여서 선악과를 먹어야만 그들의 낮아진 존재가 고양될 것이라고 믿게 만들었다.

"아무 일에든지 다툼이나 허영으로 하지 말고"(빌 2:3). 다툼strife은 남의 영광을 빼앗는 것이고 허영vainglory은 가짜 영광을 구하는 것이다. 그리고 결국 하나님의 영광을 가로막는 것이다. 그러나 우리는 이미 하나님의 형상이요 자녀이기에 참된 영광이 주어져 있지 않은가! 더 나아가 겸손히 부르심의 자리에서 섬기면 최후 승리의 영광을 주실 것이 아닌가!

예수님은 지존자이시기에 겸손하실 수 있었다. 사람들도 어떤 분야의 최고 전문가들은 겸손하다. 하수들이나 자기를 높이려고 난리를 칠 뿐이다. 이런 심리를 우리에게 불어 넣는 존재가 사탄이다. 그는 원래 피조된 하나님의 일꾼이요 천사였다. 그런데 자기 자신을 경배받으실 하나님의 위치까지 올리고 싶어서 반역을 하다 쫓겨났다. 그리고 이제는 자기 안에 있는 자기 고양self-elevation과 자기 숭배self-worship의 목마름을 인간에게 심은 것이다.

인간이 스스로 올라가면 어디까지 올라가겠는가? 그래 봤자 하나님 아래 아닌가. 자기 고양이란 자신을 실제 이상으로 미화시키는 일종의 착각이고 망상이다. 인간은 정직한 자기 인식 가운데 살아야 한다. 망상 장애를 갖고 인생을 어찌 건강하게 살겠는가. 예배의 자리가 소중한 것은, 그분의 임재 앞에서 피조물인 인간의 합당한 자리를 알게 되기 때문이다.

사랑에서 나오는 겸손

예수님의 겸손은 우리를 향한 그분의 진정한 사랑 때문에 가능한 것이었다. 누군가를 정말 사랑하면 말도 부드러워지고 성격도 온화해지게 된다. 할아버지 할머니가 갓 태어난 손주랑 놀아 줄 때 체면이 어디 있고 권위가 어디 있는가. 사랑스러운 손주 앞에서 지체 높은 어르신들도 얼마나 귀여워하시는가. 왜인가? 사랑은 눈높이를 맞추는 것이기 때문이다.

"오직 겸손한 마음으로 각각 자기보다 남을 낫게 여기고"(빌 2:3). 사랑하면 사랑의 대상을 나보다 낫게 여기게 된다. 그래서 겸손은 노력으로 되는 것이 아니라 사랑으로만 되는 것이다. 부모는 자신을 챙기기보다 자식을 챙기게 된다. 왜? 나보다 더 소중하기 때문이다.

어릴 적 어머님이 병원에 며칠 입원하셔야 할 일이 있었다. 그런데 그걸 결정하시기까지 얼마나 오래 걸렸는지 모른다. "엄마, 아프지 마. 빨리 병원 가." 그래도 어머니는 주저하셨다. 본인이 병원에 입원하면 자식들은 누가 씻기고 입히고 먹이는가. 남편은 또 누가 밥 차려 주고 돌봐 주는가. 우리 걱정에 어머니는 늘 자신을 가장 나중으로 미뤄 두셨다.

결국에는 더 이상 참을 수 없는 상황까지 되어서 병원에 가시게 되었다. 입원일이 결정되자, 어머니는 며칠 동안 아픈 몸을 이끌고 열심히 음식을 만들어서 냉장고에 가득가득 채워 두고 가셨다. 그때를 생각하면 눈물이 난다. 부모는 자식을 사랑하니까 내 몸을 돌보고 내 인생을 돌보는 것보다 하염없이 자식을 돌보는 일에 헌신한다.

우리는 종종 자녀들이 그런 사랑에서 나오는 겸손을 경험하는 것을 가로막는다. 시험 기간에 어려운 친구를 상담해 준다고 나가 있으면, 부모는 "네 공부나 하라!"고 다그친다. 아이는 우정에서 나오는 겸손을 경험하고 있는데 말이다. 그러니 친구 간에, 연인 간에, 부부간에 사랑에서 나오는 겸손이 무엇인 줄 모르는 세대가 어찌 행복하고 온전한 관계 형성이 가능하겠는가!

1516교회를 세우면서 "다윗의 장막을 세우라"는 비전으로 시작했다. 허름한 장막 안에서도 전심으로 예배드리는 자들을 기뻐하셨던 하나님이시기 때문에, 예배당이나 차세대실을 꾸밀 때도 최대한 절약하고 자제했다. 그런데 올해 초 동탄에 1203교회를 개척하면서 완성된 예배당과 차세대실을 보니 우리보다 더 화려하고 좋았다. 그럼에도 전혀 아깝지 않고 감사한 것은, 1203교회가 자식처럼 사랑스럽고 소중한 교회이기 때문이다.

우리는 서로를 사랑하기 때문에 서로를 나보다 낫게 여기는가? 부부간에 장벽을 치고 살지 말라. 서로를 먼저 챙겨 주고 따듯한 말을 먼저 해주라. 해외로 유학 간 자녀들, 지방으로 출장 간 가족들이 연락 없다고 서운해하지 말고 먼저 안부를 물어 주라. 건넌방으로 이사 간 남편이나 아내가 있다면, 하숙생

보듯이 하지 말고 먼저 가서 안아 주고 돌봐 주라.

오늘날 1인 가구가 급증하고, 혼밥족이 늘고, 집집마다 늦게까지 결혼 안 한 자녀들이 캥거루족이 되어 함께 살면서 사회적인 문제가 되고 있다. 서로가 서로를 섬기기보다 성공을 위해 독주하는 인생을 살다 보니 모두가 각자의 공간 안에 고립되는 경우가 많다. 교회도 마찬가지다. 예배만 드리고 등록을 안 하는 분들, 등록은 했는데 순에 안 들어오는 분들이 많다. 자유는 선호하지만 사랑은 꺼리는 시대다. 누군가를 알게 되면 그 사람을 돌봐야 하는 부담이 생기기 때문이다.

그러나 그것이 주님이 우리를 부르신 공동체적인 삶이다. 주님은 서로 사랑하는 존재가 되라고 우리를 부르셨다. 사람이 사랑하며 살지 않으면 아무리 화려해도, 아무리 부요해도 인생이 반드시 허무해진다. 왜인가? 우리의 존재 이유가 바로 사랑하며 겸손히 섬기며 사는 것이기 때문이다.

서로를 높여 주라
주례자로서 예비부부에게 항상 묻는 질문이 있다. "서로의 장점이 무엇인가? 서로의 단점이 무엇인가?" 서로의 장점은 행복하게 말할 수 있다. 그러나 서로의 단점을 말하다가 나가서 싸우는 예비부부들도 봤다. 연애할 때 보이는 단점은 빙산의 일각이다. 그것조차 받아들일 마음이 없으면 결혼이 힘들어진다. 사랑은 있는 모습 그대로 받아들이는 것이다. 마치 예수님이 우리를 있는 그대로 받아 주신 것처럼 말이다.

수많은 커플에게 질문을 해본 뒤 한 가지 사실을 알게 되었다. 우리나라 남자와 여자의 80%가 갖고 있는 단점이 있다. 남자친구나 남편은 표현력이 부족하다. 여자친구나 아내는 상대방이 좀 더 섬세하게 사랑을 표현해 주고 반응도 해주면 좋겠는데 그게 안 되는 것이 가장 힘들다고 말한다. 반면에 여자친구나 아내는 분노 조절이 안 된다. 자기 기준에 맞지 않고 화가 나도 마음을 좀 가라앉히면 좋겠는데, 거침없이 화를 내고 때로는 물건을 던지기도 한다.

심리적으로 볼 때, 남자는 존경respect이 필요하고 여자는 애정affection이 필요하다. 그런데 여자가 분노를 쏟는 순간 남자는 제일 치명타를 입는다. 남자가 사랑을 표현하지 않으면 여자는 제일 치명타를 입는다. 남편들이 왜 목사 대면하는 것을 꺼리는지 아는가. 적잖은 아내들이 목사 앞에서 남편을 흉보고 고발하기 때문이다. 남편을 높여 주어야 한다. 아내를 소중히 여겨야 한다.

교회에서도 서로를 높여 주라. 아무리 내가 속한 교회가 좋아도 "우리 교회가 최고"라고 말하지 말라. 아무리 내가 속한 사역팀이나 순이 좋아도 "우리 사역팀이 최고", "우리 순장님이 최고"라고 말하지 말라. 오늘날은 교회 이기주의가 너무나 심각하고 교회 안에서도 집단 이기주의가 심각하기 때문이다. 우리 부서가 제일 좋은 방, 제일 많은 예산을 받아야 한다고 생각한다면, 서로를 높여 주려는 배려심이 부족하게 된다.

참된 하나님의 영광은 어디에 있는가? 내가 잘난 사람이 되고 최고가 되는 데에 있지 않다. 참된 하나님의 영광은 우리가 온 마음과 힘과 뜻을 다해 드리는 예배 가운데 임하시는 하나님의 현존에 있는 것이며, 우리가 서로 겸손히 섬기며 세워가는 사랑의 공동체 가운데 임하시는 그리스도의 현존에 있는 것이다. 그래서 오늘날 한국교회는 교만과 허영을 버리고 참된 예배 공동체, 사랑의 공동체를 회복해야 한다. 여기에 우리의 살길이 있다.

「새신자가 묻다」에서도 소개한 바 있는, 금산 기역자교회에 관한 미담을 아는가? 1905년 전북 김제군 금산에 테이트 선교사가 와서 열심히 포교 활동을 하여 기역자교회를 세웠다. 선교사는 마방 주인 조덕삼의 집에서 교회를 시작하게 되었는데, 예배를 드리는 사랑방이 기역자 모양이어서 기역자 교회라 불리게 되었다. 당시 남녀칠세부동석인지라 남자들과 여자들은 따로 앉아서 예배를 드렸다.

조덕삼이 운영하는 마방은 큰 규모였는데, 오늘날로 말하자면 큰 렌터카 업체 같은 곳이었다. 그의 집에는 양반들뿐 아니라 머슴들도 함께 모여서 예배를 드리고 교인이 되었다. 교회가 부흥하여 첫 번째 장로를 선출할 때가 되었다. 그런데 주인 조덕삼과 마부인 이자익이 함께 후보에 오른 것이 아닌가. 결국 조덕삼이 떨어지고 이자익이 장로로 선출되었다.

테이트 선교사는 그때를 회상하며 '이제 내 선교는 끝났구나!'라고 생각했다고 한다. 조선이라는 나라가 얼마나 계급주의가 심한 사회인지 알았기 때문이다. 하지만 그때 마방 주인 조덕삼이 일어나 말했다. "이자익 성도는 매우 훌륭한 분입니다. 이자익 성도를 장로로 세우신 것은 하나님의 뜻입니다." 그렇게 주인 조덕삼은 자신의 종을 장로로 기꺼이 인정하고 섬겼다.

후에 장로가 된 조덕삼은 이자익 장로에게 "장로님은 신앙심이 깊으니 목사가 되어야 합니다"라고 권면하며 이자익 장로를 평양신학교로 유학을 보내 주었다. 그리고 그의 학업이 끝나자 다시금 기억자교회에 모셔서 담임목사로 청빙을 했다. 결국 이자익 목사는 훌륭한 신앙과 인품으로 한국기독교 역사에서 전무후무하게 세 번의 총회장을 지낸 역사적인 인물이 되었다.

세월이 많이 흘러 대전신학대학교에서 "이자익목사기념관 현판식"을 하던 날, 그 자리에 조덕삼 장로의 손자인 조세형 장로(금산교회, 전 국회의원)와 이자익 목사의 손자인 이규완 장로(대전제일교회, 고분자화학박사)가 참석했다. 그때 이규완 장로가 조세형 장로에게 허리를 굽히며 "우리 할아버지께서 주인을 잘 만났습니다. 할아버지께서 주인을 잘못 만났다면 우리도 없고 우리 할아버지도 안 계셨을 것입니다" 하고 정중한 인사를 했다고 한다.

이것이 한국교회 복음 역사의 감동적인 시작이었다. 그리고 오늘 우리가 이어가야 할 겸손의 마음이다. 그렇게만 한다면 하늘 보좌 우편에서 예수님이 우리를 보며 얼마나 환하게 웃으시겠는가!

10장. 예수님의 겸손을 본받으라
나눔 질문

Q1 겸손은 단순히 낮은 자세가 아니라 마음을 낮추는 내면적 위치선정입니다. 인생에서 겸손이 아니라 굴욕처럼 느껴졌던 순간이 있었다면 언제인지 이야기하고, 그 차이를 통해 배운 교훈은 무엇인지 함께 나눠 봅시다.
• 겸손은 내면적 위치선정이다(빌 2:5-6)

Q2 예수님의 왕의 잠행처럼, 진정한 겸손은 자신을 더 중요한 인물로 여기지 않고 사람들을 더 귀히 여기는 마음에서 나옵니다. 가정이나 일터에서 나의 자존심 때문에 낮아지지 못했던 경험이 있었는지, 반대로 사람들이 소중하게 느껴져서 자존심을 내려놓고 겸손히 섬긴 적이 있었는지 나눠 봅시다. • 왕의 잠행인 것을 알고 있는가?(빌 2:7)

Q3 우리 교회는 새신자들에게 교회의 문화에 맞추라는 무언의 분위기를 조성하거나, 성경이나 하나님에 대해서 부정적인 질문을 하는 사람들을 억누르려는 분위기가 있지는 않습니까? 오늘날 교인들은 한 영혼을 살려내기 위해서 어떤 마음을 가져야 할지 생각해 봅시다. • 교회는 기꺼이 종이 되려고 하는가?(빌 2:7)

Q4 예수님의 겸손이 스스로 낮아지신 겸손이라면, 우리의 겸손은 스스로 낮은 자라는 사실을 깨닫는 겸손입니다. 진정한 예배자로 하나님 앞에 나아가는 것이 자신의 위치를 깨닫고 겸손히 신앙생활을 하는 데 어떻게 도움이 되는지 나눠 봅시다. •예수님의 겸손과 우리의 겸손(빌 2:3)

Q5 겸손은 서로를 높여 줄 수 있는 힘이 됩니다. 우리 가족들에게 칭찬해 주고 싶은 것들을 나눠 보고, 소그룹의 지체들과 교회 지체들에게 칭찬해 주고 싶거나 높여 주고 싶은 것들을 나눠 봅시다. •서로를 높여 주라(빌 2:9-11)

"어린 양의 혼인 잔치에 초대를 받은 사람은
복이 있다고 기록하여라"
계 19:9, 표준새번역

11장

예수님의 초대를 본받으라

요한계시록 3장 19-22절

사랑하는 자여, 돌아오라

"무릇 내가 사랑하는 자를 책망하여 징계하노니 그러므로 네가 열심을 내라 회개하라" 계 3:19.

사도 요한은 부활하신 그리스도께서 아시아에 있는 일곱 교회에 주시는 메시지를 기록했다. 일곱은 하나님의 거룩의 완전수로서, 일곱 교회는 초대 교회 전체를 대표하며 오늘날의 모든 교회들을 포괄한다. 하나님은 계시록 말씀을 통하여 그리스도의 핏값으로 세워진 교회를 향해서 마지막 시대를 어떻게 살아가야 할 것인지 말씀하고 계신다.

일곱 번째 교회가 위치한 라오디게아Laodicea는 상당히 부요한 도시였다(계 3:14). 기원전 3세기 안티오커스 2세가 이 지역을 재건하였는데, 교통의 요충지여서 상업과 금융업으로 번창했고, 기름진 땅의 좋은 목초지에서 키운 흑양黑羊에서 나온 흑양모가 유명했으며, 치유의 신전과 함께 있던 의과대학에서 만든 "프리기안"이라는 안약 생산지로도 명성을 떨쳤다.

예수님은 라오디게아 교회가 차지도 뜨겁지도 않은 교회라고 책망하셨다. 그것은 그들이 물질적 풍요에 붙잡혀 영적 빈곤에 빠진 것을 알지 못했기 때문이었다. 그래서 세상 돈이 아니라 불로 연단한 정금 같은 신앙을 회복해야 하고, 고급 흑양모가 아니라 예수 그리스도로 옷 입고, 영적 맹인 상태를 회복시킬 안약을 사서 발라야 한다고 말씀하셨다(계 3:16-18).

오늘날 세속화된 교회를 향해서도 동일하게 말씀하고 계시지 않은가. 이상하게도 경제적으로 발전하고 물질적으로 풍요로워지면 교회들이 쇠퇴한다. 영적 열기가 식기 때문이다. 그래서 산상수훈을 기록한 마태복음은 "심령이 가난한 자는 복이 있나니 천국이 그들의 것임이요"(마 5:3)라고 말씀하고 있지만, 평지설교를 기록한 누가복음에서는 "너희 가난한 자는 복이 있나니 하나님의 나라가 너희 것임이요"(눅 6:20)라고 말씀하고 있다.

예수님은 사랑하기 때문에 책망한다고 말씀하셨다(계 3:19). 그렇잖은가. 공공장소에서 다른 집 자녀가 말썽을 피운다고 나서서 혼내겠는가? 그러나 내 자녀가 문제 언행을 한다면 부모가 나서야 하는 것이다. "주께서 그 사랑하시는 자를 징계하시고 그가 받아들이시는 아들마다 채찍질하심이라 하였으니"(히 12:6).

예수님은 풍성한 은혜의 식탁에도 우리를 초대하시지만, 겸손한 회개의 제단에도 우리를 초대하신다. 회개가 없는 회복은 없으며, 회복이 없는 축복은 없기 때문이다. 회개는 건너뛰고 회복하겠다고 하면 마치 씻지 않은 그릇에 음식을 담는 것과 같으며, 온전한 회복을 생략한 채 축복만 받겠다고 하면 그것은 복이 아니라 독이 되고 만다.

오늘날 죄와 회개의 문제를 이야기해 보면, 오히려 불신자나 초신자는 진심으로 반응하는데 기신자들은 "내가 신앙 연차가 얼마나 오래인데 회개를 논하는가?"라는 반응을 보일 때가 많다. 예수님이 "차든지 뜨겁든지"(계 3:15) 하라고 말씀하신 것은, 오히려 불신자는 자신의 차가움을 알고 회개하는데, 반대로 기신자는 자기 영혼의 냉담을 인정하려 들지 않기 때문이다.

문밖에 서 계신 예수님

"볼지어다 내가 문밖에 서서 두드리노니"계 3:20.

아주 독특한 장면이다. 사도 요한은 "볼지어다!"라는 말로 주의를 환기시키며 독자들의 이목을 집중시키고 있다. 그리고 그렇게 바라본 장면은 예수 그리스도께서 문밖에 서 계신 모습이다. 이 스냅샷snapshot을 너무나 정확하게 실사처럼 그린 작품이 윌리엄 홀만 헌트William Holman Hunt의 〈세상의 빛The Light of the World〉이다.

이 작품을 잘 보면 몇 가지 특징이 발견된다. 첫째, 밤인지 새벽인지 알 수가 없다. 둘째, 정문에는 문고리가 없다. 셋째, 문 앞에 가시덤불이 가득하다. 작가는 무엇을 말하고 싶었을까? 예수님께서 문밖에서 두드리고 계시는데 시간이 한참 오래된 것으로 보인다는 것이며, 문은 안에서 열어야 한다는 것이며, 그런데 오랫동안 문이 열리지 않은 상태라는 것이다.

사실 우리가 전도할 때 가장 많이 사용하는 구절이 바로 요한계시록 3장 20절이 아닌가. "하나님, 불신자의 마음의 문이 열리게 하여 주옵소서." 그러나 놀랍게도 이 구절은 불신자에게 하신 말씀이 아니라 기존 신자들에게 하신 말씀이다! 그것도 22절을 생각해 보면 기존 교회들에게 하시는 말씀이다!

그렇다면 우리는 어떤 장면을 보게 되는가? 교회에 교인들이 모여서 예배도 드리고 성경공부도 하고 교제도 나누는데 그들의 종교생활 안에 예수님이 들어오지 못하시고 닫힌 문밖에서 문을 두드리고 계신 모습이다. 어떻게 이럴 수 있는가? 교회의 머리는 예수 그리스도 아니신가! 예수님의 십자가 은혜와 부활 승리를 기뻐하는 교회 공동체가 어떻게 주인공 없는 잔치, 그들만의 잔치를 벌일 수 있단 말인가!

우리가 예배 가운데 수없이 "주여, 오소서!" "주님, 이곳에 임하소서!" 기도하고 찬양하는데, 정반대로 교회 문은 걸어 잠그고 그분이 들어오지 못하게 하고 있다면, 우리는 말로만 그분을 사모하고 실제로는 그분 없이 인간이 주인공 행세하는 예배와 모임과 사역을 하고 있는 것이다. 마치 실제 사람과 연애하지 않고 로맨스 영화만 보거나 추억의 사진첩만 뒤적이는 사람과 다르지 않다. 그래서 이 장면은 너무나 충격적이고 바라볼수록 서글픈 장면이다.

내 인생의 문밖, 내 영혼의 문밖에 서 계신 주님을 응시하라. 오늘도 수많은 그리스도인이 하루 종일 예수님을 문밖에 세워 둔다. 아침 첫 시간에 "애야, 잠시 말씀 묵상 좀 하자. 나와 이야기 좀 하자"라고 말씀하시지만 우리는 등교에 출근에 살림에 정신이 없다. 사람들과 만나 세속적인 이야기에 열중하고 있을 때 주님이 내 곁에 다가오셔서 "이제 이런 이야기는 그만하고 나의 시선으로 그들의 영혼을 바라보지 않겠니"라고 말씀하시지만 우리는 세상 돌아가는 이야기에 혼을 다 빼앗기고 만다. 인생에 어려움이 생겼을 때 주님이 "내게 도움을 요청하렴. 난 언제나 여기 있단다"라고 말씀하셔도 나를 도와줄 사람들에게 전화하느라 기도할 시간마저 놓친다. 한밤중에 지친 몸으로 집에 들어왔을 때 주님은 여전히 노크하시며 "네 지친 영혼을 내 어깨에 기대지 않겠니?"라고 말씀하셔도 너무 피곤해서 주님을 대할 시간이 없다고 외면해 버린다.

예수님은 밤새 어둠 속에서도 그곳에 서 계시고, 새벽이슬을 맞으면서도 그곳에 서 계신다. 그렇게 원하시면 주님이 먼저 들어오시면 되지 않느냐고 퉁명스럽게 말할 사람이 있을지 모르겠다. 그러나 내 영혼의 문밖에는 문고리가 없다. 예수님은 인격적이신 분이다. 안에서 긴급 상황이 벌어지면 주님이 문을 부수고 들어오시는 경우도 간혹 있지만, 주님은 끝까지 우리가 인격적인 결단을 내리기를 기다려 주시는 분이다.

내가 응대하는가, 주님이 환대하시는가?

"내가 그에게로 들어가 그와 더불어 먹고 그는 나와 더불어 먹으리라" 계 3:20.

1516교회는 순예배를 가정에서 드린다. 함께 떡을 뗀다는 것은 우리가 한 가족이 되고 친구가 된다는 뜻이다. 형식적인 나눔으로는 참된 사랑의 공동체를 경험할 수 없다. 예수님은 우리에게 모든 영적 양식을 먹여 주는 풍성한 식탁의 교제를 나누고 싶어 하신다.

가버나움의 세리 마태와 함께 식사하셨고, 여리고의 세리장 삭개오와 함께 식사하셨다. 그들에게는 그 식사 자리 자체가 놀라운 의미였다. 그냥 법정에서 법관이 죄인에게 무죄를 선언해 주고 떠나보내는 것이 아니잖은가. 예수님은 그렇게 하셔도 되시는 분이지만, 그 죄인들을 데리고 친구가 되어 주시고 가족이 되어 주신다.

세리들과 창기들과 죄인들과 함께 식사를 하신 것은 그들이 이미 지은 죄를 용서해 주신다는 의미였다. 또한 열두 제자와 함께 마지막 성만찬을 하신 것은 그들이 앞으로 지을 죄를 용서해 주신다는 의미였다. 예수님은 단순히 먹고 마시는 것을 넘어 그분의 살과 피를 생명의 양식과 음료로 내주시면서, 우리가 주님의 용서와 치유와 회복의 공동체를 경험하기 원하신다.

우리는 예수님께 문을 열어 드리면 손님처럼 대접해야 하고 응대해야 한다고 오해하고 있다. 그러나 오히려 예수님은 문만 열어 주면 내가 너희를 먹일 것이라고 말씀하신다. 수고한 자들을 쉬게 하고, 주리고 목마른 영혼들을 먹이시려는 주님의 초대인 것이다. 이것을 경험해 가는 순들이 많아지고 있다는 것이 참으로 감사하다.

결혼을 하고 깨달은 사실이 한 가지 있다. 분명 결혼해서 아이들도 태어나고 행복하게 살고 있는데, 놀랍게도 부모님 댁에 가면 그렇게 마음이 편안할 수 없었다. 종종 부모님 댁에 찾아가면 "피곤하지? 뭘 먹고 싶니?" 물으신다. 어머님이 손수 끓여 주시는 된장찌개와 추억의 반찬들을 먹고 나면 졸리기 시작한다. 소파에 누워서 졸다 보면 어머님이 어느새 집안 불을 다 끄고 이불을 덮어 주신다. 그렇게 한숨 자고 나면 얼마나 개운한지 모른다.

"아니, 우리 집도 좋은데 왜 아버지 집은 더 좋고 편안할까?" 생각해 보니, 집에서는 조금 긴장하고 살고 있다는 것을 알게 되었다. 쉬고 있어도 언제 아이들이 유치원에서 돌아와 놀자고 할지 모르고, 거실에서 졸고 있으면 집안일에 지쳐있는 아내에게 미안한 마음이 들었다. 집에서 남편으로 아빠로 살아야 한다는 긴장감이 있었다.

생각해 보라. 명절이 되면 고향에 계신 부모님이 "이번 설에는(추석에는) 집에 내려오니?"라고 물으신다. 그러면 매번 가서 밥 먹고 쉬다가 오는 것 말고는 없는데 또 가야 하나 고민하는 자녀들이 많다. 그러나 생각해 보자. 명절은 부모님을 위한 것일까, 나를 위한 것일까? 부모님은 나를 향한 사랑을 쏟아부어 주고 싶어서 며칠 동안 전을 부치고 고기 산적을 굽고 갈비찜을 조리고 진수성찬을 준비하신다. 그런데도 우리는 명절에 부모님을 응대해 드리러 간다고 생각한다.

우리는 문밖에 서서 두드리시는 예수님을 그렇게 생각하고 있지 않은가. 아침부터 문을 열어 드리면 "이렇게 살아야 한다, 저렇게 살아야 한다" 잔소리를 들어야 한다. 나도 세상 즐거움을 누리며 살고 싶은데, 주님이 방문자가 아니라 우리 집에서 아예 주인 행세를 하시려고 하니까 내가 내 인생의 주인 역할을 하며 맘대로 살 수가 없게 된다. 아침이고 낮이고 한밤중이고 시도 때도 없이 날 만나자고 하시는 예수님의 노크 소리가 부담스럽다.

그러나 놀랍게도 예수님은 주인 행세를 하고 싶어서 문을 열어 달라고 하시는 것이 아니다. 나를 품어 주시고 도와주시고 평안케 하시려는 주님의 세심한 배려의 마음이다. 교회도 마찬가지다. 우리가 멋진 프로그램을 만들어서 주님을 응대하는 것이 아니다. 주님이 우리 가운데 손님이 아닌 주인이 되어 임재하시면, 그분이 모든 진수성찬을 차려 주시고 친히 우리를 먹이시고 입히시고 재우시고 회복하시고 새롭게 하시는 만복을 경험하게 될 것이다.

"우리가 보고 들은 바를 너희에게도 전함은 너희로 우리와 사귐이 있게 하려 함이니 우리의 사귐은 아버지와 그의 아들 예수 그리스도와 더불어 누림이라"(요일 1:3). 신앙은 주님과의 행복한 사귐으로의 초대요, 천국은 주님과의 영원한 사귐으로의 초대가 아닌가.

예수님의 초대를 따라가다 보면

"예수께서 이르시되 와서 보라 그러므로 그들이 가서 계신 데를 보고 그 날 함께 거하니 때가 열 시쯤 되었더라"요 1:39.

나는 「신의 언어」에서 이렇게 말했다. "성경은 신의 초대장이다. 당신과의 만남을 기대함이다." 생각해 보라. 신과 인간은 하늘과 땅 차이다. 영원과 시간 차이다. 그런데 그곳으로부터 우리에게 말을 걸어오시는 것이다. 얼마나 감사한가! 그분의 말씀의 동산으로 우리를 초대하시고, 그분의 은혜의 식탁으로 우리를 초대하신다.

마치 예수님께서 자신을 따라오는 안드레와 요한에게 "와서 보라come and see"라고 말씀하신 것과 같다. 그들에게 예수님을 따르려면 어떤 일을 해야 한다고 말씀하지 않으셨다. 그저 주님의 초대를 받아들이라는 것이다. 그리고 주님과 함께 거하고 함께 대화하고 함께 먹으면, 주님과 함께 하루 24시간을 보내고 주님과 함께 일생을 살면 그것이 온전한 신앙의 전부요 예수님을 따르고 닮아가는 신앙의 완성이라고 말씀하시는 것이다.

2005년 밴쿠버에 가서 이민교회 목회를 시작했을 때였다. 하루는 심방 요청이 있어서 갔는데 심방을 받은 집사님이 이렇게 말했다. "목사님이 여기 이곳 밴쿠버에 오시도록 2년 전부터 기도했습니다." 순간 소름이 돋았다. "아, 하나님께서 목마른 영혼들 때문에 그들의 간절한 기도를 들으시고 나를 이곳에 초대하셨구나"라고 깨달았다.

목회를 해나갈수록 고백하지 않을 수 없다. 내 계획에 하나님을 초대하는 것이 아니라 하나님의 크신 계획 가운데 내가 초대되었다는 사실을 말이다. 성도들이여, 인생 따로 신앙 따로, 나 따로 예수님 따로 평행선을 달리며 사는 인생이 얼마나 힘든가. 그분의 초대하심에 반응하고 순종하여 주님과 행복하게 동행하는 삶이 시작되기를 바란다!

초빙을 받아 타교회나 해외에서 집회를 하고 말씀을 나누다 보면, 그 교회가 초대한 것이 아니라 목마른 영혼들이 있어서 하나님이 나를 초대하신 것이라는 사실을 깨달을 때가 있다. 올봄에 런던에 집회를 갔을 때도 그랬다. 집회를 통해서도 주님의 은혜를 나눴지만, 내가 이곳에 반드시 와야 하는 이유, 하나님이 나를 초대하신 이유는 다른 곳에 있었다.

런던에 사는 한 집사님께서 고3 아들이 더 이상 교회를 나가지 않겠다고 선언한 상태라며 기도요청을 하셨다. 나는 그 이야기를 듣는 순간, 이 아이를 만나기 위해 하나님이 나를 부르셨다는 것을 직감했다. 그래서 혹시 모르니 아들에게 오늘 집회에 가겠느냐고 물어보고 온다고 하면 끝나고 저와 만나게 해달라고 했다. 그런데 놀랍게도 그 아이가 집회에 왔다.

그리고 집회가 끝나고 토요일 밤 9시부터 2시간 동안 카페에 앉아서 이야기를 나눴다. 런던에는 무슬림권에서 온 친구들도 많았고 인도 출신의 힌두교도 친구들도 많았다. 그런데 자신이 다니는 교회만 옳다고 하니, 그것을 받아들이기 힘들었던 것이다. 아이의 질문을 진지하게 듣고 대답해 주면서 좋은 대화를 나눴다.

아이가 집에 돌아가서 엄마와 새벽 1시까지 더 이야기를 나눴다고 문자가 왔다. 그리고 아이가 "역시 우리 하나님이 참 하나님이시다"라는 고백을 했다는 것이다. 그리고 다시 교회를 다니겠다고 이야기했다는 것이다. 주일 아침에 말씀을 전하려면 일찍 일어나야 했지만 모든 피로가 다 날아가는 것 같았다.

얼마 전에 커피숍을 오픈했다. 새 예배당을 준비하는 건물 1층에 해이븐 커피$^{Haven\ coffee}$를 열었다. 교회 부속 커피숍이 아니라 일반 커피숍으로 오픈했기 때문에 더욱 세심하게 준비해야 했다. 너무나 기뻐서 커피숍 안에 서 있는데 한 성도가 다가오더니 "목사님, 하시는 일이 너무 많아서 걱정입니다"라고 말을 건넸다.

내가 계획해서 하는 일들이라면 얼마나 책임이 무겁고 늘 피곤하고 힘들겠는가. 하지만 하나님의 사람으로 살면서 늘 감격이 있고 감사가 있는 것은, 하나님의 아름다운 계획에 나를 빼놓지 않고 초대해 주신다는 점이다. 설교를 하는 것도, 집회를 가는 것도, 사역을 하는 것도, 커피숍을 오픈하는 것도, 그리고 무엇보다 아들들을 키우는 것도 하나님이 하실 아름다운 계획에 나를 초대해 주시는 것이니 늘 설레는 마음이 한가득이다.

참 주인을 영접해야 할 때

> "이에 가르쳐 이르시되 기록된 바 내 집은 만민이 기도하는 집이라 칭함을 받으리라고 하지 아니하였느냐 너희는 강도의 소굴을 만들었도다 하시매" 막 11:17.

2천 년 전 대제사장들과 종교 지도자들은 자신들이 성전의 주인이라고 생각했다. 그러나 진짜 집주인이 나타나자 그들은 집주인을 몰아내려고 했다.

예수님께서 내 집의 문을 두드리고 계신다. 문을 열고 안 열고는 집 안에 있는 나의 결정이다. 그러나 이 집 자체가 그분이 세워 주신 그분의 집이라면, 그리고 나는 잠시 주어진 시간 동안 살고 있는 세입자라는 사실을 깨닫는다면, 내가 그분을 이렇게 쉽게 외면할 수 있을까?

캐나다 밴쿠버에 있을 때 종종 밴쿠버 아일랜드Vancouver Island에 갔었다. 그곳에 있는 빅토리아은혜한인교회에서 자주 집회를 했던 것은, 그곳에 정말 친구처럼 교제하고 형님처럼 품어 주시는 친한 목사님이 계셨기 때문이다. 그런데 여름 내내 한국에 가게 되신 성도 한 분이 여름휴가 때 언제든지 밴쿠버 아일랜드에 와서 쉬시라고 나를 초대했다는 것이다.

남에게 폐 끼치는 것을 싫어하는 나로서는 그 제안을 여러 번 받고도 "네"라고 대답하기가 쉽지 않았다. 그러던 어느 해 여름휴가를 멀리 갈 수 없는 사정이 생겨서 그분 댁에서 신세를 지기로 했다. 그러면서 몇 번이고 여쭤봤다. "제가 그 집을 사용하면서 주의할 점이 없나요?" 목사님이 말씀하셨다. "전혀 없답니다. 편하기 쓰세요. 방도 화장실도 주방도 다 편하게 쓰시고, 냉장고에 있는 음식도 다 드셔도 됩니다."

그런데 들어가는 첫날부터 내가 아이들에게 매일 이야기

한 것이 있다. "얘들아, 이 집은 집사님 집이야. 너무나 감사하지 않니? 그러나 우리 집이 아니니까 맘대로 쓰면 안 된다." 아이들이 어리니까 혹여나 사고를 치지 않을까 걱정이 됐기 때문이다. 그 집을 사용하면서 딱 한 가지만 명심하면 된다는 것을 알았다. 내가 이 집에서 편하게 지낸다 할지라도 이 집의 진짜 주인은 따로 있다!

이 세상의 진짜 주인은 누구신가? 우리 교회의 진짜 주인은 누구신가? 당신 인생의 진짜 주인은 누구신가? 천국의 진짜 주인은 누구신가? 예수님이시다. 나를 사랑하사 생명까지 내어주며 나를 건지셨고 끝내 아버지 집으로 인도하실 분이시다. 그런데 이 놀라운 구원의 복음을 믿고 받아들이는 것도 우리의 선택으로 남겨 두시고 밤낮으로 기다리시는 인격적인 주님이시다.

얼마나 감사한가. 다원주의 시대에 사람들은 점점 더 내가 기독교 집안에서 태어났으니 기독교를 믿는 것이라고 생각한다. 정말 그런가? 이슬람교에서는 "안 믿어? 그러면 죽어야지!" 하고 코란이 아니면 칼을 받으라고 한다. 불교에서는 "네가 돌아갈 집은 없는 거야. 신도 없고 극락왕생도 없는 거야"라고 말한다. 싯다르타 붓다는 신 존재를 믿지 않았기 때문이다.

그러니 얼마나 감사한가. 아버지께서 우리를 아버지의 집에서 기다리고 계신다는 사실이 말이다. 탕자가 돌아가도 안아 주시고, 모든 세상 죄를 씻어 주시고, 새 옷을 입혀 주시고, 진수성찬을 차려 주시고, 풍악을 울리며 영원한 잔치를 벌여 주실 분이 우리 영혼의 아버지이시다.

그러므로 이 사랑의 초대, 영원한 초대를 왜 받아들이지 않겠는가. 요즘은 전도를 해보면, 전에 듣지 못하던 험한 말을 하는 분들이 있다. "내가 언제 도와달라고 했냐? 내가 책임지면 되지 않냐? 내가 죄가 있어서 지옥에 가야 하는 거면 지옥 가면 되지!" 아니다. 그건 지옥에 가보지 않아서 하는 말이다. 그때 가서 후회한들 아무 소용이 없지 않은가.

이 땅의 집에서는 예수님께서 문밖에 서서 두드리고 계신다. 내가 문을 열어 주기를, 내가 주님을 영접해 주기를 기다리신다. 그러나 우리의 인생이 활시위를 떠난 화살처럼 속히 끝나고 천성문 앞에 서게 되는 날에는 정반대 상황이 될 것이다. 아버지 집 문을 열어 달라고 우리가 문을 두드려도, 그때는 우리가 맘대로 그 문을 여는 것이 아니라 주님이 열어 주셔야 한다.

> "**영접**하는 자 곧 그 이름을 믿는 자들에게는 하나님의 자녀가 되는 권세를 주셨으니" 요 1:12.

> "가서 너희를 위하여 거처를 예비하면 내가 다시 와서 너희를 내게로 **영접**하여 나 있는 곳에 너희도 있게 하리라" 요 14:3.

자녀에게 인격적인 사랑을

내가 주인이라고 생각했던 인생의 집도 참 주인은 예수님이시고 내가 세입자였다는 사실을 아는가. 그럼에도 불구하고 우리는 포도원 농부 비유(막 12:1-9)의 농부들처럼 행동한다. 농부들은 아름다운 포도원을 자신들의 것인 양 생각하고 주인의 요청에도 불구하고 계속해서 무례하게 반응했다. 주인이 그들이 돌이키기를 끝까지 인격적으로 기다려 주었다는 점이 그저 놀라울 따름이다.

이것이 인생의 주인이시자 천국의 주인이신 예수님의 인격적인 초대의 특징이다. 왜냐하면 그것은 하나님 아버지의 마음이기 때문이다. "그 둘째가 아버지에게 말하되 아버지여 재산 중에서 내게 돌아올 분깃을 내게 주소서 하는지라 아버지가 그 살림을 각각 나눠 주었더니 그 후 며칠이 안 되어 둘째 아들이 재물을 다 모아 가지고 먼 나라에 가 거기서 허랑방탕하여 그 재산을 낭비하더니"(눅 15:12-13).

많은 이들이 누가복음 15장의 소위 "탕자의 비유"에서 가장 감동을 받는 포인트는 아버지의 유산을 탕진하고 돌아온 아들을 아버지가 아무 요구 없이 받아 주었다는 점이다. 그러나 어느 날 이 이야기를 묵상하는 가운데 더 놀라운 지점이 있음을 알게 되었다. 아버지가 건강하신데도 감히 유산을 요구하고 집을 나가 버리는 아들을 그 아버지가 가만히 두었다는 점이다.

생각해 보라. 아버지가 평소 아들의 행실을 알았다면, 그 아들에게 호통을 치며 유산을 주지 말았어야 하지 않겠는가. 아니, 집을 나간 아들을 나가서 잡아 와야 하지 않겠는가. 그럼에도 불구하고 최고의 유산을 주고 그 아들이 집에 머물지 나갈지 스스로 결정하게 그대로 두었다는 점이 놀라운 것이다.

만약에 아버지가 무섭게 행동했었다면, 과연 인생을 탕진한 아들이 돌아올 수 있었을까? 늘 자신의 인생을 억압하고 비인격적으로 대했던 아버지를 어떻게 믿고 돌아오겠는가? 그렇게 본면 재회가 이뤄진 것은 아버지가 기다려 줘서가 아니라 아들이 돌아와 주었기 때문이다. 그리고 그것이 가능했던 것은 아버지가 처음부터 그를 인격적으로 대해 주었기 때문이다.

그러고 보면, 자녀들이 아침에 등교했다가 학교 마치고 집에 돌아오는 것은 매일의 선택이다. 만약에 그들이 집에 들어오지 않기로 결정한다면 어찌하겠는가. 배우자가 아침에 출근했다가 일을 마치고 집에 돌아오는 것도 매일의 선택이다. 만약에 배우자가 집에 들어오지 않겠다고 결정한다면 어찌하겠는가.

이 모든 것이 당연한 것 같지만 결코 당연하지 않다. 딴 데로 가버리면 영영 안 돌아올 수도 있다. 그런데 우리는 가정에서 인격적인 관계보다는 물질적인 지원과 사회적인 성공이 더 중요한 것으로 착각한다. 그리고 이런 것들을 잘해야 부모로서의 역할을 해내는 것이라고 생각하다가, 자녀나 배우자가 더 이상 한 집에 있고 싶지 않다는 말을 할 때 인생이 송두리째 무너지는 충격을 받게 된다.

오늘날 청년들을 보면서 안쓰러울 때가 많다. 스스로 자신의 인생을 결정할 수 있는 자유 없이 껍데기만 잘 갖춘 것처럼 사는 청년들이 많기 때문이다. 어느 학교에 다닐지, 어떤 친구를 사귈지도 부모가 결정해 주고, 대학도 전공도 부모가 정해 주고, 직장도 배우자도 부모가 정해 주는 시대가 되었다.

사람은 인격적인 존중을 받을 때 건강하게 성장할 수 있는 길을 스스로 찾는다. 그런데 오늘날 부모들은 자녀를 한둘만 낳아서 그들을 사회적으로 앞선 사람, 세상적으로 밀리지 않는 사람으로 만들려고 집착하니, 무한경쟁에 지친 자녀들은 낙오자가 되어 집에서 나오지 않고, 경쟁에서 앞선 자녀들은 자신을 새장 속의 새처럼 키운 부모에 대한 분노로 가득하다. 그래서 부모와 날마다 전쟁을 하거나 부모 얼굴을 보지 않겠다는 자녀들이 속출한다.

생각해 보라. 하나님은 정말 인격적인 아버지이시다. 인격적으로 우리를 수천 년이나 기다려 주시는 아버지이시다. 우리가 자원하여 하나님을 사랑하기를 원하셔서, 기다리고 또 기다리시는 하나님이시다. 하나님은 왜 이렇게 인류의 고난의 역사를 오랫동안 끌고 계시는 것일까? 단 한 가지 이유가 있다면, 그것은 인격적인 아버지께서 여전히 우리를 기다리시기 때문이다.

얼마 전 청년부에서 "챗갓PT"라는 질의응답 시간을 가졌다. 그런데 한 청년의 질문이 특이했다. "예배 중에도 하나님의 임재가 잘 느껴지지 않고, 기도나 큐티를 해도 마음이 공허하고, 감정적으로는 회개의 마음도 잘 들지 않고, 감사의 찬양보다는 원망과 의심이 커질 때, 어떻게 해야 은혜를 회복할 수 있나요? 실제적인 방법이 있을까요?"

사실 이 청년의 영적 상태는 총체적 난국이 아닌가. 만약 집에 가서 가족을 만나도 전혀 행복하지 않다면, 집에 들어가는 것도 가족들과 대화를 나누는 것도 억지로 노력한다고 될 상황이 아니잖은가. 이것은 근본적인 문제 상황이다. 이 청년은 하나님의 은혜를 다시 느낄 수 있는 ABC 방법론 같은 것이 필요한 것이 아니라, 하나님 아버지를 인격적으로 알아가는 걸음마부터 다시 시작해야 한다.

그런데 사실 이 청년에게 정말 묻고 싶은 것은, 청년의 부모님이 그에게 인격적인 분들인지, 아니면 청년의 인생에 정답을 계속 주입하고 대신 결정한 분들인지 하는 것이다. 부모라는 권위자와 인격적인 관계를 맺어 본 적이 없으면, 하나님 아버지에 대해서 자원하는 사랑과 경배와 감사와 찬양이 나오지 않기 때문이다.

우리는 자녀가 사회적으로 도태될까 봐, 경쟁에서 뒤처져 다른 아이들보다 인정을 받지 못할까 봐 끊임없이 두려워하고 집착하여 강박적으로 아이들을 다그치는 부모가 되어 있지 않은가. 그러면서 어느새 언어적인 모욕과 정서적인 학대를 아이에게 행하고 있지는 않은가. 아이들이 나를 미워하게 되어도 성공시키겠다는 어리석은 생각을 버리라. 그리스도인 가정은 성공을 추구하는 것이 아니라 사랑의 공동체를 추구하기 때문이다.

전능자시요 주권자이신 예수님이 밤을 새우며 문 앞에 서 계신 모습을 기억하라. 내가 수일간 아니 수년간 비바람과 눈보라 속에 그분을 문밖에 세워도 눈물로 기다려 주시는 예수님의 모습을 응시하라. 그리고 예수님의 인격적인 초대를 본받으라. 자녀가 스스로 공부할 마음이 들 때까지 기다려 주고, 스스로 자기 인생을 책임감 있게 살려는 결단을 내릴 때까지 기다려 주라. 포기하라는 것이 아니라 문밖에 서서 기도하며 기다려 주라는 것이다.

중등부 전도사를 할 때 특별한 아이를 본 적이 있다. 중학생인데도 어른 건달처럼 건들거리며 다니는 아이였다. 결국 고등학교를 중퇴하고 집에서도 뛰쳐나가 술집 기도(경비원) 조직 생활을 했다. 부모는 정말 신실한 분들이었다. 아들과 연락도 닿지 않고 기다림의 세월이 시작되었다. 중간중간에 아들이 집에 들어오기도 했지만 아무 말 없이 따뜻한 밥을 먹여 주고 재워 주면 며칠 만에 다시 집을 나갔다. 부모는 눈물로 날마다 하나님 앞에 엎드렸다.

그런데 그 아들이 십여 년 만에 완전히 돌아왔다. 그리고 방황의 삶을 청산하고 검정고시로 고등학교를 졸업한 후 대학에 들어가더니 지금은 성실하게 일도 하고 결혼도 했다. 만약에 부모가 그 아들을 다그치고 싸우고 강압했다면 그는 절대로 돌아오지 않았을 것이다. 눈물과 기도의 기다림이 있었기에 탕자가 돌아온 것이다. 잃었던 아들을 다시 얻은 것이다.

누구를 왕의 잔치에 초대할 것인가?

"누구든지 내 음성을 듣고 문을 열면"계 3:20.

정말 전도를 잘하는 분들을 보면, 어떤 방법론이 있는 것이 아니라 그 한 영혼이 돌아오기까지 인내하는 기다림이 있다. 우리는 전도를 시도했다가 거절당하면 확 움츠러든다. 자녀에게도 사랑을 주다가 거절당하면 분노하고 절망하지 않는가. 그러나 전도자들은 거절을 당하고 모욕을 당해도 그 한 영혼을 포기할 수 없는 마음으로 기다리고 또 기다린다.

밴쿠버에서도 한국에서도 전도자는 예수님을 전해도 받아들이지 않는다고 그 영혼을 내려놓지 않는다. 그러다가 그 사람이 개인적으로나 가정적으로 어려움이 생기면 눈물로 기도해 주고, 새벽기도를 데리고 나오고, 목회자에게 데리고 와서 상담을 받게 한다. 사업이 어려워진 사업가가 있으면 회사에 찾아가 기도해 주고 격려해 준다.

그렇게 계속해서 예수님의 노크 소리를 들려주는 사람이 있기 때문에, 예수님이 정말 날 기다리고 계시고 부르고 계신다는 사실을 깨닫게 된다. 그러면 그렇게 전도자가 찾아오는 게 싫었던 사람들이 자신을 하나님께로 인도해 주어서 고맙다고 눈물로 고백하고, 그렇게 전도자가 하나님 얘기하는 게 싫었던 사람들이 이제는 하나님 아버지의 인격적인 사랑을 경험하고 변화되어 그들도 또 다른 전도자가 되는 것을 보게 된다.

우리가 전도해야 하는 이유가 여기에 있다. 예수님이 말씀하지 않으셨는가. 어떻게 해야 안에서 문을 여는가? "내 음성을 듣고" 문을 여는 것이다. 자기만의 인생에 빠져서 사느라 주님의 노크 소리도 주님의 부르시는 음성도 못 듣던 사람들, 영적인 청력이 떨어진 사람들이 우리를 통해서 주님의 음성을 듣게 되는 날이 오기 때문이다.

"그런즉 그들이 믿지 아니하는 이를 어찌 부르리요 듣지도 못한 이를 어찌 믿으리요 전파하는 자가 없이 어찌 들으리요 보내심을 받지 아니하였으면 어찌 전파하리요 기록된 바 아름답도다 좋은 소식을 전하는 자들의 발이여 함과 같으니라" 롬 10:14-15.

예수님께서 천국을 왕의 혼인 잔치로 비유하신 적이 있다(마 22:1-14). 왕이 혼인 잔치를 열고 사람들을 청하였는데 처음 사람들이 초대를 거절하자, 길가에 나가 사람들을 강권하여 잔치 자리를 채우게 하신다는 이야기다. 그런데 여기서 우리는 천국의 혼인 잔치에 대한 놀라운 사실들을 몇 가지 알게 된다.

첫째, 초대를 거절한 사람들은 세상적으로 볼 때 다 지극히 모범적인 사람들이었다. 자기 밭에 일하러, 자기 사업을 챙기러, 자기 가족을 돌보러 간 사람들이었다. 다만 왕국에 살면서도 자기 일이 왕의 경사보다 중요했다는 것이 문제였다. 둘째, 우리는 왕의 혼인 잔치에 하객으로 초대된 것이 아니라 신부로 초대된 사람들이라는 사실이다! 그러므로 천국 잔치에 갈지 말지 고민할 문제가 아니라, 주인공인 신부로서 반드시 참여해야 하는 것이다.

셋째, 우리는 예수님이 우리 인생에 찾아온 손님guest인 줄 착각하지만 사실 그분이 주인host이시다. 왕이 우리를 초대하는 자리이기에 우리는 그 초대에 응해야 한다. 넷째, 오래 고민하지 말아야 하는 것은, 천국 문이 닫히는 날에는 더 이상의 초대가 없기 때문이다. 다섯째, 누군가는 왕의 초대장을 계속해서 마을과 길가로 나가서 전해야 한다. 여섯째, 왕의 초대장을 받을 사람은 제한되어 있지 않다. 누구든지 초대에 응하는 사람은 잔치에 참여할 수 있다.

오늘날 우리는 왕의 초대장을 나눠 주었던 일꾼들이 되어야 한다. 그 자리는 우리를 위해 마련된 최고의 자리요 영원한 자리이기 때문이다. "이기는 그에게는 내가 내 보좌에 함께 앉게 하여 주기를 내가 이기고 아버지 보좌에 함께 앉은 것과 같이 하리라"(계 3:21). 예수님은 진정한 탈권위의 모범이시다. 우리를 당신의 보좌에까지 앉혀 주고 싶다고 말씀하신다.

초대하라. 냉담자로 교회를 떠난 성도들을 다시 예배의 자리로 초대하라. 무신론자로 영혼이 닫혀있는 사람을 오해를 풀어 줄 수 있는 목회자와 만나는 자리로 초대하라. 교회에 상처 받은 성도들과 처음으로 신앙생활하는 이들을 사랑이 넘치는 순예배로 초대하라. 깨어진 가정, 방황하는 자녀, 공허한 인생, 소외된 사람들을 왕의 잔치에 초대하라. 예수님은 그들이 하나님 나라에서 가장 아름답고 행복한 주인공이 되기를 원하신다.

11장. 예수님의 초대를 본받으라

나눔 질문

Q1 인생을 열심히 산다는 핑계로, 혹은 교회 생활을 열심히 하면서도 나와 친밀한 교제를 원하시는 예수님을 문밖에 세워 둔 적은 없었는지 돌이켜 보고 이야기를 나눠 봅시다. • 문밖에 서 계신 예수님(계 3:20)

Q2 신앙생활을 하면서도 예수님을 내 삶의 주인으로 온전히 받아들이지 못하는 이유가 무엇이라고 생각합니까? 내 맘대로 살 수 있는 자유가 제한될 것이 걱정되는 것인지, 사사건건 주님 말씀대로 따라야 하는 것이 부담되는 것인지, 우리의 내면을 살펴보고 이야기해 봅시다. • 내가 응대하는가, 주님이 환대하시는가?(계 3:20)

Q3 예수님을 내 인생의 참 주인으로 영접하여 산다는 것은 어떻게 사는 삶일지 이야기해 봅시다. 단순히 천국행 티켓을 받기 위해 예수님을 영접한다고 고백하는 차원이 아니라, 매일의 삶에서 예수님이 나의 주인이 되신다면 어떤 삶이 전개될지 나눠 봅시다. • 참 주인을 영접해야 할 때(막 11:17)

Q4 부모는 자녀가 경쟁에서 뒤처질까 봐 두려워하여 강박적으로 다그치며 정서적 상처를 줄 때가 있습니다. 자녀나 가족을 인격적으로 기다려 주기보다 조급하게 다그친 적이 있었다면 언제인지 나누고, 주님의 기다리시는 사랑을 통해 가족을 인격적인 관계와 신앙으로 초대할 수 있는 방법을 함께 생각해 봅시다. • 자녀에게 인격적인 사랑을(계 3:20)

Q5 오늘날 우리는 왕의 초대장을 들고 마을과 길가로 나가는 일꾼들이 되어야 합니다. 냉담에 빠진 사람, 방황하는 이웃, 상처받아 떠난 성도 등 내가 다시 아버지 집으로 초대해야 할 사람이 있다면 누구인지 나누고, 우리 소그룹이 어떻게 함께 초대하는 일을 할 수 있을지 생각해 봅시다.
• 누구를 왕의 잔치에 초대할 것인가?(마 22:9)

예수님을 본받으라

1판 1쇄 인쇄 2025년 9월 10일
1판 1쇄 발행 2025년 9월 15일

지은이 이상준
발행인 조애신
편집 이소연
디자인 임은미
마케팅 전필영
경영지원 전두표

발행처 도서출판 토기장이
주소 서울시 마포구 동교로 71-1 2F
출판등록 1998년 5월 29일 제1998-000070호
전화 02-3143-0400
팩스 0505-300-0646
이메일 tletter77@naver.com
인스타그램 togijangi_books_

ISBN 978-89-7782-556-7

• 이 책은 저작권 법에 따라 보호를 받는 저작물이므로 무단 전재와 무단 복제를 금합니다.
• 이 책의 전부 또는 일부를 이용하려면 반드시 저자와 도서출판 토기장이의 동의를 받아야 합니다.

도서출판 토기장이는 생명 있는 책만 만듭니다.
"우리는 진흙이요 주는 토기장이시니 우리는 다 주의 손으로 지으신 것이니이다" (이사야 64:8)